绍兴文理学院出版基金资助

Mishuxue
Jichu Lilun Tanjiu

秘书学
基础理论探究

何宝梅 著

ZHEJIANG UNIVERSITY PRESS
浙江大学出版社

图书在版编目(CIP)数据

秘书学基础理论探究 / 何宝梅著. —杭州：浙江
大学出版社，2010.6
ISBN 978-7-308-07618-0

Ⅰ.①秘… Ⅱ.①何… Ⅲ.①秘书学—理论研究
Ⅳ.①C931.46

中国版本图书馆 CIP 数据核字(2010)第 095022 号

秘书学基础理论探究

何宝梅　著

责任编辑	宋旭华
文字编辑	胡　畔
封面设计	北京春天书装
出版发行	浙江大学出版社
	（杭州天目山路 148 号　邮政编码 310007）
	（网址：http://www.zjupress.com）
排　　版	杭州求是图文制作有限公司
印　　刷	杭州杭新印务有限公司
开　　本	880mm×1230mm　1/32
印　　张	8.625
字　　数	230 千字
版 印 次	2010 年 6 月第 1 版　2010 年 6 月第 1 次印刷
书　　号	ISBN 978-7-308-07618-0
定　　价	32.00 元

序

　　自从 20 世纪 80 年代初《光明日报》载文提出建设新兴学科"秘书学"至今，秘书学在我国的创建和发展已经历了二十多年。尽管秘书学学科归属依旧不甚明朗，但是秘书学的发展却与秘书专业的兴盛休戚相关，它为秘书人才的培养和秘书工作的实践提供了有力的理论支撑。

　　秘书学学科建设的道路是曲折的。1982 年 12 月中国高教学会秘书学专业委员会的成立，意味着秘书学在专业教育领域得到了认可；各省市秘书学会的相继成立，则反映了社会对秘书学的认可。但是秘书学学科地位要获得根本上的确立，要在学科体系中占有一席之地，却还任重而道远。其中关键问题之一，就是需要大力加强秘书学基础理论的构建。何宝梅老师的《秘书学基础理论探究》正是着眼于此的有益探索。

　　何宝梅老师是我国高等院校秘书学教学的第一批实践者，二十余年来辛勤耕耘在高校，培养了众多的秘书工作者，积累了丰富的秘书学教学经验，并且对秘书学的学科建设问题开展了长达十余年的思考。

　　浙江省秘书学会成立已整整四年，每年都要举行学术年会。在这次由北京现代秘书科学技术研究中心与浙江省秘书学会共同主办，中共绍兴市委办公室与绍兴秘书学会联合承办的中国秘书节和 2009 年浙江省秘书学会学术年会期间，我高兴地先睹了何宝梅老师的这部新著。

余以为本书的主要特点有三：

首先，与出版量较大的一般秘书学教材不同，本书是系统论述秘书学基础理论的学术性著作，且侧重于对秘书学学科自身理论的研究。新兴学科产生的原因一方面是学科自身的矛盾运动与成长，另一方面则是由于社会的需要。而秘书学的提出主要源于社会的需要。党的十一届三中全会全面推动了各项事业的发展，在新的时代环境下，领导者对秘书辅助和服务的要求在数量和质量上都大为提高。秘书活动形态发展比较健全的党政机关，最先意识到了提高辅助管理的迫切性和必要性，因此，加强秘书业务培训和秘书教育被提到议事日程。20 世纪 80 年代以来，党政机关委托高等院校举办秘书培训班的现象在全国有相当的普遍性，而最初的秘书学的理论体系就来自于为培训所编写的讲稿。对秘书工作业务的抽象和概括、总结和研究，直接导致了秘书学的产生。从秘书学科的产生中，我们可以清晰地看到，秘书学是比较典型的经验性学科，因此，秘书学产生时的学术准备是不充分的。而本书对秘书学学科自身的思考，就是试图弥补秘书学产生的先天不足，着力于丰富秘书学的学科理论。

其次，作者在对秘书学理论现有研究成果进行系统总结和评述的基础上，融入了自己大量独立性的理论思考和探索，如对秘书的角色问题、秘书的分类问题、秘书的本质特征问题等研究，在国内秘书学理论研究领域中均有一定的代表性；而对秘书学学科本身的思考，其研究成果更具有典型性。近年来，何宝梅曾先后发表秘书学研究方面的论文四十多篇，引起了秘书学理论研究领域的关注，如重庆工商大学邱惠德教授在《略论秘书学基础理论研究》一文中，就将何宝梅列为我国当前中青年研究者的代表人物之一。

其三，本书是作者对秘书学学科的持续性探索和多年研究成果的结晶。何宝梅老师从事高校秘书学教学二十余年，从事秘书学研究工作十余年，见证和亲历了秘书学产生以来的发展历程，对秘书学学科历史有清楚的认知，本书可谓是她对自己多年研究成果的总结，也是秘书学理论研究的一个重要成果。

当然,作为何宝梅老师秘书学研究的第一本专著,本书也存在着不足之处,如局部内容似乎过多地关注了自己前期的研究成果,对有些问题的研究还可作更为深入的探索。

有学者曾提出,目前的秘书学理论研究尚处在"手册体系时代",这导致了学术理论肤浅、单调,学术视野狭窄,学科创新能力薄弱,等等。本人认为,这一状况正在随着我国社会"四化"建设的快速发展和秘书学教育、秘书学研究的兴盛得到改变。希望何宝梅老师本书的出版,能为推进秘书学基础理论的研究,为秘书学学科地位的确立和秘书学的发展添砖加瓦。同时,也希望作者能够继续努力,在"幕学"的繁荣之地,在"绍兴师爷"的故乡,为秘书学的教学和研究不断作出新的贡献。我们也期待着,有更多的中青年学者能为我们这改革开放的新时代奉献更多秘书学研究的佳作。

张梦新[①]

2009 年 11 月

---

① 张梦新:浙江大学教授、博士生导师,浙大城市学院传媒与人文学院院长;浙江省秘书学会常务副会长。

前　言

　　二十四年前的一个春天,时逢改革开放初期,各行各业百废待兴,在全国改革开放的大气候下,高等教育改革势在必行,调整高等教育不合理的结构和布局,改造不适应新时期的老专业,设置时代急需的新专业,是当时高等院校面临的重要问题。正是在这种社会背景下,不少地方高校为了求得发展、办出特色、顺应社会主义市场经济的需要纷纷开办秘书培训班,设置秘书专业,我所在的绍兴高等专科学校就是其中之一。

　　因为学校专业教学的需要,不满二十岁的我独自来到黄浦江畔,与一门非常陌生的课程——秘书学结缘。那年,作为国内最早开设秘书专业的高校——上海大学文学院为了缓解各高校秘书专业专业课师资的紧缺,首次举办了全国高等院校秘书学师资培训班,这期培训班后来曾被许多人戏称为中国秘书学的"黄埔一期"。四个月的学习生活不但让我对秘书学有了初步的认识,更让我与来自全国各省市高校的四十多位年龄参差不齐的老师结下了深厚的友谊,其间年龄最大的就是刚从大庆市社联秘书长的位置上弃政从教,后来在秘书学理论研究中极具代表性的原安徽大学文学院院长董继超教授。

　　四个月的学习生活很快过去了,学习期间,我参加了"高等院校秘书教学研究会"(后更名为中国高教学会秘书学专业委员会)。然而,当时我也并未预料到会与这门课程有深厚的缘分。回到学校,为了更深入地把握秘书工作的实践,我开始在绍兴市政府办公室顶岗工作,一年多后,再次回到学校,由于工作的需要,有两年多时间没有接触秘书学。一直到 20 世纪 80 年代末，我正式开始在高校的讲坛上讲授秘书学，此后二十年未曾间断。

最初学习秘书学，纯粹是为了满足教学的需要。本身对秘书学并没有多少兴趣，也谈不上对这门学科有所研究。时光荏苒，到了 90 年代中期，随着第一篇教学类文章——《信访实习优势小议》在上海大学主办的《秘书》杂志上发表，我开始尝试用研究的目光审视秘书学，且将审视的切入点放在了秘书学基础理论上。特别是到了世纪之交，我开始每年在《秘书》、《秘书之友》、《秘书工作》、《当代秘书》这些仅有的秘书学专业杂志上发表文章，引起了一些研究者的关注。

此后近十年来，尽管我从来没有离开过秘书学的教学工作，但是由于职称晋升等原因，对秘书学的感情始终浓烈不起来，对秘书学的研究始终处于忽即忽离的状态。三十年的教学实践证明，作为课程，秘书学无疑在高等院校的讲台上站住了脚跟，但作为学科，秘书学的发展历程始终曲折，尽管国内大部分省市都成立了秘书学会，但是在权威部门的学科目录中，我们始终没有发现秘书学的踪迹。秘书学的学科建设依旧任重而道远。

我想我和我的同行们，特别是在综合性院校承担秘书学或相关课程的教学的老师们，都会碰到共同的问题：一方面，我们承担着大量的该课程的教学工作；另一方面，当我们去研究它时发现我们的研究成果很难得到认同，确切地说，我们在学科建设上并没有归属感。这一状况带来的后果是高校尤其是综合性院校的老师研究秘书学的积极性受到严重打击，而高校研究力量的缺失又使秘书学学科建设的道路更加举步维艰。

自从十余年前关注秘书学基础理论问题后，我陆续在国内各类秘书杂志上发表过一些文章，也引起了一定的反响，文章内容屡屡被人直接或间接地引用。然而即使如此，秘书学的学科归属问题还是时时困扰我，尽管有些学者也提出一些设想，如将秘书学定位成一门独立的一级学科，也有人提出将其归属在管理学科之下，等等，但是，这些设想均未得到权威部门的认同。我想，要想突破秘书学的学科归属问题，关键在于强化秘书学基础理论建设。

十年前，董继超教授站在秘书学研究的最高端，在总结了现代秘书学在中国二十年的发展状况后，在《秘书学问题数说》中提出了若干秘书学基本理论问题，这些问题是秘书学的核心理论问题，是秘书学学科理论体系的纲要，是多年来笔者和广大基础理论研究者共同关注的问题，也是本书企图解决的核心问题。本书将秘书学基础理论探究分为两编，上编集中研究了秘书学学科自身，探讨秘书学学科的产生和发展、学科的类型和性质、学科的体系、与相关学科的关系以及学科的研究方法。下编则将目光聚集在了秘书学学科对象——秘书和秘书工作上，从秘书的定义分类到秘书的角色理论，从秘书的价值问题到秘书的职业化问题，从秘书工作的内容到本质属性及其规律。本书在总结前人研究成果的基础上，对秘书学最基本的理论问题进行了探索性的思考，以期进一步推进秘书学基础理论的建设。

因为水平有限，本书难免存在许多错误和问题。但无论如何，它是我十余年来对秘书学科的思考和总结，尽管不完美，还是想呈现出来，以求教于各位同行。

何宝梅

2009 年 11 月 1 日

目　录

序 ……………………………………………………………………… 1

前　言 ………………………………………………………………… 1

上　编

第一章　秘书学的产生和发展 ……………………………………… 3

　　第一节　秘书学的萌芽 ………………………………………… 4

　　第二节　秘书学的产生 ………………………………………… 7

　　第三节　秘书学的发展 ……………………………………… 13

第二章　秘书学的学科类型和性质 ……………………………… 23

　　第一节　秘书学的学科类型 ………………………………… 23

　　第二节　秘书学的学科性质 ………………………………… 36

第三章　秘书学的学科体系 ……………………………………… 42

　　第一节　近十年来主要研究成果 …………………………… 42

　　第二节　秘书学学科体系的现状及原因 …………………… 48

　　第三节　"大秘书学"概念的确立 ………………………… 52

　　第四节　秘书学的分支学科 ………………………………… 58

第四章　秘书学的相关学科 ……………………………………… 74

　　第一节　秘书学与文书学——独立还是合并之争 ………… 75

　　第二节　秘书学与档案学——分支学科还是相关学科之争

　　　　…………………………………………………………… 81

第三节　秘书学与公共关系学——研究内容的联系与区别

　　　　……………………………………………………………………… 87

　　第四节　秘书学与应用写作学——交叉关系还是包含关系之争

　　　　……………………………………………………………………… 91

第五章　秘书学的研究方法 ……………………………………………… 98

　　第一节　秘书学研究方法成果述评 …………………………………… 98

　　第二节　关于秘书学方法论研究中"一般"与"个别"的问题

　　　　……………………………………………………………………… 104

　　第三节　关于秘书学建设中经验性研究的地位问题……………… 112

　　第四节　关于秘书学研究中理论联系实际的问题………………… 118

下　编

第六章　秘书的定义和分类……………………………………………… 129

　　第一节　秘书的定义…………………………………………………… 129

　　第二节　秘书的分类…………………………………………………… 137

　　第三节　公务秘书和私人秘书………………………………………… 141

　　第四节　秘书的纵横分类法…………………………………………… 146

第七章　秘书角色论……………………………………………………… 153

　　第一节　角色和秘书角色……………………………………………… 154

　　第二节　社会公众对秘书角色的认知偏差及影响………………… 158

　　第三节　秘书角色的多样性及原因…………………………………… 161

　　第四节　秘书角色的定位及其把握…………………………………… 163

第八章　秘书价值论……………………………………………………… 169

　　第一节　价值和秘书价值……………………………………………… 170

　　第二节　秘书与领导的主客体关系…………………………………… 171

　　第三节　秘书价值观的合理构建……………………………………… 177

第九章　秘书的职能和秘书工作的内容…………………………186

　　第一节　秘书的职能………………………………………186

　　第二节　秘书工作的基本内容……………………………194

第十章　秘书工作的本质属性…………………………………207

　　第一节　众说纷纭的秘书工作属性………………………207

　　第二节　秘书工作的本质属性……………………………211

　　第三节　秘书工作的特征分析……………………………217

第十一章　秘书工作的规律……………………………………225

　　第一节　秘书工作规律的研究成果………………………226

　　第二节　"双线规律"之评析………………………………229

　　第三节　"辅助领导工作律"之评析………………………233

　　第四节　秘书工作规律的若干思考………………………236

第十二章　秘书的职业化………………………………………240

　　第一节　秘书职业化进程动力不足探源…………………241

　　第二节　面向秘书职业　改革秘书教育…………………248

参考文献…………………………………………………………256

上　编

■ 第一章

秘书学的产生和发展

通观秘书学界的现状，秘书学史的研究相当薄弱，可以说远远落后于秘书史的研究。这里既有研究者的认识问题，更有诸如史料的搜集、挖掘、鉴别和整理等实际问题。笔者认为，秘书学史的研究，在一定意义上比秘书史的研究更为重要，因为它直接关系到秘书学的理论建设。[①]

尽管我国有着几千年的秘书工作的历史，然而，以研究秘书工作为己任的秘书学学科却依旧停留在新兴学科的阶段。自 1982 年 2 月 18 日《光明日报》载文提出建设新兴学科"秘书学"以来，秘书学在中国已经走过了二十六年，然而，跨入新世纪，秘书学既没有像当初人们预料的那样，发展成"常规学科"，也没有退出学科教学和研究的历史舞台。目前的现状是：一方面，国家权威部门颁布的学科目录中不见秘书学的踪影，也就是说，秘书学连三级学科的地位也没有被确认。但另一方面，各地秘书学学会纷纷建立、各高校秘书学课程普遍开设、各类秘书学教材和秘书学专业期刊层出不穷的现象又不能让我们无视秘书学学科的产生和发展。这也使我们觉得更有必要来研究秘书学的学科历史。

---

① 董继超:《秘书学问题数说》,《秘书》1998 年第 5 期。

第一节　秘书学的萌芽

秘书工作源远流长,以杨剑宇先生的《中国秘书史》的观点,"我国部落联盟昌盛时期,已经形成了社会组织的领导部门,有了原始文字,原始的公务活动记录,有了专事记录的人员,出现了秘书活动。"①然而研究秘书活动的学科的形成,却经历了漫长的时期。在秘书学范围内,理论研究起步最早的应该是秘书活动中的公文写作。魏晋南北朝时期,有许多学者开始对公文进行理论上的总结研究,曹丕的《典论·论文》、刘勰的《文心雕龙》、陆机的《文赋》、任昉的《文章缘起》等都涉及公文理论。这些论著对公文的文体源流、演变、使用、写作技巧、要求、语言风格等进行了研究,初步构成了我国古代公文的理论体系。与此相对的,以秘书,即使是名实不符的秘书为主体的研究,却是非常零星的。称得上是一门学问的,并且在社会上有一定影响的是清末的幕学。由于幕学的研究对象与秘书学的研究对象有着千丝万缕的关系,因此我们一般认为现代秘书学发端于清末的幕学。

幕学是幕友佐官为治所必备的行政知识和技术,须经专门学习才能获得全部学识。因学宗申(不害)韩(非)刑名权术,遂统称"申韩之术"。幕学自成体系应该在清中后期,幕友的盛行是幕学产生的基础。

清时期的幕友是清代的地方官自行聘请的佐治人员,非官非吏,无品无位,因主官视之如友,故称"幕友"。清朝延请幕友的做法在清代地方官中非常普遍,自督抚而至州县,少有例外,在州县之中"剧者

---

① 　杨剑宇:《中国秘书史》,武汉大学出版社 2000 年版,第 6 页。

需才至十余人,简者或以二三人兼之其事"①。特别是 1723 年,在雍正下谕允许各省地方官员聘请幕友之后,幕友群体日趋庞大,幕友的职掌几乎涉及官衙中所有的日常事务,幕友制成为清朝重要的政治制度之一。为人作幕在清朝成为一种专门的职业,培养幕友、传授佐治的技能成为一种社会需求。这种社会需求就成为幕学产生的"土壤"。一时间,幕学成为士子追求出路的一门学问。

　　传授幕学的途径主要有两种。其一是家传,也就是父传子、兄传弟。民间大量涌现的家传"秘本"便是传授幕学的教本,这类"秘本"一般为手抄笔录,私相传授,正是这种传授方式使得幕友具有典型的地域化、家族化倾向。② 其二是兴办幕馆。由于幕友被广泛地需求,家族私传已不能完全满足社会的需要,于是清中后期便出现以培养职业幕友为宗旨的幕馆,更广泛地传授幕学知识和技能。如保定曾出现专门授受幕学之"习班"。名幕骆照季弟骆文光,即是进"习班"读律者。"甫一月,名越等夷,先后膺直隶定兴、清苑等县令聘,为人幕宾,一时与其兄有'二难'之目。"③这种进"习班"学幕者称为"班生"或"班爷",是学幕之正宗。

　　幕学研究的主要成果有《入幕须知五种》:一为《幕学举要》,系乾隆年间名幕万枫江所著,被称为清代官场的教科书。全书分"盗案"、"命案"、"灾赈"等 11 目。二为《佐治药言》、《续佐治药言》,系绍兴师爷汪辉祖著述,前者为"尽心"、"尽言"、"不合则去"等 40 目,后者分"摘唤须详慎"、"批驳勿卒易"等 26 目,"实为幕学传授心法"。三为《学治臆说》、《学治续说》,亦系汪辉祖所撰,前者上卷分"尽心"、"官

　　①　汪辉祖:《佐治药言·办事勿分畛域》,见襄人编译《为官经》,湖北人民出版社1996 年版,第 213 页。
　　②　清朝幕友以浙江绍兴府最为出名,称"绍兴师爷",游幕四十余年的绍兴名幕龚未斋在《雪鸿轩尺牍》中形容本乡幕业的盛况时说:"吾乡之业于斯者,不啻万家。"据绍兴县陶堰《会稽陶氏族谱》记载,陶氏家族中有作幕经历且颇有业绩的有 39 人。
　　③　《绍兴县志资料》第一辑。

幕异势"、"志趣宜正"等 63 目,下卷分"敬城隍神"、"敬土神"等 61
目,后者分"官声在初莅任时"、"勿彰前官之短"等 50 目,为佐理政务
体会。四为《办案要略》,系清代乾隆中叶法家老手王阴庭所撰,分
"论命案"、"论犯奸及因奸致命案"等 14 目,夹叙夹议,介绍办案方法
与经验,王氏尚有《刑钱必览》、《钱谷备要》、《政治集要》等书行世。
五为《刑幕要略》,作者佚名,分"办案"、"斗殴"、"人命"等 22 目,实为
刀笔吏经验教训之谈。《大清律例》与《洗冤录》也是幕学涉猎的范
围。另外,一些幕友的书信集,如龚未斋的《雪鸿轩尺牍》、许葭村的
《秋水轩尺牍》,由于书信主要往来于幕友之间,其间有大量的为幕之
道,也应视作幕学成果。

　　从表面上看,刑名、司法及其实践是幕学的主要内容,而从实质
上分析,佐治才是其核心所在,也是其本质所在。以汪辉祖的《佐治
药言》为例,该书是作者根据自己三十余年幕府生涯所积累的经验所
成,一直被奉为幕学圭臬,成为习幕、入幕者必读必备之教材。《佐治
药言》提出了"佐治以尽心为本"的观点,并以此为纲总摄各篇。同
时,阐述了幕府工作的一些基本方法、技巧与务须注意事项。如"正
心立品"、"不合则去"、"自处宜洁"、"俭用"、"公事不宜迁就"、"慎交"
等,大多教人如何做一个正直、善良、尽心尽责的幕府佐治吏员。也
正是从辅助主官的角度出发,幕友与秘书辅助领导实施管理有着千
丝万缕的关系。由于研究对象的相关性,秘书学从幕学中获得了许
多启迪,因而可把幕学视作秘书学的发端。

　　如果说幕学以入幕者的职业道德、入幕的技巧、方法及相关的专
业知识为研究对象,与现代秘书学颇有渊源,那么,20 世纪三四十年
代文书工作、公文拟制的研究浪潮以及秘书学相关学科如文书学、档
案学的诞生,则使现代秘书学进入了萌芽时期。

　　民国初期,国民党政府屡次修订公文程式,为了改善文书工作和
提高行政效率,一批从事或管理文书、档案工作的知识分子和政府人
士,将西方行政学研究引入中国,从行政管理的角度来研究文书和文

书工作。从民国初年至二十年代末，根据公文程式法令撰写的专著就有十余种之多。到三四十年代，对文书和文书工作的研究已上升到理论体系，形成了较为系统的著作。产生了一批文书学、档案学研究的专著，如许同莘的《公牍学史》、徐望之的《公牍通论》、周连宽的《公文处理法》、陈国琛的《文书之简化与管理》、梁上燕《县政府公文处理与档案管理》等，并在一些学校开设文书课程。

以许同莘的《公牍学史》为例。许同莘所著的《公牍学史》，首次使用了"公牍学"这个名称。公牍是统治者的管理工具，但由于公牍的政治性和相对的封闭性，难以作为一门学问加以研究和学习。清朝至民国初期虽然刻印过公文程式一类的书，但多是介绍公文套路、套语的肤浅陈旧之辞。许同莘首次提出了"公牍学"，系统研究了我国数千年公牍演变的历程和规律，把公文作为一个独立的对象进行研究，堪称我国对文书学进行系统研究的杰出代表。八九十年代，我国的秘书学研究者在构架大秘书学学科体系时，也大多把《公牍学史》作为专项秘书史最典型的例证。

随着文书学的产生，档案学的研究也逐步开展。受国民党政府机关推行的"文书档案连锁法"的影响，当时公文的处理与档案管理的研究往往是统一进行的。许多著作既研究文书处理程序，又研究档案管理程序，如程长源的《县政府档案管理法》、何鲁成的《档案管理与整理》、龙兆佛的《档案管理法》、傅振伦的《公文档案管理法》等。

文书工作和档案管理工作是秘书人员的标志性工作，是秘书实务的有效组成部分，是秘书学研究的重要内容。文书学、档案学与秘书学关系密切，应该说，这两门学科的形成也使秘书学进入了萌芽时期。

第二节　秘书学的产生

秘书学的产生比文书学整整晚了半个世纪，而产生的起点与文书学有着很大的相似之处。20世纪80年代初,由于政府对机关秘书工作的重视,引发了对公务秘书的培训和研究,秘书工作研究领域吸引了一大批实际工作者和高校理论研究者的目光,1982年2月18日《光明日报》载文提出建设新兴学科"秘书学",可以说是秘书学产生过程中的标志性事件。

诸多秘书学教材对秘书学的产生有过论述。中国高教秘书学会副会长、老一代的秘书学研究者常崇宜在《当代秘书学科发展简述》(《秘书》2005年第5期)中回顾了与秘书学科产生关系比较密切的事件:一是高校秘书专业的创办;二是秘书学会与学术活动的兴起;三是相关评奖活动的开展;四是秘书杂志的出版;五是秘书著作与教材的出版。笔者以为这些事件不仅仅与秘书学科关系密切,其本身印证着并同时促进了秘书学科的产生。

学科,基于创生和发展的分析,我国学者陈燮君从创生和发展的角度对学科进行分析,提出了学科创生的五大指标体系,它们是:特有的学科定义和研究对象;学科应是时代的必然产物;学科创始人和代表作;精心营建的理论体系;独特的研究方法。下面试结合秘书学的产生进行具体分析。

首先,秘书学的产生是时代的必然产物。新兴学科产生的原因一方面是学科自身的矛盾运动,另一方面是出于社会需要,而后者往往占据主导地位。因为,没有任何实际社会价值的学科不会有生存和发展的环境。而秘书学正是应20世纪80年代中国社会需求的呼唤,为了研究的方便和解决实际问题的需要而产生和形成的。

党的十一届三中全会全面推动了各项事业的发展,在新的时代环境下,领导者对秘书辅助和服务的要求在数量和质量上都大为提高,秘书活动形态发展比较健全的党政机关,首先意识到了提高辅助管理的迫切性和必要性。一方面,社会主义现代化建设和改革开放的新时期需要一大批新一代的秘书人员充实各级军政机关和各类事业单位,原有的秘书人员为了适应新时期领导工作的需要也得进行知识更新。另一方面,原有的师傅带徒弟的秘书培养方式和仅凭经验办事的秘书工作模式已不能适应时代的需要,因此,加强秘书业务培训和秘书教育被提到议事日程。当时党政机关委托高等院校举办秘书培训班的现象相当普遍。而为培训所编写的讲稿就孕育着秘书学的基本理论。有关资料表明,现代最早面世的秘书工作著作(不包括纯粹写作和文书学著作)是江苏的曹晋杰等编写的《秘书工作基本知识》和吴容编写的《秘书工作和机关应用文讲稿》。前者是江苏盐城地委和行署委托盐城师专举办秘书培训班所使用的讲稿,1981 年作为内部教材印了 1 万册,影响较大。后者是为南京大学中文系开办的秘书培训班所编写的讲稿,也有一定的影响。

　　在开设秘书工作培训班的同时,为适应社会的需要,各高等院校开始设置秘书专业,且是一哄而上,迅速成燎原之势,从 80 年代初期,复旦大学分校、江汉大学等几所院校开设秘书学专业后,到 1985年,设置秘书学专业或秘书学课程的高等院校已有 120 多所。[①] 高等教育在秘书学发展中的地位问题笔者另文已作专论。[②]

　　随着秘书工作特别是党政机关秘书工作改革的进一步深入,以1985 年召开的第三次全国秘书长、办公厅主任座谈会为标志,秘书工作有了新时期的指导思想并强化了参谋、信息职能,秘书工作的理论水平有了实质性的提高,也就更迫切地需要秘书学科发挥更高层次的指导性作用和范型作用。

　　回顾历史,我们似乎可以得出这样一个结论,秘书学产生最直接的原因就是为了满足社会的需求,在学科创生的指标体系中,时代的发展和社会的需求是秘书学产生最关键也是最重要的原因和条件。

　　其次,秘书学科的学术准备基本完成。人类千百年来创造的知

---

　　① 　资料来源:1985 年 11 月 17 日《人民日报》。
　　② 　何宝梅:《试论高等教育在秘书学发展中的地位和作用》,《秘书之友》2003 年第 3期。

识体系就是由众多不同的学科所组成,每门学科都有自己的相对独立性和自身的任务,即在一定范围内研究客观世界的现象,探究其发展变化规律。在此研究进程中,不同学科间要求相互融合、渗透,出现了新的生长点并最终繁衍为新兴学科。秘书学正是融合了多学科知识而繁衍出来的新兴学科。

20 世纪 80 年代初期,由于教学的需要,正式出版了一批秘书学教材,如翁世荣编著的《秘书学概论》(上海人民出版社 1984 年版),张金安、常崇宜主编的《秘书学概论》(云南人民出版社 1984 年版),王千弓等主编的《秘书学与秘书工作》(光明日报出版社 1984 年版),这些著作比较集中地反映了秘书学的学术水平。这些教材现在看来虽然比较简单、粗糙,尤其是秘书学理论部分有太多的空白,但在秘书学的产生过程中,其地位却无可替代。特别是 1985 年原中共中央办公厅秘书局李欣的《秘书工作》的出版,更是被视作"进入新阶段的一个重要的学术性标志"。①

任何一门科学,因受学科对象的规定,都有其特定的研究领域。根据为秘书学学科建设作出过重大贡献的董继超的提法,秘书学的研究领域可界定为四个区域,即秘书史、秘书理论、秘书业务和秘书技术。以这四个区域来审视当时的秘书学著作,我们发现:

秘书业务体系初步形成。学科的形成往往源于某一领域研究问题的集合,秘书学科初步形成就是基于对秘书工作业务的研究。党政秘书工作的主要内容是最初构建的秘书学学科体系的重头,如调查研究、文件处理、会议工作、信访工作、保密工作、机关日常事务工作等构成了翁世荣和王千弓秘书学的主要内容。而张金安所编的秘书学的重点在公文及其写作上,从结构上看,由秘书篇、公文篇和写作篇构成,与"秘书学概论"有一定距离。事实上,经过二十年的发展,翁世荣和王千弓所涉及的秘书工作业务依旧是秘书实务的核心

---

① 刘翔飞:《近十年来秘书学理论研究概述》,《当代秘书》1994 年第 5、6 期。

组成部分,只不过随着时代的前进有所发展。从秘书学学科的产生,我们也可以清晰地看到,秘书学是比较典型的经验性学科。对秘书工作业务的抽象和概括、总结和研究直接导致了秘书学的产生,也为秘书学留下了许多先天的局限。

中国秘书史有了雏形。秘书史主要研究秘书活动起源、形成和发展演变的过程,总结秘书活动的历史经验,探讨秘书活动的发展规律。它是秘书学学科体系必不可少的组成部分。翁世荣、王千弓、张金安等各自所著的秘书学著作中对秘书工作或秘书制度的起源和沿革有专章论述,虽然比较简单,但也可以看出中国秘书史的雏形。

秘书理论有了简单的表述,但缺乏系统性。秘书理论指关于秘书现象、秘书活动和秘书学自身的理性认识成果。它包括基础秘书理论,即研究秘书学自身的理论,如秘书学的学科对象、逻辑起点、知识体系、相关学科、学科性质、研究方法和历史演进等。也包括应用秘书理论,即研究秘书活动及其构成要素的理论,如秘书活动的性质和特点,秘书活动的职能和效率,以及秘书活动的主体、秘书活动的对象、秘书活动的空间和秘书活动的媒介等。这部分内容在秘书学学科体系中举足轻重,许多研究者认为,秘书理论的研究成果直接影响着秘书学的发展水平。而这部分对秘书学来说,也是最薄弱的环节,这种弱势在秘书学一产生就表露出来了。上述第一批秘书学著作除了对秘书活动的主体——秘书人员的素质均有专章论述外,秘书理论基本上依靠绪论来体现。① 这些著作明确了秘书、秘书工作、秘书机构、秘书学等基本概念,对秘书工作的特点、秘书机构的职责、秘书学的对象与性质及研究内容、方法有了最基本的阐述,虽然比较粗糙,且有些零星,但毕竟有了独立的学科定义和学术概念,且其中的某些理论观念产生了悠久的学术影响。例如王千弓等主编的《秘

---

① 翁世荣所编的《秘书学概论》中另有一章"秘书部门的设置和职能"涉及秘书理论。

书学与秘书工作》中对秘书工作特点——五组对立统一矛盾的概括以及对秘书学研究对象和性质的认定就具有较强的独创性和正确性,具有较大的学术价值。但从总体上看,与有相对独立的概念体系、原理或定律这一学科标准相比,其不足也非常明显。正是因为系统化的原理和概念体系的缺失,一直到 90 年代后期还有人质疑秘书学作为一门独立学科的地位。

秘书技术有了初步提炼。秘书技术是指秘书人员用于处理事务的方法、手段和技能。在现在的秘书学学科体系中属于秘书方法论。在最初的秘书学著作中,秘书方法论已经引起了学者的重视,王千弓的《秘书学与秘书工作》对秘书的工作方法作了专章论述,但更多的关于秘书方法论的内容是融合在秘书业务工作中的,尚未进行系统的分离,自成体系就更谈不上了。

以上所述,80 年代中期,在实践需求的推动下,秘书学学科的学术准备已经初步完成,但存在明显不足。

第三,出现了一批在全国比较有影响的学科创始人和代表作。80 年代中期,出现了一批有代表性的秘书学研究者,他们中有长期从事机关秘书工作,具有丰富的实际工作经验和较高的理论水准的机关秘书部门领导人。原中共中央办公厅秘书局常务副局长李欣、原武汉市人民政府秘书长王千弓就是其中杰出的代表。李欣所著的《秘书工作》(高等教育出版社 1985 年版)一书,奠定了其作为秘书学开创者的地位。该书对秘书工作的概念、秘书工作的内容及其特点、秘书工作的作用、秘书工作的若干重要原则及当时秘书工作的趋向、秘书工作的组织等理论问题进行了深入的探讨,如杨尚昆同志在序言中指出的:"此书有理论性概述,有历史回顾,也用较大篇幅介绍了秘书领域各项工作的基本做法,因而可供实际应用参考,亦可作教学研究参考。"王千弓既长期担任过政府秘书部门的领导人,同时又是原江汉大学校长、党委书记,且正是在他担任江汉大学校长期间,江汉大学与上海大学文学院一起率先开设了秘书专业,同时出版了其代表作《秘书学与秘书工作》。除了这一类型的学科创始人以外,高校相关学科的研究者们也以其敏锐的学术嗅觉投入这一新兴学科的理论构建,如上海大学文学院的翁世荣教授、成都大学的常崇宜教授都以专著的形式构建了秘书学的课程体系。历史表明,80 年代中期,已经出现了一批秘书学科的代表人物及代表作。

经验性研究是秘书学产生时期最基本的研究方法,这种学科方法与秘书学的性质及研究内容密切相关。对这种方法的评价,本书将在第五章中论及。

秘书学产生于 20 世纪 80 年代中期,改革开放、重视行政效率的时代背景和高等教育促进了学科的诞生,同时学术准备的不充分也为该学科的发展留下了诸多的障碍。

第三节 秘书学的发展

秘书学自 20 世纪 80 年代创始以来,起起落落,尽管界内的研究者们对学科的发展前景有美好的设想和规划,认为进入 21 世纪以后,秘书学将成为一门有稳定的学科体系的常规学科。然而,事实是严酷的,尽管经过努力秘书学在高等教育中有了自己的一席之地,但是与 20 世纪 80 年代的热闹景象相比,秘书学的研究领域确实冷清了不少。反思秘书学的发展历程,或许能为我们走出秘书学发展的困境提供帮助。

一、秘书学发展的基本阶段

在秘书学发展的二十余年中,秘书学的理论研究者们一直在总结和反思,其中较有代表性的有董继超、常崇宜,钱世荣、邱惠德、刘耀国等。特别是钱世荣,对秘书学研究和发展提出了"三次爬坡"的观点,对秘书学的发展历程提出了独特的见解。

钱世荣在《中国当代秘书学研究：第三次"爬坡"》[①]中提出：

第一次"爬坡"始于 20 世纪 80 年代初，其主题是"开创"：开创前所未有的秘书学，开创前所未有的秘书专业，开创前所未有的秘书工作新局面，这次"爬坡"至 80 年代中期达到高峰。主要成就有：出版了一批影响面较大的专著并发表了相当数量的论文；创设秘书（学）专业的院校达 150 余所；相当一批秘书工作者及有关领导者以极大的热情和精力投身于秘书工作研究。存在问题：一是理论研究低水平，重复严重；二是专业建设膨化虚化现象严重。这两个问题直接导致秘书学研究在 80 年代后期首次出现较大幅度的滑落。

第二次"爬坡"始于 20 世纪 90 年代初，其主题是"拓展"：包括研究范围的"拓宽"和研究层次的"拓深"。这次"爬坡"有几条清晰的"路径"值得注意：一是较为重视对学科自身问题的研究；二是较为重视对秘书活动深层次理论问题的研究；三是较为重视对秘书工作重大现实问题的研究；四是较为重视对中国现代秘书工作发展历程及中外秘书活动的比较研究；五是较为重视通过专题研讨、学术评价、学术评奖等多种方式推进研究活动的发展。从秘书专业建设看，这一时期秘书（学）专业在普通高等教育领域发展得很不顺利并渐呈萎缩之势，而在成人高等教育及高（中）等职业技术教育领域却有所拓展。这次"爬坡"至 90 年代中后期开始滑落，随着秘书学本科专业在教育部"新目录"中的取消，秘书（学）专业建设至 90 年代后期滑至最低点。

第三次"爬坡"始于新旧世纪交替之际，其主题是"突破"——从近几年初步形成的思路看：学科研究的"突破"重在突破口的选择、基本理论共识的形成和学科地位、学科发展方向的确定；专业教育研究的"突破"重在专业归属的确定、专业层次的提升和专业教育的多元化发展；工作研究的"突破"重在职业资格制度的整体构建及职业化

---

① 钱世荣：《中国当代秘书学研究：第三次"爬坡"》，《当代秘书》2002 年第 3 期。

推进。具体的"路径"、方法、措施等仍在探讨之中。

钱世荣长期致力于秘书学基础理论的研究,且成果颇丰。关于秘书学发展中三次"爬坡"的观点一经发表,引起了较大的反响,刘耀国、邱惠德曾撰文发表不同意见,并且引发了非常激烈的学术争论。刘耀国认为,我国当代秘书科学研究在 20 世纪 80 年代初期至 90 年代后期的二十年中,客观上不存在《第三次爬坡》论者所提出的有两个"滑坡"的时段。两次"滑坡"不存在,何以有"三次爬坡"? 对此,笔者的粗见是:

二十多年来,秘书学的发展确实具有一定的阶段性特征,但是用"滑坡"和"爬坡"比喻并非十分恰当,用"初创"和"发展"也许更容易接受。20 世纪 80 年代,是现代秘书学初创阶段,对于新生事物,人们总是怀有高涨的热情,理论界也是大胆地创新,构建了秘书学的理论框架。80 年代后期开始,"狂热"的开创阶段过后,秘书学进入平稳的发展阶段,笔者认为,这种发展阶段从时间上一直延续至今。大浪淘沙,秘书学的发展经历了时间的磨砺,二十年来,虽然秘书学的发展并不具有绝对的均衡性,但是也存在着一定的起伏,钱世荣提出的"开创"、"拓展"、"突破"之说有一定道理。但是,从学科发展的角度出发,笔者更倾向"初创"和"发展",因为"突破"尚需时日。

二、秘书学发展的现状

1. 建立了秘书学科,但未发展为常规学科

为了适应秘书工作实践的需要,秘书学在高校应运而生,经过广大秘书学教学者和研究者的共同努力,取得了许多重要的科研成果,包括教材、专著、论文、工具书、课题,等等。有关秘书学科的理论专著与大学教材,已出版约 1000 种;近 50 家秘书杂志与大学学报上发

表的有关秘书论文,超过了 20000 篇。① 秘书学已获得了社会特别是民间的广泛的认可,这是无可争辩的事实。但是作为一门常规学科,秘书学还有待进一步发展。最大的障碍来自权威部门对秘书学学科地位的界定。秘书学迄今尚未被列入国家标准《学科分类与代码》,即使在作为"国家标准分类法试用本"的《中国图书馆图书分类法》(后更名为《中国图书馆分类法》,简称《中图法》)中,秘书学所处的位置也非常尴尬。秘书学 1990 年进入《中图法(第三版)》。该版以"增注"的形式,将秘书学纳入"C931 管理技术与方法"的三级类目"C931.46 文书工作",即:

C93 管理学

C931 管理技术与方法

C931.4 办公室工作

C931.46 文书工作(文书学、秘书学等入此)

也是因为这一关键性障碍,严重阻碍了秘书学的学科建设。只有进入国家标准《学科分类与代码》,秘书学发展才能有所突破。

2. 关注基础理论,但没有获得实质性突破

研究者们对学科的基础理论在学科发展中的重要地位已经有了清楚的认识。邱惠德曾在《略论秘书学基础理论研究》一文中对秘书学基础理论研究进行了总结性的反思,提出秘书学基础理论研究的滞后,是影响整个学科前进的步伐和成熟程度的重要原因。② 事实上,有一批中年学者已经对秘书学的学科性质、类型、专用术语、学科体系、学科历史等基础理论进行了初步的探索,但往往是或泛泛而谈,或点到为止,或脱离秘书工作实践。因此尽管有所收获,但始终没有形成系统的研究成果。

---

① 常崇宜:《秘书工作理论建设的问题》,《秘书之友》2001 年第 1 期。

② 邱惠德:《略论秘书学基础理论研究》,《当代秘书》2003 年第 7 期。

3. 成立了研究组织,但是影响不够广泛,活动不够正常

20 世纪 80 年代,伴随着秘书学的产生,全国性的秘书研究组织——中国高等院校秘书教学研究会随之成立,几经变迁,演变为如今的中国高教学会秘书学会。有些省市还成立了地方性的秘书研究组织。这些学会都有自己明确的宗旨,以中国高教学会秘书学会为例,它的基本宗旨就是“根据中国秘书工作实践的要求和发展的需要,开展中国秘书科学的理论研究和学术交流,从事中国秘书学科的教学和科研工作,建立中国秘书教育体系,促进中国秘书科学理论体系的形成和发展,促进秘书工作更好地为社会主义现代化建设服务”。但是由于种种原因,这些学会的学术权威性不强,在秘书学学科建设和学术交流方面所起的作用有限。

4. 创立了秘书学学科体系,提出了秘书学的分支学科

但是学科体系还有待于进一步完善,分支学科有待于进一步规范。秘书学的学科体系是合理架构秘书学的关键性问题,也是学者关注的热点课题。比如安徽钱世荣先生按基础理论、技术理论、应用理论构架的“三层次分布论”,黑龙江王正先生按基础理论、分支理论、操作理论构架的“三层次论”,河南的郝文勉先生按微观秘书学、宏观秘书学构架的“微观、宏观”论以及湖北方国雄先生提出的按机理论、史论、职能作用论、工作实务论、工作方法论、工作管理论、发展分支论构建秘书学学科体系的意见等,都对秘书学的学科体系进行了有益的探索。但是这些研究成果尚不足使秘书学形成一个完善的、有权威性的为大家共同认可的学科体系,这应该是制约秘书学发展的最大障碍。至于秘书学的分支学科,尽管有人提出“秘书学已出现了秘书学原理、秘书实务、文书学、秘书写作、机关档案管理、会议组织、信访学、督促检查理论与实务、秘书学信息论、秘书参谋、秘书协调、办公室自动化等分支学科”。但是,这些学科是否是秘书学的

分支学科尚有争议,且这些学科本身的理论体系也很不规范,有的甚至还不能称之为学科。

5. 能基本适应秘书工作发展的需要,但是在指导秘书工作实践上发挥的作用有限

秘书学的发展基本上适应了秘书工作发展的需要,随着时代的发展,单一的公务秘书的格局已被打破,党政秘书也不再是秘书队伍中的绝对主体,秘书学的研究者们对新兴的商务秘书、私人秘书、涉外秘书,以及上市公司秘书进行了有益的探索,其成果表现为一定数量的论文、译作甚至专著。秘书学的研究基本上能结合秘书工作的热点,比如党政秘书工作中的督促检查问题,比如电子政务问题,还有加入WTO以后秘书工作新的变化问题等,秘书学界都进行了专题研究。当然这些研究成果在指导秘书工作实践上发挥的作用还很有限。其主要原因是研究成果的系统性、超前性还明显不足,也缺乏转化理论成果的途径。

6. 有了自己的专业期刊,但期刊档次不高

秘书学自创建以来,一直有自己的专业期刊,《秘书》(上海大学主办)、《秘书之友》(兰州大学主办)、《秘书工作》(中共中央办公厅秘书局主办)这些专业期刊已经走过了二十年的历史,是秘书学研究的主要阵地。其他如《当代秘书》、《广东秘书工作》、《企业秘书》、《秘书界》也曾出现于不同的时期,为秘书学的发展作出过贡献。但是由于种种原因,秘书学领域没有中文核心期刊,更谈不上国家一级期刊。这一局限大大挫伤了秘书学研究者的积极性,这也是秘书学研究队伍势单力薄的重要的客观原因。

三、关于提高秘书学研究水平的几点思考

针对秘书学的发展现状,我们必须直面现实,认真研究对策。笔者特提出以下思考：

1. 强化秘书学学科意识

纵观社会科学的发展史，学科"自我意识"的形成既是学科发展、壮大、成熟的重要助推器，又是学科不断完善、走向成熟的重要标志。秘书学本身是一门应用性较强的学科，迄今为止还有许多人认为秘书学的出现是一种泛学科现象，秘书学是不成立的。加之秘书学是一门综合性学科，如果没有学科内在要求的研究重点和研究方向，那么在不断吸收相关学科知识中，秘书学极有可能被边缘化，甚至有可能被完全瓦解于相关学科。目前许多秘书学教材中的公文处理、公文写作、公共关系、商务谈判、办公自动化、礼仪等都可以归属于相关学科。在这种情况下，作为秘书学的教学者和研究者应该具备清醒的学科意识，时刻注意把秘书学作为一种专门的学问来研究，用有说服力的研究成果来确立和提高秘书学的学科地位。笔者以为只有不断强化秘书学学科意识，强化秘书学的核心理论，才能确保秘书学科的独立性，才能避免秘书学不被其他学科所淹没。

2. 稳定和加强秘书学研究人员的队伍

秘书学研究人员主要由高校秘书学的教学人员和秘书实际工作者组成，前者以研究秘书学的基础理论为主，后者则注重秘书学的应用理论。由于综合性大学纷纷退出秘书专业，前者的研究力量受到了较大的影响，目前在高校以秘书学为自己的主导研究方向的学者与秘书专业的数量相比，更是寥寥无几。因此毋庸置疑，稳定秘书学研究人员的队伍，充实和加强秘书学研究力量是发展秘书学的基础。

如同秘书工作的潜隐性，秘书学的发展需要一大批不计名利的高水平的研究者，作为秘书学研究的主体，他们必须对秘书学有正确的定位，必须有严谨的学风，刻苦钻研、独立思考的精神，把研究秘书学作为自己终身的职业，他们的治学态度和精神将决定秘书学的发展。同时,他们在研究过程中,应建立起学术共同体,形成良好的学术氛围,发挥出合力,这样的共同体无疑是秘书学发展的基本保障。

3. 注重秘书学研究的规范化

科学的规范是指特定的科学共同体在某一专业或学科中所具有的共同信念,以及由共同信念所规定了他们共同的基本理论、基本观点和基本方法,提供了他们必须遵循的公认理论模型和解决问题的框架,从而成为该学科的一种共同传统,并为该科学的发展规定了共同的方向。[①] 要发展秘书学,必须注重秘书学研究的规范化,这种规范化既表现在研究内容上,也表现在研究形式上。

以研究内容而言,要规范秘书学术语概念。秘书学研究论文或专著要注意积极运用学术语言和专业语言。秘书学术语概念规范化问题比较严重,具体表现为基本术语的概念缺乏权威性的认定,对术语解释不够规范化、标准化;基本术语的表达比较随意,缺乏稳定性,未形成一个独立、完整的术语体系。[②] 因此我们建议有关部门应尽快组织专家对现有秘书学概念进行审查清理,建立一套符合秘书专业特色的、符合秘书学发展需要的术语概念。

以研究形式而言,秘书学专业期刊和专著是研究秘书学的主要阵地,规范专著和论文的格式,有利于准确地传递科学信息。比如,一篇完整的论文一般由标题、提要、关键词、正文、引文等几部分组成。比较遗憾的是,目前秘书学专业期刊所刊登的论文大多不要求提要和关键词,尤其值得注意的是对引文也非常不重视,以 2003 年第 9 期的《秘书》杂志为例,整期期刊只有一篇文章有引文注释,其他所有文章,甚至论坛栏目的文章都是既无引文注释,也没有参考文献。学术研究是严肃的,有了引文注释和参考资料,才使秘书学研究

---

① 　T. S. 库恩:《科学革命的结构》,上海科学技术出版社 1980 年版,第 36—42 页。
② 　何宝梅:《试述秘书学中术语的基本问题》,《秘书》2001 年第 2 期。

言之有据,才使得秘书学研究有继承性。

4. 处理好理论与实践、基础研究与应用研究的关系

作为一门应用学科,把握好理论与实践、基础研究与应用研究的关系非常重要。而且,事实上,多年以来,研究主体对这两方面的问题的认识都有各自的立场。意见的不统一导致了所谓"天地之争"、"经验派"和"学院派"之争,使得本来就比较薄弱的研究力量产生了无谓的内耗。

关于理论和实践的问题。秘书学研究应该遵循理论来源于实践,理论又指导实践的基本原则,在理论与实践之间构筑顺畅的通道。具体地说,秘书学理论的来源不是虚无的,实践是理论之源,秘书学理论的来源不应当脱离秘书工作实际。当然,我们要注意不要把秘书工作实践仅仅理解为秘书工作的各个环节,秘书工作实践是广泛的,而且理论特别是基础理论来源于实践并不意味着是对实践的简单描述,理论的任务在于透过现象揭示事物的本质。同时,理论又必须应用于实际,因为实践是验证理论成果的重要标准,当然,理论要保持相对的独立性。理论只能以理论的方式应用于秘书工作实践,理论不能为了屈从于实际而放低理论的标准。

关于基础研究与应用研究。基础研究主要指基础理论研究,它决定着一门学科的成熟程度,我们必须重视并大力倡导秘书学基础理论研究,而且在研究中我们应该力戒浮躁和生搬硬套。应用研究主要是对秘书工作的内容、方法和技术的研究,作为一门应用性学科,应用研究更是必不可少的,从秘书学研究现状来看,这种研究占绝对的优势。在确认两者的关系时,我们不能把两者绝对化,也不能把两者对立起来,基础理论不是空中楼阁,应用研究也必须以相应的理论为基础。

5. 构建合理的秘书学学科体系

秘书学的学科体系是由一门门系统化、专门化且具有内在逻辑联系的秘书学分支学科组成的,它是一个有机联系的统一体。学科体系在秘书学研究中的重要地位毋庸置疑。如上所述,该问题也是秘书学界较为关注的热点话题,但是在研究中存在不少问题。比如由于指导思想不够明确,混淆了秘书学学科体系和秘书专业课程的关系,把公共关系学、办公自动化等课程归入秘书学学科体系;另外分支学科的设置比较随意、学科分类不够科学,如某些学者提出的秘书服务学、秘书保健学作为秘书学学科体系的构成就比较勉强。秘书学学科体系的不明确严重制约了秘书学的发展,为此,我们迫切希望秘书界的学术权威们能发挥合力,使秘书学学科体系明朗化、统一化。

■ 第二章

秘书学的学科类型和性质

学科类型问题,即学科分类问题……根据现代科学的发展趋势和秘书学的知识来源,笔者认定秘书学是一门综合科学。秘书学的学科性质,就是秘书学区别于其他学科的本质属性。某一学科的学科性质,通常是由该学科的学科对象的性质所决定。[①]

秘书学的学科性质,就是秘书学区别于其他学科的本质属性。秘书学学科类型则牵涉到学科分类问题。在具体的研究中,人们常常将学科性质和学科类型混同起来,如有学者论及秘书学的性质,认为有综合说、边缘说和分支说。[②] 而从分类的角度分析,国内的一些学者将科学划分为分支学科、综合学科、边缘学科和横向学科。[③] 由此,我们更有必要进行分别论述。

第一节 秘书学的学科类型

秘书学的学科类型问题,是一个尚存争议的基础理论问题,尽管一些秘书学教材有所涉及,但并未达成共识。据初步统计:关于秘书

---

① 董继超:《秘书学问题数说》,《秘书》1998 年第 5 期。
② 刘智勇:《也谈秘书学的性质》,《秘书之友》1988 年第 2 期。
③ 夏禹龙:《软科学》,知识出版社 1982 年版,第 62—66 页。

学学科类型的看法影响较大的有边缘说、综合说、社会科学说、应用说、分支说，等等。上述不同提法，有人认为"本质上并不矛盾，分支说是指学科归属，应用说是指学科的特点，交叉与综合是指学科内容，分类角度不同而已。"①也有学者提出"秘书学是一门综合科学……将秘书学归类于分支学科、边缘学科和横向学科，其根据是不充分的，也是不可取的。"②那么究竟应该如何从同一角度来认定秘书学的学科类型呢？

一、边缘学科和综合性学科之争③

分类是根据对象的本质属性或显著特征将对象分为若干个类，每个类相对于其他都有确定的地位。学科分类，就是依据对学科系统基本特征的分析，确立正确的学科分类原则，在此基础上对各门学科进行区分和排列，建立符合学科发展实际的分类体系。分类必须有其特定的标准作为基本依据，标准不同，类别各异。我国的科学家和研究人员多年来对学科分类进行了多方面的探索，1992 年 11 月由国家技术监督局发布了《中国国家标准：学科分类与代码》，根据学科的研究对象、研究特征、研究方法、学科派生来源及研究目的、目标，将学科分为自然科学、农业科学、医药科学、工程与技术科学、人文与社会科学五大门类。传统学科在五大门类下各有归属。

但是，随着社会的发展，学科的高度分化和高度综合的趋势越来越明显，学科间的渗透和交叉越来越多。传统的学科分类观日益受到严重的挑战。交叉学科作为一种新兴的、独立的学科门类正日益受到人们的关注和重视。有学者曾明确提出学科体系应由四大学科

---

① 李静梅、韩士生：《实用秘书学》，语文出版社 1994 年版，第 3 页。
② 董继超：《秘书学问题数说》，《秘书》1998 年第 5 期。
③ 该部分根据笔者《是边缘学科还是综合学科——也谈秘书学的分类问题》（载《秘书工作》2000 年第 6 期）改写。

群组成,即自然科学、社会科学、技术科学和交叉科学。[①] 据此具体学科的类型划分也应有所变化。

秘书学从产生之日开始,人们就有一个基本的认识,即秘书学不是一门单一的传统学科,传统的学科门类中也找不到秘书学。秘书学是作为一门新兴的交叉学科创立于 20 世纪 80 年代的。在广大秘书理论和实践工作者的努力下,秘书学在高校扎根了二十余年,并且经历了潜科学时期,但是由于其自身发展的原因及外界和秘书学的模糊认识,对这门学科究竟属于交叉学科中的哪一具体类型一直未有共识。加上学术界在论及秘书学的学科类型时大多没有一个确定的标准,往往把根据不同标准划分出来的学科类型并举。上述所说的应用学科说、分支学科说与边缘学科说、综合学科说之间显然就不是从同一标准划分出来的类型。本文在认定秘书学作为一门新兴的交叉学科这一事实的基础上,来探讨和论证其究竟属于交叉学科中的边缘学科还是综合学科。

交叉学科理论认为,根据交叉学科的表现形态和交叉程度可以把学科分为比较学科、边缘学科、横断学科、综合学科和元学科。[②]界内除了普遍认为秘书学不属于比较学科、横断学科和元学科以外,对秘书学是边缘学科还是综合学科一直有较为热烈的争论,而且这种争论也并非像有些学者认为的是可以调和和兼顾的。

关于边缘说。边缘说最早的具有代表性的是王千弓。王千弓在《秘书学与秘书工作》(光明日报出版社 1984 年版)一书中最早提出了这一观点,指出"秘书学是一门新兴的边缘学科,从写作和管理科学中产生,研究秘书工作的产生、发展、特点、任务、原则和方法"。该书作为秘书学科创建之初的权威之作,影响甚广。稍后的朱佳林在《管理秘书学》(经济科学出版社 1986 年版)中又作了如下阐述:"秘

---

① 刘仲林:《现代交叉学科》,浙江教育出版社 1998 年版,第 53 页。

② 解思泽:《交叉科学概论》,山东教育出版社 1991 年版,第 11 页。

书学是管理学、行政学以及秘书业务相关联的文书学、应用写作学等学科的边缘学科。"增加了秘书学理论所涉及的学科。而且随着秘书学理论体系的逐步完替，所涉及的学科日趋增多，陈荣在《秘书》杂志上撰文提出秘书学是"在 20 余门学科边缘的结合点上形成的边缘学科"，与王千弓等提出的"静态的、狭义的边缘学科"相反，提出"秘书学是一门动态的、开放的、广义型的边缘学科"。①

关于综合说。认为秘书学是综合学科的观点远远迟出现于边缘学科说，但认定秘书学科具有综合性的说法却很早。王千弓在提出秘书学是一门边缘学科的同时也认为"秘书学又是综合性很强的学科"。② 稍后袁维国在《秘书学》(广东高等教育出版社 1987 年版)中更是明确提出："秘书学是综合性的应用科学"，秘书学是"吸收了多种社会科学和某些自然科学的理论知识和技术而形成的一门新兴科学，它包括和吸收了管理学、社会学、心理学、行政学、领导科学、文书、档案、写作、调研、信访、统计、传播、公共关系、信息科学、计算机科学等的部分内容而自成体系"。易万法在《秘书学研究的反思》中直接提出秘书学属于综合学科，而不是仅仅具有综合性特征。他明确指出："秘书学不是在一两门学科交叉点上生发出来的，而是围绕秘书工作这一客体，广泛吸收多学科理论，而逐步形成自己的理论体系。"③此后有关秘书学是综合性学科还是综合学科也一直有些争议。如钱世荣在《秘书学：以学科常态衍生分布的学科》中认为秘书学具有综合性但与综合学科并不等同。④ 董继超在《秘书学问题数说》又提出若干理由认定秘书学应该是综合学科，等等。⑤

──────────

① 陈荣：《对秘书学是行政学分支的质疑——兼论秘书学的归属问题》，《秘书》1999 年第 9 期。

② 王千弓：《秘书学与秘书工作》，光明日报出版社 1984 年版，第 13 页。

③ 易万法：《秘书学研究的反思》，《秘书》1988 年第 6 期。

④ 钱世荣：《秘书学：以学科常态衍生分布的学科》，《秘书之友》1997 年第 10 期。

⑤ 董继超：《秘书学问题数说》，《秘书》1998 年第 5 期。

　　上述是秘书学创建以来对其属于边缘学科还是综合学科的一些不同看法。我认为形成争论的主要原因集中在两个方面：一方面是对秘书学学科体系理论构成的认识差异，另一方面则是对边缘学科和综合学科理论认识的模糊和偏差，对于前者，随着秘书学研究的逐步深化，人们普遍认为秘书学融合了多种学科的理论和技术知识，对秘书理论构成的综合性几乎已成共识。因此，较关键的问题在于对边缘学科和综合学科本身的认识。由于研究秘书学的类型归属等问题的学者多为秘书学界内人士，对交叉学科的理论缺乏系统的、明确的认识，加上交叉学科理论自身处于不断发展、变化时期，例如在20世纪80年代，人们认为边缘学科是交叉学科的代名词，两者并无区别，不管其交叉形态如何，一概以边缘学科称之，因此，80年代的秘书学被认定为边缘学科是理所当然的。随着交叉学科理论的进一步发展和成熟，交叉学科内部有了较明确、统一的分类。目前边缘学科的概念一般是指"两门或三门学科相互交叉、渗透而在边缘地带形成的学科"。① 综合学科则是指"运用多门科学的理论方法和技术手段，以涉及复杂的自然因素和社会因素的特定问题为研究对象而形成的交叉学科"。从这两类学科特定的概念出发我们有理由认为秘书学属于综合性学科而非边缘学科，其主要依据如下：

　　首先，从学科的理论构成成分上看，边缘学科主要由两门或三门学科相互交叉渗透而形成。"据不完全统计，目前，全部交叉学科总数2500多门，其中二元边缘学科就有2300多门。"② 当然，随着边缘学科的日渐发展，其组成学科也有三门甚至四门的现象，但是这种情况较为少见，而且秘书学学科体系的理论成分也绝非三四门学科所能包含得了的。我们认为秘书学是以秘书活动这一普遍而又复杂的现象为研究对象，进行多层次、立体的和动态的研究，其理论所涉及的学科多达十几门，其理论体系的构成具有明显的综合性，而这种综

---

①② 刘仲林：《现代交叉学科》，浙江教育出版社1998年版，第83页，第183页。

合性正是综合性学科最典型的特征。

其次,从学科名称上看,边缘学科的名称一般可分为两部分,作为基底的学科和作为借用理论、概念、方法和手段的被植入学科。可以将植入学科名称放在前面,基底学科放在后面,如量子化学,也可以将基底学科的名称放在前面,将植入学科名称放在后面,如生物力学。秘书学显然不具备上述边缘学科的名称特征。而综合学科的命名则由于牵涉广泛,往往是以其研究对象作为学科名称的,如海洋学、信息学、环境科学,等等。秘书学应该说与这类学科的命名方式较为接近。

第三,从学科形成特征上看,边缘学科形成于学科间的交叉渗透,在传统学科中扮演桥梁的角色。边缘学科的出现是以传统学科的分化为基础的,没有因为学科的分化而导致的大量分支学科的出现,边缘学科便失去了赖以产生的条件和土壤。任何一门边缘学科,无论它的形式和特质发生了多大的变化,我们都可以从传统学科中找到它的生长点。而综合学科则与形成该学科的子学科差异较大,它不是以一两门传统学科为背景形式的,在它身上看不到参与学科的轮廓,综合学科的形成是以对传统学科的超越为前提的。结合秘书学的形成特征我们以为,秘书学的出现并不是对某一门传统学科的深化,其身上也并不存在特定的某一两门传统学科的影子。一般地说,科学研究的目的在于解决生产和生活中的实际问题,或者说是为了指导工作实践,秘书学产生的根本目的就是为了更有效地指导秘书工作实践。由于秘书工作的综合性和复杂性,需要运用多学科理论和方法才能对其展开系统研究,各种学科的理论和方法为了研究秘书活动这一共同的问题互相接触和碰撞,从而形成特有的理论体系,这便是秘书学作为综合性学科的形成过程。

另外,秘书学还具有综合学科体系开放的特征,随着社会不断进步和科学技术的不断发展,秘书学不断吸收着新的知识和技术。秘书学最初的研究范围只局限于党政机关,而后涉及企业、团体、军队、私人等各种领域,并且在普通秘书学之下出现了党政秘书学、企业秘书学、私人秘书学、社团秘书学等分支学科,而这些分支学科下面又有可能繁衍出下一层的分支学科,如涉外企业秘书学等。秘书学所具有的开放性体系也比较符合综合性学科的基本特征。

综上所述,秘书学属于交叉学科,在此基础上又是一门综合性学科而不是边缘学科,事实上,前文陈荣所提的广义的边缘学科其实质也是综合性学科。

二、分支学科之说

笔者《是边缘学科还是综合学科——也谈秘书学的分类问题》一文发表后,钱世荣针对笔者的文章发表了《秘书学学科类型辨析》一文,文章肯定了秘书学不是边缘学科的观点,但同时否认了秘书学是综合学科,而认定其为分支学科。

钱世荣认为分支学科也属于学科类型。"实际上,'分支'和边缘、横断、综合一样,研究的都是学科的生成方式;分支学科、边缘学科、横断学科、综合学科,都是按学科的生成方式这一标准划分出的学科类型。只不过分支学科这种类型不具有交叉的特点,属于这种类型的又绝大多数是传统学科,主干学科和分支学科之间的从属关系比其他类型容易判断,所以往往与'学科归属'混为一谈。"[1]

潘连根在《论秘书学的学科性质、类型及归属》一文中也认为分支学科属于学科的类型,他指出:"综合式学科划分理论的分类依据是对学科体系进行整体考察、综合审视,以顺应当代科学技术系统综合、宏观整合的大趋势。大部分综合式学科划分理论探索者把学科体系分成综合学科、横向学科、交叉学科(亦称边缘学科)和分支学科。"[2]

---

① 钱世荣:《秘书学学科类型辨析》,《秘书工作》2000 年第 11 期。

② 潘连根:《论秘书学的学科性质、类型及归属》,《秘书》2005 年第 5 期。

　　不论分支学科是不是与综合学科、边缘学科在同一的分类标准上，认为秘书学是分支学科的论断早已有之。早在 20 世纪 80 年代中期，在全国高等院校秘书教学经验讨论会中，就有人提出"秘书学是管理科学，是行政管理学的一个分支。行政管理学中有行政人事管理、行政财物管理、行政工作管理和行政事务管理，而秘书学是行政工作管理这个分支中分离、延续出来的新学科"。① 在秘书学的发展过程中，认为秘书学是分支学科的比较有代表性的是董继超和钱世荣。

　　从学科类型的角度出发，董继超认为"秘书学是一门综合科学……将秘书学归类于分支学科、边缘学科和横向学科，其根据是不充分的，也是不可取的"。但是，从学科归属的角度出发，即在确认秘书学科与其相关学科的关系时，也就是在寻找秘书学的母本学科时，董继超又认为"秘书学是由行政学分化出来的一门新兴学科。其理论依据是机关管理是行政学的重要研究内容，而行政学的机关管理主要是办公厅（室）的管理，又主要是秘书工作和秘书机构的管理"②，"可以说，行政学是秘书学的母本，秘书学是行政学的分支"③。由此，我们以为，董继超尽管并不从学科类型的角度认定秘书学是分支学科，但是，认为秘书学是行政学的分支的观点在秘书学界有广泛的影响。另外，刘智勇从秘书学的学科性质上也认定秘书学是行政管理学的分支学科。

　　刘智勇认为：秘书部门是行政管理大系统的一个子系统，是行政总枢的一个辅助机关。行政管理学是研究行政管理工作的一门科学。秘书工作是行政管理工作的一个组成部分，因而秘书学也就是

---

　　①　见毛含德：《关于秘书学讨论意见的综述》，《秘书之友》1985 年第 2 期。
　　②　董继超：《秘书学问题数说》，《秘书》1998 年第 5 期。
　　③　董继超：《普通秘书学》，中央广播电视大学出版社 1997 年版，第 15 页。

行政管理学的一个分支。①

　　从秘书学的发展历史分析,我们不难发现秘书学是行政管理学的一个分支学科是在秘书学创建之初所形成的普遍共识。

　　钱世荣一直主张秘书学是管理学的分支学科。他在《秘书学学科类型辨析》一文中指出:"众所周知,管理学的研究对象是'管理活动',按管理组织功能划分,'管理活动'可分解为'决策活动'(包括领导活动和决策咨询活动)、'执行活动'(即狭义的管理活动)、'监督活动'、'反馈活动'以及有特定内涵的'辅助活动'。也就是说,有特定内涵的'辅助活动'(即'秘书活动')是管理活动的'一种'。这样的种属关系,正是确认所有分支学科与其主干学科内在联系的基本依据。秘书学与管理学既然存在着'分支'与'主干'的关系,从学科类型上说,它当然属于分支学科了。"②

　　对此,笔者的意见是:

　　1. 秘书学与行政管理学存在交叉关系,秘书学不是行政管理学的分支学科

　　首先,从秘书学与行政学的研究对象上分析,秘书学是行政学分支一说经不起理论推导。众所周知,秘书学是一门以秘书、秘书工作和秘书机构为研究对象的应用学科。秘书已成为一种社会性的职业,广泛存在于社会各行各业,并不只存在于行政机关中;秘书工作是直接服务于一切行政机关和非行政机关领导者的辅佐性管理活动;秘书机构是一切社会组织中广泛设置的综合机构,不仅仅为行政机关所独有。而行政学是研究国家行政组织对社会公共事务进行有效管理的规律的科学,③并不涉及社会团体和企事业单位的内部管

---

　　①　刘智勇:《也谈秘书学的性质》,《秘书之友》1988 年第 2 期。
　　②　钱世荣:《秘书学学科类型辨析》,《秘书工作》2000 年第 11 期。
　　③　黄达强:《行政管理学》,高等教育出版社 1990 年版,第 3 页。

理活动。如果说公务秘书学或政务秘书学、行政秘书学是行政学的分支学科，还似有一定理论根据，因为在国家行政机关中，机关办公厅（室）位居机关中枢，是机关核心部门，把行政机关秘书部门的管理活动列入行政学的研究范畴是毋庸置疑的。然而，秘书学不仅仅研究党政机关的秘书工作，还要研究社会团体、企事业单位乃至为私人服务的秘书工作，因此，把整个秘书学学科纳入行政学的研究范畴，就显得比较牵强。

其次，秘书学是行政学分支一说经不起实践检验，落后于当前秘书工作实际和秘书教育实际，不能起到正确的理论导向作用。众所周知，秘书职业社会化、秘书技能现代化、服务对象多元化是我国秘书工作发展的大趋势。鉴于我国秘书从业人员的增多，劳动和社会保障部已颁布了《秘书职业技能标准》、《国家职业技能鉴定规范（秘书）》，除公务员之外，企事业单位、涉外机构等组织的秘书从业人员和其他有志于从事秘书工作的人员均为鉴定对象，这说明，非党政机关秘书人员已成为我国秘书队伍中日益壮大的新生力量，并纳入了国家劳动行政管理的范围。在秘书人员的职业素质、知识能力结构、工作内容、方法和规律等方面，企事业单位、涉外机构与党政机关既有共同点，又存在一定差别，具有自身特色。所以，用行政学为母本建立的秘书学理论去指导企事业单位、涉外机构的秘书工作，就勉为其难了，而且与我国社会主义市场经济体制所强调的党政分开、政企分开、政事分开的外部环境不相协调。

另外，行政学分支说不利于我国秘书教育向社会化、民间化和个性化方向发展。受行政学分支说的影响，目前我国许多高校把秘书专业纳入行政管理专业范畴，以培养机关秘书为己任，这就难以适应非党政机关秘书人员的要求。

最后，行政学分支说时秘书学研究会起到误导作用，使广大研究者的视野和思维局限于党政秘书学的狭窄范围，不再顾及党政机关之外的秘书工作的广泛领域，误以为党政秘书工作规律是一切秘书工作的普遍规律,党政秘书与其他行业秘书在职业特点、知识素养、工作方法等方面无甚差别,从而易犯以偏概全的逻辑错误。

行政学分支说形成的原因与我国计划经济时期党政不分、政企不分、政事不分的行政生态环境有关,是我国长期以来社会组织行政化、秘书职业官方化的必然结果。行政学分支说流行之弊,在于它既迟滞了科学的秘书学体系的建立,又妨碍了专业秘书学研究的深入,人为地画地为牢。因此,无论从理论上还是从实践中来考察,秘书学是行政学分支一说难以令人信服。①

事实上,将秘书学认定为行政学分支学科的一个重要原因与秘书学的起源密切相关。从 20 世纪 80 年代秘书学的产生过程中我们发现,至今所知的现代最早面世的秘书工作著作(不包括纯粹写作和文书学著作)是江苏的曹晋杰等编写的《秘书工作基本知识》和吴容编写的《秘书工作和机关应用文讲稿》。前者是江苏盐城地委和行署委托盐城师专举办秘书培训班所使用的讲稿,1981 年作为内部教材印了一万册,影响较大。后者是为南京大学中文系开办的秘书培训班所编写的讲稿,也有一定的影响。应该说,当时党政机关委托高等院校举办秘书培训班的现象在全国有一定的普遍性。而为培训所编写的讲稿孕育着秘书学的基本理论。由此,我们不难得出结论,秘书学的产生与党政机关秘书工作的实践密不可分,从这一角度出发,将秘书学认定为行政管理学的分支学科也就不足为奇了。

2. 从大秘书学的概念出发,秘书学应该是一门具有综合性质的独立学科,而非任何一门学科的分支学科,秘书学可以归属在一级学科管理学之下,但不宜将它定位为管理学的分支学科

秘书学与管理学存在非常密切的关系,管理学也确实可以看作

---

① 关于"秘书学不是行政管理学的分支学科"的原因参照陈荣的《对秘书学是行政学分支学科的质疑——兼论秘书学的归属问题》,该文载于《秘书》1999 年第 7 期。

秘书学的母本学科。事实上,秘书学的学科地位问题至今悬而未决,在权威部门颁布的学科目录中,并没有秘书学的踪迹。当然,秘书学的学科归属也引起了一定的关注,《中国图书馆图书分类法》(后更名为《中国图书馆分类法》,简称《中图法》)1981 年即被批准为"国家标准分类法试用本",是中国图书、资料的权威分类体系。其间就涉及了秘书学的定位问题,秘书学 1990 年进入《中图法》(第三版)。该版以"增注"的形式,将秘书学纳入"C931 管理技术与方法"的三级类目"C931.46 文书工作"。1999 年,《中图法》(第四版)在"C931.4 办公室工作"中增添了"C931.47 会议组织与管理",对秘书学的定位未作任何改变。

对此,秘书学研究者的评价是:《中图法》(第三版)对秘书学的定位,虽明显地滞后于当时的秘书学研究,但由于首次将秘书学纳入权威分类体系,所以不仅有利于对秘书学既有研究成果的类分,而且对秘书学研究的发展起到了非常重要的扶持和推动作用;尤其是当时学界对秘书学的学科归属尚存在分歧意见,该版明确地将秘书学归在"C93 管理学"类目下,此后的研究成果表明,这一见解非常具有前瞻性和引导性。[①] 这也是研究者将秘书学纳入管理学分支的依据。

然而,这一依据并不可靠。《中图法》将秘书学归入文书工作,与办公室工作呈并列关系,且将秘书学作为一种研究管理技术与方法的实务学科。这样的学科地位与大秘书学的学科地位显然不符。笔者认为:

秘书学与管理学存在交叉关系。无论从秘书学的发展过程还是研究对象分析,秘书学与管理学的交叉关系已经毋庸置疑。这一点,董继超在《普通秘书学》中已有明确的说明。"由于秘书活动是一种特殊的管理活动,即辅助管理活动。因此,秘书学的研究必须借鉴和

---

① 钱世荣:《中图法的定位与秘书学的突破》,《秘书》2002 年第 5 期。

吸收管理学的研究成果……这就是说,秘书学与管理学也存在着某种学科交叉关系。不同的是,前者研究的是辅助管理活动,后者研究的是一般管理活动。此外,两者在研究重点、研究范围和研究角度上也各有不同。"①对此,谢世洋也发表过相关意见。他认为秘书学中的确有管理学的成分,如了解企业管理、行政管理、教学管理的知识等,但内容也不多,用它来包容秘书学,显然有失偏颇。秘书学中也有其他学科的知识,如它必须有马克思主义哲学、中国哲学、政治经济学的成分;必须有毛泽东思想、邓小平理论、三个代表重要思想的成分;必须有公司法、合同法、知识产权法、劳动法、行政诉讼法等的成分;还必须有会计、统计、税收、金融等的成分。它融汇多种学科却不属于任一学科。②尽管笔者并不完全同意谢世洋对秘书学学科知识的分析,但是秘书学与管理学的交叉关系应该得到确认。

秘书学已发展为一门独立的学科,而非某一学科的分支学科。从上一章对秘书学的学科体系的分析中我们可以发现,秘书学已经发展成为一门由多门分支学科构成的独立学科。那么,秘书学自身是否是某一学科的分支学科呢?答案是否定的。因为即使秘书学在产生之初有其母本学科(有上述行政学或管理学之说),但秘书学发展到现在,早已以其自身独特的研究对象而成为一门独立的学科,它已不再是某一母本学科的分支学科。如档案学就是作为历史学的分支学科产生和发展起来的,但时至今日档案学已成为一门独立的学科脱离于历史学学科之外。其实,秘书学从其产生时就是作为一门独立学科发展的,而不是依附于某一学科。假如它是某一学科的分支或是从某一学科中独立出来的,如今就不会对其归属众说不一。可见,秘书学的"分支说"是不符合秘书学产生和发展的实际的。

当然,我们提出秘书学是综合性学科、否认秘书学是管理学的分

---

① 董继超:《普通秘书学》,中央广播电视大学出版社1997年版,第14页。

② 谢世洋:《论秘书学的学科定位》,《秘书》2006年第12期。

支学科并不意味着秘书学非要以一级学科的身份跻身学科类型中，秘书学完全可以以二级学科的身份归属于管理学，就如同会计学不是经济学的分支学科而属于经济学的学科范畴一样，秘书学也应该在管理学中找到它自己的一席之地。

第二节　秘书学的学科性质

研究一门学科的性质，应该把握其基本属性，也就是它区别于其他学科的最本质的属性。然而，在对秘书学的学科性质研究的过程中，人们的认识存在较大的差异。对秘书学的学科性质的理解，走过了一段曲折的历程。

早期关于秘书学的性质的把握就呈现出不同的理解。毛含德在《关于秘书学讨论意见综述》中有以下概括：关于秘书学的性质，有人认为："秘书学是一门新兴的边缘科学，它以秘书为研究对象，是研究秘书工作的产生、发展、特点、任务、原则和方法的一门新科学，具有很强的政治性、理论性和综合性。"有人认为："秘书学是辅助领导的学科，是辅助领导处理政务和事务的科学。秘书学是社会科学，是应用科学，它是政治应用学。"还有人认为："秘书学是管理科学，是行政管理学的一个分支。行政管理学中有行政人事管理、行政财物管理、行政工作管理和行政事务管理，而秘书学是行政工作管理这个分支中分离、延续出来的新学科。"[①]从诸种意见中，我们不难发现，不同的研究者在表述秘书学的性质时，角度存在较大的差异，有些是从分析秘书学的本质属性的角度出发的，而有些则是从秘书学的学科归属出发的。

进入 20 世纪 90 年代以后，将秘书学的学科性质混同于学科类型或者学科归属的意见越来越明显。

---

① 毛含德：《关于秘书学讨论意见综述》，《秘书之友》1985 年第 2 期。

陈贤华在《秘书工作论》中曾经总结过秘书学的性质:秘书学的性质,现在有各种不同提法。一是分支说,认为秘书学是行政管理学的分支。张金安、常崇宜合著的《秘书学概论》认为"秘书学从学科体系上讲,属于人文科学的范畴","又属于人文科学中行政管理科学的分支"。李欣认为,"秘书学的科学属性,从大范围讲属于社会科学,具体分支为行政管理或领导学的范围"(在武汉所作的《关于秘书学与秘书工作》的报告)。二是边缘学科说,王千弓等人著的《秘书学与秘书工作》认为"秘书学是从写作学和管理科学的边缘中产生的……就秘书学整体而言,既不属于写作学,又不属于管理科学,而是这两门科学的知识交叉圈重叠的产物"。三是综合说,认为秘书学是历史学、管理学、领导科学等多学科的综合化。可见秘书学的性质是个有待深入研究的问题。

刘智勇在《也谈秘书学的性质》一文中也与陈贤华的《秘书工作论》有共同的认识:"关于秘书学的性质,目前学术界尚存在分歧,归纳起来大致有三种代表性观点:一、综合说;二、边缘说;三、分支说。"①

由此可见,在很长时间内,人们在论及秘书学的学科性质时,认为秘书学的学科类型或者学科归属就是秘书学的学科性质。对此,董继超有如下评述:

> 在学科性质的研究上,秘书学界普遍存在三个问题:一是将学科性质混同于学科类型,如"分支学科"、"综合学科"、"边缘学科"说(或"交叉学科"说);二是将学科性质混同于学科层次,如"应用学科"说、"理论学科"说、"经验学科"说;三是将学科性质混同于学科归属,如"社会科学"说、"人文科学"说、"管理科学"说、"行政科学"说。笔者认为,

---

① 刘智勇:《也谈秘书学的性质》,《秘书之友》1988 年第 2 期。

上述问题的存在,其症结在于对学科性质缺乏科学的诠释。
而学科对象的不确定性,又是导致对学科性质认识混乱的
深层原因。①

毛泽东在《矛盾论》一文中指出,"任何运动形式,其内部都包含
着本身特殊的矛盾。这种特殊的矛盾,就构成一事物区别于它事物
的特殊本质","科学研究的区分,就是根据科学对象所具有的特殊的
矛盾性。因此,对于某一现象所特有的某一种矛盾的研究,就构成某
一门科学的对象"。

一门学科与其他学科的本质区别,应当是它的研究对象。秘书
学以研究"秘书工作现象及其本质和规律"作为它的本质属性。这就
是秘书学区别于其他学科的性质所在。研究对象并不等同于研究内
容,这就是为什么虽然秘书学、档案学、文书学等研究内容均涉及文
件问题,却又是相互区别的独立学科的原因。秘书学学科的研究对
象决定了该学科是秘书学而非其他什么学科。由此衍生出来的研究
对象的属性和研究内容、研究方法的各个方面及表现形式构成了秘
书学学科的非本质属性。这些非本质属性并不具备使秘书学学科区
别于其他学科的质的规定性,但正是这些非本质属性使秘书学与其
他学科发生了各种各样的联系:由于某些非本质属性与其他学科相
同,就形成了学科的门类,产生了学科的归属问题。

事实上,秘书学的学科定义就是对秘书学科性质的阐释。而秘
书学界对秘书学的定义的争议程度要小于对秘书本身的定义,一般
认为:秘书学是研究秘书工作和秘书活动规律的学科,是一门综合性
的应用科学。② 而这就体现了秘书学的学科性质。具体分析这一学
科,我们发现它呈现以下特征:

---

① 董继超:《秘书学问题数说》,《秘书》1998 年第 5 期。
② 袁维国:《秘书学》,高等教育出版社 1990 年版,第 19 页。

一、综合性

秘书学学科性质的首要特点是综合性,无论是研究对象,还是研究内容和研究方法,秘书学都具有明显的综合性特点。在科学进化的过程中存在着学科不断分化和学科不断综合两种趋势,而现代科学的特点是综合化趋势越来越占据主要地位。在当今社会发展中,人类不断面临各种具有综合性的问题,解决这类综合性问题,必须从不同方面进行研究,这就产生了各门学科相互协作的需要,当各门学科彼此的界限被突破,就导致了学科的综合。

秘书学的学科对象是"秘书工作现象及其本质和规律",秘书工作是一种具有典型综合性的特征的工作,它不同于单纯的技术工作和业务工作。秘书工作的核心问题是管理。而管理具有两重性,即具有社会属性和自然属性。管理学科是典型的综合学科,因此,就此而言,秘书学也具有明显的综合性。

由于秘书学的研究对象具有综合性,决定了其研究内容和研究方法也具有综合性。研究内容的综合性首先表现在秘书学的学科内容在整体上是自然科学与社会科学交叉渗透的产物。当然从各分支学科的具体内容看,它们会表现出各自的学科特点。例如,秘书学的理论研究部分具有明显的社会科学属性。研究内容的综合性还表现在秘书学具有广泛的外部联系。秘书学在其发展过程中容纳和吸收了其他学科的理论成果和技术方法,如管理学、政治学、法学、写作学、语言学、逻辑学、档案学,等等。

由于对综合性问题研究而形成的学科是由不同学科的理论和方法相互作用、相互结合、相互渗透而形成的,而相互作用、结合、渗透的各方不会是绝对均衡的,而是有主次和多少之分,结果使这些学科的属性呈现出一定的偏侧性,即显示出一定的学科倾向,或者偏向于自然科学,或者偏向于社会科学。从秘书学的研究内容和研究方法来看,它的社会科学属性要大大强于自然科学属性,因此,秘书学的综合性是偏重于社会科学的综合性。

二、应用性

"马克思主义认识论常识告诉我们,经验是客观世界得以进入人们意识的门户,理论知识要以经验为依据,或者说要以经验为背景。"[①]秘书学不属于抽象思维科学,它既有对理论问题的探讨与研究,更着重于实践和应用。且秘书学的理论也只能发端于秘书工作实践中的各种直接经验和间接经验,是对各种经验的概括、总结和提高。忽视了秘书工作实践这一中介,秘书学理论就会陷入无源之水、无根之木的境地。

秘书学学科性质的应用性主要表现为:首先,秘书学的理论来源于秘书工作的实践。秘书工作如文书工作、接待工作、调研工作、会议工作、日程安排工作等其内容十分具体,实践性和操作性都非常鲜明,秘书学理论不可能脱离这些具体工作,因而秘书学也必然打上应用性的烙印。其次,秘书学的理论知识直接指导着秘书工作实践,并且具有普遍意义。秘书学研究最主要的目的就是摸索秘书工作的规律,指导秘书人员的工作实践。第三,秘书学的理论知识,直接受到秘书实践的检验,或者证实,或者修正,或者补充。

三、开放性

在学科的建设与发展中,由于社会需要和学科自身的原因,有些学科相对封闭,有些学科则呈开放状态。秘书学从产生之日起就以秘书工作的实际需要为其发展动力。随着秘书工作的发展,秘书学的研究范围不断扩展,导致其分支学科不断产生,学科体系日趋扩大。而社会的不断进步和科学技术的不断发展,也使秘书学必须不断开拓新的研究领域,丰富秘书学的研究内容,使秘书学向纵深发

---

① 陈永生:《档案学论衡》,中国档案出版社 1994 年版,第 172 页。

展。如以应用秘书学为例,秘书学中有行政秘书学、司法秘书学、企业秘书学、商务秘书学、财经秘书学、科教秘书学、军事秘书学、涉外秘书等。因此,秘书学的学科体系是开放型的,始终处于不断变化、不断充实、逐步完善、逐步发展的过程之中。

■ 第三章

秘书学的学科体系

秘书学的体系结构,指的是秘书学的理论构成及其构成方式,即秘书学应该由哪些理论知识单元构成,以及这些理论知识体系如何按照一定的逻辑和层次组成统一的整体。这是推进秘书学建设,并使之成为成熟学科必须解决的科学问题之一。[①]

自秘书学诞生以来,许多秘书实际工作者对秘书工作实务进行了总结和研究,有效地指导了秘书工作实际。同时,也有不少研究者对秘书学自身理论的建设倾注了较大的热情。不仅撰文阐明这一研究对整个学科建设的重大意义,吁请理论界投入到这一研究课题中去,寻求突破,以奠定秘书学在整个社会科学中的地位;而且身体力行,对秘书学的学科体系进行了艰苦的探索,并且取得了初步的研究成果。但是就一门成熟的学科的要求而言,秘书学学科体系的构建还任重而道远。

第一节 近十年来主要研究成果

20世纪90年代中期以前,已经有研究者开始关注秘书学的学

---

① 董继超:《秘书学问题数说》,《秘书》1998年第5期。

科体系问题。80年代后期至90年代初,廖雄军提出了对秘书科学三个分支学科体系的构想①,董少非提出了秘书学的结构体系应由理论秘书学、应用秘书学、历史秘书学及技术秘书学四大部分组成。② 后者对秘书学的分支学科作了较为合理的构想,所以得到了很多人的认可。

进入90年代中后期以来,秘书学界在总结前期的研究成果的基础上对秘书学的学科体系作了更进一步的探索,其代表性的研究成果有:

一、董继超在总结前期研究成果的基础上构架了秘书学的研究内容③

董继超认为秘书学的研究内容由四个部分构成:分别是秘书史(包括秘书通史、国别秘书史、断代秘书史、专项秘书史、秘书思想史)、秘书理论(包括基础秘书理论、应用秘书理论、交叉秘书理论)、秘书业务(如文字工作、文书工作、信息工作等)、秘书技术(包括秘书工作方法、秘书办公手段、秘书办公场所)。

二、郝文勉构架了微观秘书学和宏观秘书学④

郝文勉认为微观秘书学的学科体系可以按以下六方面考虑:研究秘书的地位、环境、性质及作用;研究秘书的基本职能;研究秘书机构的原则;研究秘书方法的理论;研究秘书的管理;研究秘书应具备的素质、才能、作风。宏观秘书学的学科体系也可以从六个方面考虑:专业秘书学,如司法秘书学、党政秘书学等;理论秘书学,如秘书

---

① 廖雄军:《对秘书科学三个分支学科体系的构想》,《秘书》1989年第4期。

② 董少非:《试论秘书学的体系结构和结构体系》,《秘书》1987年第1期。

③ 董继超:《普遍秘书学》,中央广播电视大学出版社1993年版。

④ 郝文勉:《论建立秘书学学科体系和秘书专业体系》,《档案学通讯》1998年第6期。

学概论等;历史秘书学,如中国秘书史等;管理秘书学,如会议学、调研学等;基础秘书学。

三、傅西路认为应该从五方面来构建秘书学的学科体系①

傅西路提出,秘书学乃是关于秘书工作及其活动规律的科学,若将这一命题展开,秘书学涉及的范围,首先应研究秘书工作的综合理论,如秘书工作的对象、职能、特征、规律、原则、方法、关系等;其次是秘书工作的日常业务,如信息调研、督促检查、协调综合、公文处理、领导活动安排等日常工作运转;其三是秘书工作的专项业务,如档案管理、机要保密、信访接待、行政管理等;其四是秘书工作的高新技能,如办公自动化、通讯现代化等;其五是秘书工作纵横,如秘书工作的历史与发展、国外秘书工作的比较与借鉴等。

四、方国雄提出了按分支发展论、机理论、史论、工作管理论构建秘书学学科体系的意见②

方国雄在《谈秘书学学科体系》一文中对秘书学的学科体系作了全面构想,并把它编入 2003 年出版的由其主编的普通高等教育"十五"国家级规划教材《秘书学》中,进一步扩大了其研究成果的影响。③ 方国雄认为,我国当代秘书学学科体系是一个开放系统。随着时代和社会实践的发展,其内涵不断丰富,外延不断拓展;当代秘书学学科体系可以从多角度多层次的角度来构建:从分支发展论的角度出发,可以从秘书各项业务内容发展出分支学科,如会议组织学、秘书写作、秘书协调学等;可以从社会各行业秘书理论与实践发展出分支学科,如党政秘书学、商务秘书学、司法秘书学等;可以多学

① 傅西路:《怎样构建秘书学的学科体系》,《秘书工作》1999 年 9 月。

② 方国雄:《谈秘书学学科体系》,《秘书之友》2000 年第 6 期。

③ 方国雄:《秘书学》,高等教育出版社 2003 年版。

科融合发展出分支学科,如秘书心理学、管理秘书学等;也可以从不同研究方法发展出分支学科。从秘书史论的角度出发,可以构建中国秘书发展史和外国秘书发展史。从秘书工作管理论的角度出发,可以有秘书机理论(包括秘书工作原则、秘书工作规律、秘书工作特征、秘书及其机构等)、秘书环境论(包括秘书与领导的关系、宏观社会环境、中观组织环境、微观人际环境等)、秘书职能论(包括秘书事务辅助、秘书参谋辅助等)、秘书方法论(秘书思维方法、秘书工作方法)。

五、钱世荣在按基础理论、技术理论、应用理论构架的“三层次分布论”的基础上,又按照《学科分类与代码》的编制原则和编码方法提出了秘书学(即钱世荣所提的辅助学,以下同)的一、二级及部分三级学科的设想①

钱世荣把秘书学定位为一级学科,秘书史、普通秘书学、比较秘书学、秘书社会学、秘书伦理学、秘书法学、秘书思维学、秘书心理学、秘书语言学、秘书行为学、秘书人才学、秘书未来学、技术秘书学、应用秘书学、部门秘书学、专项秘书学、秘书学其他学科等为二级学科。其中部分二级学科下面还构建三级学科,如秘书史下有秘书活动史、秘书思想史、秘书学史等三级学科;专项秘书学下有公文写作、信息管理、文书管理、档案管理、会务管理、信访管理、办公室管理等三级学科。钱世荣呼吁理论研究者应加大对秘书学学科体系研究的投入,在管理学大框架中营构秘书学学科体系,并特别注意秘书活动与领导活动、秘书学与领导学的内在联系。

---

① 　钱世荣:《秘书学学科体系研究》,《秘书》2000 年第 6 期。

六、陈荣在"小秘书学"(即单一的课程)的基础上提出了"大秘书学论",并设想了大秘书学的理论框架[①]

陈荣认为大秘书学可以由理论秘书学、应用秘书学和秘书史学构成。理论秘书学包括秘书学概论、秘书法学、秘书哲学、秘书社会学、秘书人才学、秘书文艺学、秘书心理学等学科;应用秘书学包括秘书写作学、秘书调研学、秘书关系学、督查学、保密学、信访学、会议学、秘书保健学等学科;秘书史学包括中国秘书史、外国秘书史。陈荣指出,秘书学的研究趋势是以由以归纳法综合秘书工作经验转向以演绎法把邻近学科的原理与方法移植于秘书学研究之中,引导秘书学向纵深发展,并建立起秘书学分支学科的理论框架。

七、宋斌提出了秘书学系统理论体系——"五大系统"的构想[②]

宋斌认为,秘书学理论体系应按"系统"划分,包括专门理论系统、环境与人才资源系统、普通理论系统、秘书工作系统、信息与档案管理系统五类。

八、秦莲红论证了秘书是秘书学理论体系的逻辑起点,并对秘书学理论体系作了宏观构想[③]

秦莲红认为以秘书为逻辑起点而形成的秘书与领导的主客体矛盾和秘书同自身实践的对象的矛盾关系是秘书学的基本矛盾,是建构秘书学理论体系的依据。以该依据构建的秘书学学科体系的框架包括三个部分的内容。第一部分,从领导与秘书这一主客体矛盾关

---

① 陈荣:《从"小秘书学"到"大秘书学"——21世纪中国秘书学发展管窥》,《秘书之友》1999年第4期。

② 宋斌:《关于秘书学系统理论体系构想》,《秘书工作》2000年第8期。

③ 秦莲红:《〈秘书学〉的逻辑起点与理论体系之我见》,《广西师范大学学报》2003年4月。

系上看,领导是矛盾的主要方面,它规定着秘书的产生和历史发展、秘书的作用、秘书的基本职能及秘书性质的多样性和层次性等基本内容。它从历史的角度揭示了秘书的产生、发展是受社会生产力、经济基础制约的客观规律。第二部分,从秘书和秘书实践对象这一主客体矛盾关系上看,秘书(主体)是矛盾的主要方面,在秘书学中两者之间的关系内容涉及秘书实践的基本对象、秘书实践的基本内容、秘书实践的基本形式、秘书实践的价值、秘书实践的基本原则、秘书实践的基本方法等。它是对秘书实践活动的总概括,既体现着秘书实践活动中内在的、本质的、必然的联系,又体现着理论与实践的统一。第三部分,从领导、秘书、实践对象之间相互关系的总体上看,这三者的相互关系涉及秘书人员的基本素质,秘书人员的培养和管理,秘书学的研究的对象、方法、作用,当代科技进步和秘书学的发展前景的关系等内容。

九、孙建明认为我国秘书学学科已经形成了一个以秘书学为中心、科目门类多样、内容涵盖丰富并有自己的组织结构的学科体系,形成了一个初具规模的秘书学学科群,初步确立了秘书学发展的基本框架[①]

孙建明认为秘书学学科群包含五个层面。一是运用元科学理论研究秘书学的元秘书学,元学科理论是以学科自身作为研究对象,对学科本身进行历史的、哲学的、具有社会意义的全方位的综合阐述,是一种系统的、对学科理论作整体性反思的科学理论。二是从应用理论角度来研究秘书学的应用秘书学,这类学科研究往往根据秘书工作不同行业的应用需要,对秘书学进行行业分类研究,这是秘书学研究的重头部分,其研究领域十分广阔。三是秘书学与其他学科相结合而产生的交叉学科,这类学科主要研究秘书学与其他学科相互

---

① 孙建明:《我国秘书学学科体系构建回望与前瞻》,《当代秘书》2003年第5期。

渗透产生的边缘学科理论,如秘书学与管理学交叉而产生的管理秘书学等。四是着眼于秘书实用技术的技术秘书学,如协调学、会议学等。五是中外秘书学的比较研究。

十、谢世洋提出了秘书学的"九大子学科体系论"①

谢世洋认为,一门完整的社会科学必须包含史、论、应用三大部分。秘书学也应由史、论、应用三大内容组成。这三大内容应融入作为一级学科的秘书学所属九个二级学科的各个层面之中,可简称为"九大子学科体系论"。九大子学科体系论包括:行政秘书的史、论、应用;司法秘书的史、论、应用;企业秘书的史、论、应用;商务秘书的史、论、应用;财经秘书的史、论、应用;科教秘书的史、论、应用;军事秘书的史、论、应用;涉外秘书的史、论、应用;私人秘书的史、论、应用。

第二节　秘书学学科体系的现状及原因

秘书学科创建二十多年以来,在秘书学学科体系的研究上取得了一定的成绩,上述十种就是秘书学学科体系的研究成果的集中体现。但是,秘书学学科体系究竟应该如何构建,秘书学界并无定论,或者说,秘书学学科体系只停留在设想上,如杨剑宇指出"体系尚未形成"②。秘书学学科体系建设任重而道远,就现状而言,以下问题不得不面对:

一、混淆了秘书学学科体系和秘书专业课程体系的关系

有些学者在确立秘书学学科体系时混淆了秘书学学科体系和秘书专业课程体系的关系,将有些不属于秘书学学科体系,但属于秘书

---

①　谢世洋:《论秘书学的体系构建》,《秘书之友》2006 年第 12 期。
②　杨剑宇:《秘书学科的危机和转机》,《当代秘书》2000 年第 3 期。

专业课程体系的课程放入秘书学学科体系之中。如郝文勉所提出的宏观秘书学与秘书学专业体系是不做区分的,"秘书专业究竟包括哪些内容,秘书要学到什么知识才算合格,这是宏观秘书学所要解决的问题。宏观秘书学体系的建立也要有一个基点,这个基点就是建立在秘书学学科理论上的,按照现代秘书的要求而设置的体系。"在这一体系中,作者所提出的"基础秘书学"是指秘书应具备的基础知识如经济学、法律、汉语、文学等,这显然不属于秘书学的学科体系。如果说这种区分还是比较明显的话,被许多人列入技术秘书学体系的速记学,以及秘书学界曾普遍认为的"秘书学的分支学科"——档案学①,这些学科是否属于秘书学的学科体系呢?事实上,秘书学学科体系中的分支学科与秘书学专业中的课程(甚至专业课程)是两个有着密切联系的不同的概念。秘书专业中的基础课程如英语、汉语、文学固然不属于秘书学的学科体系,专业课程也不一定是秘书学的分支学科,档案学作为二级学科肯定不是秘书学的分支学科,即使是档案管理学也不宜视作秘书学的分支学科。虽然档案管理与秘书工作有着密切的关系,但是其研究对象的独立性是非常明显的。这一点,比秘书学发展得更为成熟的档案学可以给我们以启迪,如文书学以前曾被视作档案学的分支学科,但由于其研究对象和知识体系与档案学科的差异,"不管与档案学的关系密切到何种程度,就其本质而言,仍然不是档案学的一员"。②

二、学科体系过于庞杂

从二十多年的特别是近十年的研究成果中,我们发现不少研究

---

① 如刘登山、马天民、田中辉编著的《秘书学教程》(中国政法大学出版社 1988 年版)、陈天恩著的《当代秘书学教程》(中国政法大学出版社 1997 年版)、饶上奇、曾诚主编的《秘书学概论》(湖北科学技术出版社 1997 年版)都持这一观点。

② 严永官:《反刍档案学学科体系》,《上海档案》1997 年第 2 期。

者对秘书学的框架提出了设想,有的学者还提出过相当细化的规划,但是起步不久的秘书学要细化到如此程度,"是可想而不可及的"①。就以秘书学分支学科的数量来看,学者们设想的属于秘书学框架体系中的有二三十门课程。笔者以为,追求一种体系完美的学科设想固然无可非议,但更重要的应该是正视秘书学发展的现实,从学科的研究对象出发,由二三十门分支学科构成的秘书学学科体系无疑是比较庞杂的。秘书学是以秘书工作和秘书活动规律为研究对象的,秘书学的每一门分支学科都必须以秘书工作或秘书活动规律的某一方面作为研究对象,而且还必须形成自己的知识体系,秘书信息学、秘书协调学、秘书伦理学等所谓的分支学科与秘书学研究对象存在比较密切的关系,但目前大多还停留在一个抽象的名称上。至于服务学、口才学②等"学科"本身与秘书学的学科对象有一定的距离,也不宜列入秘书学的学科体系之中。一门分支学科的诞生并不是设想出来的,它必须具备一定的必要性和可能性,它必须具备丰富充实的知识体系。

三、学科发展的不平衡性

伴随着大秘书学观念的确立,秘书学陆续出现了一些分支学科,应该说秘书学的各门分支学科的形成时间和成熟程度是不一致的,如秘书学概论、秘书实务、中国秘书史等就是较早出现的而且知识体系较为稳定的秘书学分支学科。20 世纪 90 年代前后,这些学科就已经进入了高等院校,上海大学文学院等学校的秘书专业都开设过这些课程,这些学科的教材也层出不穷,应该说已经获得了大家的一致认可。甚至其中某些分支如秘书实务本身又出现了分叉,如秘书写作学、会议组织学等。另外一些分支学科特别是与其他学科交叉

---

① 杨剑宇:《秘书学科的危机和转机》,《当代秘书》2000 年第 3 期。
② 董少非:《试论秘书学的体系结构和结构体系》,《秘书》1987 年第 1 期。

而形成的边缘性分支学科,如秘书语言学、秘书心理学和一些应用秘书学如党政秘书学、企业秘书学、商务秘书学、军队秘书学等也已经有一定数量的教材和专著出现,但是由于这些学科的主体性不够强,对相关学科的理论借鉴比较直接,其理论的独立性还有待于进一步强化,在秘书学的分支学科体系中,处于这种状态的分支学科从数量上来看应该说是最多的。还有一些分支学科,如有些学者提出的秘书思想史、秘书督促检查、秘书服务学、秘书保健学、秘书文艺学等,有些只有一个名称并无实在的理论体系,有些虽然有初步的设想但还没有系统化,有些则根本不能算是一门学科。由此可见,秘书学分支学科发展的参差性是显而易见的。

四、学科分类的不稳定性

秘书学本身属于新兴学科,其分支学科的创建更是处于起步阶段,因此不稳定性也是本阶段秘书学分支学科体系的一个主要特征。目前,人们对分支学科体系的描述往往是各具己见,认识的角度和程度不同,对秘书学分支学科的认识也各不相同,迄今为止,尚未有一个公认的秘书学分支学科体系。从整体上看,学科体系尚处于摸索、磨合和调整之中,从局部分析,大部分分支学科的知识体系也尚未完全定型。同时,对某些学科归属问题的认识也是各抒己见,难有定论。比如文书学,秘书学界大多都把它视作秘书学的分支学科,但是,档案学界却有人认为文书学属于档案学的分支学科,或者更多的人认为文书学是一门独立的学科。同样被有关学者列入秘书学分支学科体系的档案管理、信息学、调研学也都存在类似问题。

五、学科体系构建标准的多样性

从现状分析,秘书学体系建构的标准是不统一的。有人认为:"一般的学科体系,划分为论、史、应用三大块。秘书学也应据此划分,目前没有必要,也不可能另辟蹊径。"①也有人提出:"科学学理论认为,从分布方式上看,科学分为基础科学、技术科学、应用科学三个层次,每个层次又都由理论和技术这两部分组成。这种'三阶两部式'结构,全息缩影般地呈现于含有众多子学科的学科内部,秘书学的内部结构即如此。"②另外,有人提出按基础理论、分支理论、操作理论构架的"三层次论"的秘书学学科体系;有人提出从静态、动态两个方面构建秘书学的学科体系的设想,等等。

总之,在秘书学学科体系及分支学科的构建过程中急于求成的现象比较突出,有些研究者对有关问题还未进行深入系统的研究,看到一点表面现象,就以为抓住了事物的本质,并贸然冠上"学"字样;有些学者热衷于为秘书学分支学科设计蓝图,篇章结构虽堪称严谨完整,但其构成成分却经不起推敲;也有些研究者则以为有多少种专门的秘书工作,就会产生多少门分支学科。诸种问题值得我们重视。

第三节 "大秘书学"概念的确立③

一、"大秘书学"概念的形成

秘书学是 20 世纪 80 年代产生的新兴学科,改革开放、强化管理是其生成的根本动力。起初为了满足社会对高级秘书人才的需求,秘书学和文书学、应用写作学是作为秘书学专业的主干专业课而出现的,人们关注的是秘书学的课程建设,秘书学也只作为单一学科而存在,并无任何分支学科。这时的秘书学理论体系是比较粗糙和随

---

① 杨剑宇:《秘书学科的危机和转机》,《当代秘书》2000 年第 3 期。

② 钱世荣:《秘书学学科体系研究》,《秘书》2000 年第 6 期。

③ 该部分内容改写自笔者的论文《确立"大秘书学"概念 建立合理的秘书学学科体系》一文,该文发表于 2001 年第 9 期的《秘书之友》。

意的。早期的秘书学专著如翁世荣主编的《秘书学概论》、王千弓等主编的《秘书学和秘书工作》、张金安主编的《秘书学概论》等，其理论模式基本都是最简单的秘书学理论加上秘书活动的列举及经验总结，把秘书工作历史、理论、实务混在一起，课程名称一般为"秘书学概论"。严格地说这种课程名称也是不科学的，因为它并不完全具备一般学科概念的性质。但不管怎么说秘书学由此诞生了，并随着秘书学教学的蓬勃发展开始为学界所关注。

80 年代后期至 90 年代初，广西的廖雄军提出了对秘书科学三个分支学科体系的构想，认为秘书科学应包括秘书学、秘书工作学、秘书人才学三个分支学科。① 湖北的邹酆在《秘书学理论体系改革初探》一文中则认为，秘书学"史论混杂，把本不属于秘书学范畴的秘书与工作发展史，也列为秘书理论专章加以叙述……应从秘书学中抽出秘书史部分"②。最有代表性的是董少非的《试论秘书学的体系结构和结构体系》，该文较深刻地分析了秘书学体系结构存在的问题，提出秘书学的结构体系应由理论秘书学、应用秘书学、历史秘书学及技术秘书学四大部分组成。

90 年代中后期以来，秘书学界对秘书学的学科体系之争更加深入，如前文所综述的关于秘书学学科体系的研究成果，这些研究成果反映出秘书学界对秘书学学科体系的不同理解，虽然分歧较大，但有一点是共同的，即秘书学不再是一门单一的学科，也非原来的秘书学概论，而是由众多子学科组成的"大秘书学"或者可称之为秘书科学。

二、确立"大秘书学"概念的意义

"大秘书学"概念的确立是秘书学发展的必然，也符合学科演变的基本规律。具体地说，其意义表现在以下几个方面：

① 廖雄军：《对秘书科学三个分支学科体系的构想》，《秘书》1989 年第 4 期。
② 邹酆：《秘书学理论体系改革初探》，《秘书之友》1989 年第 1 期。

1. 有利于深化秘书学的研究,拓展秘书学的研究领域

"大秘书学"概念的确立使秘书学的研究层次进一步深化。虽然秘书学界对秘书学学科体系的构成还没有一个统一的认识,但是按照一般学科体系把秘书学划分成史、论、实务三大块这一点基本上是趋同的。这种两级甚至三级结构的划分,使得秘书学的研究更加专门化和规范化。如秘书学原理的出现,使得秘书学理论研究的成分大大增加,人们开始关注秘书学的学科理论以及有关秘书的地位、性质、素质、基本职能、工作方法、职业化、现代化等基本理论问题,使秘书学从单纯的经验总结中摆脱出来,为秘书学从潜科学向显科学过渡奠定了基础。秘书实务类学科如秘书写作、文书学、会议组织学、信访学等的出现,使秘书学的研究领域更为宽阔。而与相关学科融合产生的交叉性分支学科如秘书心理学、秘书语言学等的出现,使得秘书学能更好地吸收相关学科的养分为本学科服务。

2. 有利于开展高层次秘书教学活动,培养高级秘书人才

众所周知,最初的秘书学专业是在中文专业的基础上发展起来的。从课程设置上看,秘书学、文书学、应用写作学是其仅有的专业课程,虽然后来增加了管理类课程,但是这样的课程设置显然不符合一个独立专业的需要。随着秘书专业的日渐发展和成熟,其独立性日渐增强,专业设置也发生了较大变化,统而论之的秘书学在秘书专业中已经很少存在,取而代之的是秘书学原理、秘书发展史和秘书实务类课程。这样就能基本满足高层次秘书教学的需要。从目前情况来看,尽管国家教育部的专业目录中还没有本科段的秘书学专业,但是随着秘书职业化进程的进一步加快,随着社会对人才素质要求(学力要求)的不断提高,许多高校已通过设置专业方向的办法,如中文专业秘书方向、行政管理专业秘书方向、英语专业涉外秘书方向等来培养本科层次的秘书人才。但对于基本趋于成熟的秘书专业来说,

这种做法绝非长久之计,相信随着本科甚至更高层次的秘书专业的诞生,其课程设置会更加系统和科学,而合理的秘书学学科体系的构建则是高层次秘书教学的基本前提。因此,只有把秘书学当作一门大学科来对待,建立起科学系统的秘书学学科体系,才能保证高层次秘书教学的需要。

3. 有利于更好地指导秘书工作实践,使秘书工作更加科学化

在改革开放潮流的冲击下,我国的秘书工作面临着许多新情况、新问题。一是秘书主体的构成有了较大的变化,商务秘书、涉外秘书、私人秘书大量涌现,使得以指导党政秘书工作为主的秘书学不能满足现实的需要。二是办公自动化的日益普及又使秘书工作的手段和形式发生了根本性的变化,原有的秘书学作为指导秘书工作实践的基本理论也已力不从心,需要进行专门研究;档案领域电子文件管理学科的出现,促使秘书领域也应对此有所反映。三是秘书工作的专业化、规范化、制度化、职业化程度不断加强,丰富复杂而又具有现代化特征的秘书工作实践迫切要求与之相适应的理论指导,这是单一学科的秘书学所不能承担的,只有具有合理体系的大秘书学才能有效地加以指导。

三、"大秘书学"需要解决的问题

秘书学发展到现在,"大秘书学"概念的确立已经是不可更改的事实,但是要真正建立科学的大秘书学学科体系并得到社会的承认,还必须注意以下几个方面的问题。

1. 在秘书学教学和研究中要始终贯彻"大秘书学"概念

秘书学作为一门新兴学科具有很大的不稳定性,人们对其认识比较含混,学界在谈及秘书学时有时仅指秘书学概论或秘书学导论,内容只涉及秘书学的研究对象,秘书工作的基本职能、基本原则、基

本方法,秘书人员的基本素质等基本问题,有时则又强调秘书学庞大的学科体系,前文所述的"三层次分布论"、"三层次论"、"微观、宏观论"以及"静态、动态"说等都强调了秘书学的大学科特征,这种研究领域存在的概念内涵的不同一对"大秘书学"概念的形成造成了很大障碍。同时,在各院校的秘书学教学中,课程名称和教材名称不统一的问题也比较突出,如有些名为秘书学概论实则是史、论、实务混杂的秘书学,有些名为秘书学却是秘书学概论,让人无所适从。因此,笔者认为在秘书学教学和研究中,应时刻注意区分秘书学与其分支学科秘书学概论、秘书实务等的关系,始终以"大秘书学"概念对待当今的秘书科学。

2. 要处理好与相关学科的关系

秘书学从"小秘书学"发展到"大秘书学",学科层次有了提升,与相关学科的关系也发生了变化。"大秘书学"与档案学为同一层次的学科,"小秘书学"则与档案管理学为同一层次。另外,从目前诸家提出的秘书学学科体系来看,秘书学的分支学科如方国雄提出机关档案管理、秘书公共关系等应用性分支学科与档案学、公共关系学有着千丝万缕的联系,如何理清这种关系、规范学科名称并且使之统率在秘书学之下,这是"大秘书学"所要解决的一个问题。

3. 要建立系统、合理、科学的"大秘书学"学科体系

在确定秘书学是一门大学科之后,学者们开始探索秘书学的学科体系。90年代前后较有影响的观点是,秘书学是由理论秘书学、应用秘书学、历史秘书学、技术秘书学等分支学科构成的,并且对每一分支学科作了第三层的构想,如认为应用秘书学由企业秘书学、科技秘书学、文教秘书学、司法秘书学等构成,技术秘书学由会议管理学、信息管理学、信访学、保密学、服务学、口才学、公务社交学等构成。尽管这一层面子学科的确定比较随意(如服务学是否是一门学

科、信息管理学是不是秘书学的分支学科等都值得商榷），但总体思路是正确的。到了 90 年代后期，学界对秘书学学科体系的研究成果更为丰富，如前文所述的"三层次分布论"、"三层次论"、"微观、宏观论"以及"静态、动态"说等。与早期相比，这一时期对秘书学学科体系的探讨思路更为开阔，更加符合学科的分布方式。以钱世荣对基础理论、技术理论、应用理论构架的"三层次分布论"的修正而提出的"一种新的秘书学学科体系框架"为例（见图表一），尽管笔者对钱世荣"辅助学"的提法持有异议，但是对其提出的系统化而又具有开放性的学科体系颇为赞同。因为它不但体现了秘书学学科体系的构成，更重要的是它比较符合科学学的理论，可以使秘书学走上规范化的道路。

　　总之，从秘书学的发展现状分析，认为秘书学是一门由众多子学科组成的学科这一点已成共识，但对子学科的具体构成颇有异议，而且论战正酣。笔者认为，这种热闹的论争既是秘书学科发展的必经阶段，同时也是秘书学不成熟的表现；论争有利于学科的发展，但是长期的众说纷纭必然阻碍秘书学学科体系的构建。因此，笔者以为秘书学界应该集中攻关，尽快建立统一的秘书学学科体系，至少在二级层次上有一个明确的意见。

表 3-1　辅助学（秘书学）学科体系框架①

x	（管理）辅助学		
x. 10	辅助史	x. 70	应用辅助学
x. 1010	辅助活动史	x. 80	部门辅助管理
x. 1020	辅助思想史	x. 8010	党务辅助管理
x. 1030	辅助学史	x. 8020	行政辅助管理

①　见钱世荣：《秘书系统：独特的管理辅助系统》，安徽大学出版社 2008 年版，第 88 页。

x. 20	普通辅助学	x. 8030	企业辅助管理
x. 25	比较辅助学	x. 8040	军队辅助管理
x. 30	辅助社会学	x. 8050	教育辅助管理
x. 32	辅助伦理学	x. 8060	科技辅助管理
x. 34	辅助法学	x. 8070	社团辅助管理
x. 36	辅助思维学	x. 8099	部门辅助管理其他学科
x. 38	辅助心理学	x. 90	专项辅助管理
x. 40	辅助语言学	x. 9010	公文写作
X. 42	辅助行为学	x. 9020	信息管理
x. 44	辅助人才学	x. 9030	文档管理
x. 46	辅助未来学	x. 9040	会务管理
x. 60	技术辅助学	x. 9050	信访管理
x. 6010	辅助决策技术	x. 9060	办公环境管理
x. 6020	辅助协调技术	x. 9099	专项辅助管理其他学科
x. 6030	辅助督查技术	x. 99	（管理）辅助学其他学科
x. 6099	技术辅助学其他学科		

第四节　秘书学的分支学科

　　分支学科是当代学科高度综合与分化的必然产物，一大批学科依枝而长，衍生分化，把原有学科的研究引向深入，甚至另辟蹊径，柳暗花明。综合中的分化和分化中的综合，使当代的分支学科充满了生命力。同时，一门学科的分支学科体系的建构过程也集中体现了该学科的发展历程。秘书学是 20 世纪 80 年代产生的新兴学科，改革开放、强化管理是其生成的根本动力，为了满足培养高级秘书人才的需要,秘书学和文书学、应用写作学作为秘书专业的主干性专业课出现在高校教学中,学科创建之初,由于秘书学本身的局限,人们对其分支学科并无认识,不仅如此,大多数研究者们是把秘书学作为行政管理学的分支学科来认识的。随着秘书学的发展,秘书学作为一门独立性的综合学科的观念日益为人接受,人们开始关注秘书学的分支学科体系。

一、分支学科的创建方式

据不完全统计,被部分学者视作分支学科的有二三十门之多。从产生方式分析,有以下几种:

1. 从秘书学与其他学科的结合点上建立分支学科

秘书学是一门综合性学科,有着丰富的相关学科群,研究者特别是理论研究者在研究秘书学的过程中,引进与吸收了相关学科的一些理论、方法,使其与秘书学互相渗透而形成交叉学科或横断学科,这是秘书学分支学科产生的一种常见的方式,秘书心理学、管理秘书学就是认可程度较高的两门分支学科。

2. 以某一项秘书工作为依托建立相应的分支学科

秘书工作是秘书学研究的主要对象,以秘书工作实务为研究内容的"秘书实务"是秘书学主要的分支学科,同时,对某一秘书工作的原理、程序、步骤和方法进行深入的、理性的探索和提炼,不断充实其内容,完善其知识体系,使得以某一项秘书工作为基础建立起相对独立的分支学科,如文书写作是一项重要的秘书工作,以此为基础逐渐形成了秘书写作学,会务工作是秘书工作的重要组成部分,以此为基础逐渐形成了会议组织学。

3. 对秘书学中的某一现象进行深入研究产生的分支学科

通过对秘书学深层局部对象的分化,对秘书学中的某一科目进行深入研究,如对秘书工作或者说秘书活动在中国的产生和演变历史进行深入研究,就形成了中国秘书史的知识体系,甚至随着研究的深入,可以对秘书活动沿革过程中某一时期进行解剖,形成断代秘书学史。这也是秘书学分支学科产生的一种重要方式。

二、秘书学分支学科体系构建的框架

秘书学是一门新兴学科,许多问题还需要得到历史的验证,因此笔者以为在秘书学学科地位尚未得到普遍认同的背景下,研究者们更需要一种脚踏实地、实事求是的精神,循序渐进地来建构秘书学学科体系。据秘书学的发展和研究现状,按历史、理论、应用三方面来建构秘书学学科体系还是适当的。

1. 秘书史学

中国秘书史是研究我国历代秘书活动现象和规律的专门史。是在搜寻到翔实史料,运用正确的观点和研究方法,重现出历史上秘书工作的现象、规律。中国秘书学是历史学与秘书学交叉渗透而产生的秘书学的分支学科。由于以杨剑宇为代表的一批学者扎实的研究工作,中国秘书史的研究成果还是比较显著的,在 20 世纪 80 年代就出现了秘书史学的专著,如杨剑宇的《中国秘书史》(同济大学出版社 1988 年版),该专著填补了秘书史学的空白,荣获首届全国秘书学论著评比著作一等奖,并且得到了相关学科广泛的认可。① 进入 90 年代以后,又出现了黄泽元等编著的《中国秘书史》(兰州大学出版社

---

① 裴燕生等主编的 21 世纪档案学教材——《历史文书》(中国人民大学出版社,2003 年)就把该著作列为主要参考书之一。

1997 年版),费云东、余贵华的《中共秘书工作简史》(辽宁人民出版社 1992 年版)以及潘林杉的《中国古代秘书通论》(安徽人民出版社 1990 年版)。2000 年,作为全国高等教育自学考试秘书学专业独立本科段的指定教材,杨剑宇主编的《中国秘书史》[①]问世,与 80 年代的同名著作相比,体系更严谨,内容更合理,近、现代秘书史内容更充实。另外,聂中东主编的《中国秘书史》[②]也于同年出版。应该说,中国秘书史经过近二十年的发展,有了比较明确的学科对象、研究内容和相对固定的体系结构,其研究范围也相对明确。[③]　而且中国秘书史的学科教学也比较普及,因此,中国秘书史作为秘书学的分支学科的地位是明确的。

　　秘书史学的研究包括秘书通史、国别秘书史、断代秘书史、专项秘书史、秘书思想史,除了中国秘书史之外,其他类型的史学也有所涉及,如费云东、余贵华的《中共秘书工作简史》就运用了丰富的党史资料,对新中国成立前中共的秘书工作按时间顺序作了一定的整理,该著作可以说类似于断代秘书史。又如专项秘书史,专项秘书史是对秘书活动的历史的某一方面的研究,吕发成的《中国公文史》(甘肃文化出版社 1995 年版)可以算作专项秘书史的研究成果。而国别秘书史,即许多研究者在秘书学体系结构中的外国秘书学史,从总体上看,徒有名称而已,并没有多少实质性的研究成果。以学科的要求来衡量,笔者以为上述研究方向称之为秘书学的分支学科还为时过早。

　　2. 秘书理论

　　"所谓秘书学理论,就是泛指关于秘书现象、秘书活动和秘书学

────────────

　　①　杨剑宇:《中国秘书史》,武汉大学出版社 2000 年版。

　　②　聂中东:《中国秘书史》,中州古籍出版社 2000 年版。

　　③　杨剑宇在《中国秘书史研究的历程和存在的问题》(发表于《秘书》2005 年第 6 期)中再次重申了中国秘书史的研究范围是历代秘书机构、历代秘书人员和历代秘书工作制度。

自身的理性认识成果。"①秘书学理论是秘书学科的灵魂,也是秘书学发展过程中的软肋,是我们必须重点建设的内容。目前秘书学理论部分已经初步形成的分支学科涉及以下方面:

(1)秘书学基础理论

也被称之为元秘书学层面的理论,它是以秘书学自身作为研究对象,从整体上对秘书学自身进行全面研究的一种科学理论。关于元秘书学的研究,笔者曾与潘连根合作发表过《秘书学元科学层面的研究亟待加强》②一文,现节选于下:

> 按照科学学的观点,任何一门学科的演化要经过四大阶段,即准科学—前科学—常规科学—后科学。如果说,准科学和前科学是科学的胚胎和幼年,那么常规科学和后科学则是科学的成年和老年。
>
> 但从秘书学的发展现状看,秘书学仍处于前科学时期。因为在前科学时期,种种"理论"的争论是谁也不能取代谁的,科学呈"多重态"形式。只有待"多重态"形式消失,达成统一认识,或达到只有两家共处的局面,前科学时期才结束。"相对统一的认识,就意味着科学规范的形成,而科学规范的形成,乃是常规科学的标志。"③目前秘书学对本学科的学科对象、逻辑起点、研究领域、体系结构、学科性质、学科类型学科归属、研究方法等基本理论问题均未达成共识。不过它正日益"临近向常规科学转化的界líne"④。因此我们可以充满信心地展望:在 21 世纪,秘书学将由前科学

---

① 董继超:《普通秘书学》,中央电大出版社 1997 年版。
② 潘连根、何宝梅:《秘书学元科学层面的研究亟待加强》,《秘书》2003 年第 3 期。
③ 冯之浚、赵红洲:《现代化与科学学》,知识出版社 1985 年版,第 69 页。
④ 钱世荣:《我国二十年来秘书学理论研究的不足》,《当代秘书》1999 年第 1 期。

阶段迈向常规科学阶段。

　　然而,在现阶段,秘书学的基础理论研究还极为薄弱。例如,据笔者统计,《秘书》杂志从 1993 年至 1997 年计发论文 1426 篇,基础理论研究方面的论文仅 28 篇,只占 1.96%[①]。因此,要使秘书学由前科学阶段顺利迈向常规科学阶段,加强秘书学的基础理论研究,提高秘书学的理论学术水平显得极为重要。笔者以为,加强秘书学元科学层面的研究,是从整体上提高秘书学理论研究水平的有效途径。

　　一、元科学简介(略)

　　二、秘书学元科学层面研究情况的回顾和分析

　　纵观秘书学的兴起、发展和深入的各个阶段,我们可以看出:

　　在秘书学的初创阶段(20 世纪 80 年代初至 80 年代中期),学科研究刚刚起步,其成果主要体现在王千弓等编著的《秘书学与秘书工作》(光明日报出版社 1984 年版)、翁世荣等编著的《秘书学概论》(上海人民出版社 1984 年版)、张金安、常崇宜的《秘书学概论》(云南人民出版社 1984 年版)等著作中,它们的理论框架以追求实用为目标。最早发行的秘书理论刊物(如《秘书》、《秘书之友》)在这段时间里除了对这门新兴学科的知识体系以及与相关学科的关系作了一些较为粗浅的探讨外,几乎没有从哲学、社会学、历史学等角度去深入地研究秘书学自身。因此,可以说,这一时期对秘书学元科学层面的开拓研究几乎处于空白状态。

　　在秘书学的发展阶段(20 世纪 80 年代中期至 90 年代中期),秘书学作为一门独立学科的地位逐渐得到确立,高

---

　　① 　潘连根、何宝梅:《秘书学论文作者之统计分析》,《秘书》1999 年第 4 期。

校秘书职业教育获得了蓬勃发展,越来越多的高校教学工作者开始加入秘书学深层次理论研究的队伍。与此同时,随着改革开放的深入,商务秘书蓬勃兴起,使秘书队伍的构成发生了很大变化,促使研究者们重新审视秘书学。这一时期,秘书学教材大量涌现,秘书学杂志也猛增至 30 家左右(含内部出版)。秘书学研究的全面铺开,使不少学者开始对秘书学的自身理论问题进行了探讨。体现在教材和专著中,较有代表性的如安成信、李欣主编的《秘书学导论》(高等教育出版社,1992 年版),吕发成、方国雄编著的《秘书学原理》(兰州大学出版社 1992 年版),董继超主编的《秘书学教程》(中央广播电视大学出版社 1993 年版)等。这些教材和专著大大增加了基础理论研究的深度和广度,不再把秘书学简单地等同于秘书工作的经验总结,从而开始了从元科学的高度把秘书学作为一种社会历史现象加以整体系统的考察研究。体现在学术杂志上,如《秘书》从 1987 年起就辟有"学科建设"专栏,其中刊发的较有代表性的文章,如董少非的《试论秘书学的体系结构和结构体系》(《秘书》1987 年第 1 期)就试图用结构分析法考察秘书学学科的空间分布。随后易法万的《秘书学研究的反思》(《秘书》1988 年第 6 期)及董信泰的《加强秘书学学科建设的几点思考》(《秘书之友》1994 年第 1 期)、刘翔飞的《近十年来秘书学理论研究概述》(《当代秘书》1994 年第 5 至 6 期)等文章又开始用历史分析法考察学科结构随时间发生的变化。由此可见,这一时期秘书学确实得到了一定程度的发展,理论研究有所加强。但是,从总体情况来看,研究的重点尚集中在应用理论方面,学科自身的研究仍显寥落。如《秘书》从1993 年至 1996 年计发论文 1170 篇,在属于基础理论研究的 23 篇文章中,涉及秘书学元科学层面的文章不足 5 篇。

近年来,秘书学研究向纵深推进,进入深入研究阶段
(20 世纪 90 年代中后期以来),即有关学者认定的临近常
规科学界点的阶段。此时,研究者们已经清醒地意识到,只
有加强学科自身的理论研究,才能突破秘书学的前科学阶
段,从而跻身于常规科学之列。人们开始把秘书学的发展
置身于科学演进的大文化背景之下,对秘书学的产生和发
展作历史的、哲学的和具有社会意义的综合阐述。与前一
时期相比这种研究显得更为自觉和深入。如刘耀国的《论
我国秘书科学开创阶段的特点》(《秘书》1997 年第 5 至 6
期)、钱世荣的《秘书学:临近常规科学界点的科学——秘书
学在科学演化结构中的定位》(《秘书之友》1997 年第 1
期),从历史的角度研究了秘书学发展的基本特征;钱世荣
的《秘书学:以学科状态衍生分布的科学》(《秘书之友》1997
年第 10 期)及《秘书学:研究"辅助领导"活动规律的科学》
(《秘书之友》1997 年第 9 期)以静态的科学体系为背景,从
更高的视点对秘书学准确定位:董继超的《秘书价值浅识》
(《秘书》1998 年第 1 期)、张瑞良的《秘书价值问题初探》
(《秘书》1998 年第 l2 期)则从哲学与学科角度探讨了秘书
价值问题。当然,由于学科发展阶段的局限,这种研究仅在
局部问题上已有一定深度,显示的是一种"点"上的开掘,但
从全局整体性上看,这种研究还缺乏系统性和广泛性。

三、秘书学元科学层面研究的意义

在对秘书学元科学层面的研究作了简单的回顾分析之
后,笔者以为,要推动秘书学的进一步发展,促使秘书学顺
利步入常规科学阶段,用元科学理论全面系统地对秘书学
进行自身的研究显得十分必要。

首先,它为秘书学研究提供了一个新的观察点。长期
以来,不少秘书学研究者因自身的研究兴趣、学识水平、所

处环境、资料条件以及能利用的时间、精力等因素的制约，往往将研究的视野局限在秘书学的具体问题上（特别是应用理论上），身陷其中不能自拔（当然，这种研究也是需要的），从而影响了秘书学的整体理论建设。"不识庐山真面目，只缘身在此山中。"而元科学理论则可以使我们摆脱"身在此山中"的局限，能够从更高的高度去鸟瞰整个秘书学，可以帮助我们开拓视野，发现秘书学研究中原来被忽视的许多问题，如秘书学在整个学科之林中的地位与功能，秘书学与社会诸因素（政治、经济、科技、文化等）的关系，秘书学整体发展（迁移）的方向、秘书学科学研究的组织管理及研究队伍的智力结构等。

其次，它为秘书学研究提供了新的方法。元科学理论对于秘书学研究者来说，不仅开拓了其研究的视野，更重要的是提供了一种新的方法——从整体系统的角度去研究秘书学自身这种整体系统的分析与综合，不仅大大拓展了研究者思维能力的状态空间，有效地深化了思维方式的变革程度，而且有助于从整体上对秘书学进行全面系统的研究，探索整个秘书学发展的规律。如研究秘书学的学科体系，把秘书学作为一个完整的系统来考察，着重研究整个学科体系内外的联系，并注意联系的等级和层次，在此基础上揭示出各分支学科的内在关系，找出秘书学发展的规律，从而指导人们制定发展秘书学的战略和策略。当然，元科学理论也能促使秘书学与许多相关学科的相互渗透，有利于对各学科研究方法的沟通与借鉴，扩大秘书学的开放度，使其触角纵横延伸。

最后，它有助于培养形成一支高素质的秘书学研究队伍。由于要对秘书学进行元科学层面的研究，牵涉到许多学科的知识（如哲学、历史学、社会学、逻辑学、文化学、科学学、系统学、心理学、经济学乃至数学等），因此要求秘书学研究者具有渊博的学识、开阔的视野、开创性的思维，从而有助于形成一支高品位、高素质的研究队伍，为深入研究秘书学提供必要的人才保障。

总之，元科学理论为我们从高层次的战略意义上探索秘书学的整体理论、发展规律提供了一条新的途径（这一点已从元科学理论在其他学科中的推广应用中得到证实）。尽管我们现在用元科学理论来构建一门"元秘书学"还为时过早，但元科学研究作为一种批判性的"反思"科学的活动，对秘书学自身进行整体上的探索研究，实现秘书学自我认识的系统化、理论化，还是具有非常重大的意义的。现在已到了有意识地、更为自觉主动地、系统完整地研究秘书学的时候了。

由上可知，我们可以看到秘书学元科学层面研究的概况及研究意义，经过数年的发展，尽管秘书学基础理论建设还不尽如人意，但是以秘书学学科理论和基础理论为研究对象的秘书学分支学科——秘书学原理（或者称之为秘书学导论、秘书学概论）初步形成了独立的体系，常崇宜主编的《秘书学概论》（线装书局 2000 年版）以及方国雄主编的《秘书学》（高等教育出版社 2003 年版）可以说是秘书学原理的代表之作。至于有学者提出的秘书术语学、秘书工作方法论等分支学科，笔者认为暂时可以作为秘书学原理的研究内容，等时机成熟以后，再考虑是否作为秘书学的分支学科。

（2）应用秘书理论

应用秘书理论是研究专门秘书活动及构成要素的理论，由于行业的多样性，应用秘书理论的研究领域十分广泛。被方国雄在《谈秘书学学科体系》一文中列入分支学科的就有党政秘书学、企业秘书学、商务秘书学、司法秘书学、公安秘书学、涉外秘书学、教育秘书学、科技秘书学。应用秘书理论是普通秘书理论在各个行业的具体运用,具有较强的行业特色。如杨剑宇编著的《涉外秘书学概论》(湖北科学技术出版社 2000 年版),该书论述了涉外秘书的界定、种类、层次、隶属关系、工作环境和任职资格;论述了涉外秘书工作的功能、作用、地位、职责范围、工作要求、工作特点及其产生、由来、发展趋势;并介绍了我国香港地区以及国外的秘书工作。另外,如商务秘书学在应用秘书理论中也有比较突出的发展,许多高校的管理类专业开设了商务秘书学课程,同时也出现了一定数量的商务秘书学教材。

从秘书学科的发展历程分析,应用秘书学无疑是比较活跃的领域,有行业或行业教育为依托应该是应用秘书学活跃的重要原因。甚至有学者提出,秘书学的产生是从行业秘书学开始的,80 年代初期的秘书学,其实质是党政秘书学。笔者以为,此种说法有一定的道理,80 年代初期的秘书学中,秘书的概念、秘书工作的职责、秘书机构、秘书的工作要求,尤其是秘书的素质要求确实是从党政秘书的角度来确定的。如翁世荣等编著的《秘书学概论》(上海人民出版社1984 年版)中"秘书工作者的修养和才能"一章提出秘书工作者必须加强马克思主义的理论修养,加强党性修养和作风修养就比较适合党政秘书。同时,需要说明的是,当时的秘书"是社会主义国家工作人员职务名称之一"。或者说,当时的秘书本身就是以党政秘书为主的。因此,笔者以为,党政秘书学作为秘书学的分支学科,无疑有扎实的基础;另外,商务秘书学、涉外秘书学、司法秘书学也都有了不同程度的发展,其作为秘书学分支学科的地位基本确立。

(3)交叉秘书理论

交叉秘书理论是研究秘书学与其他学科相互渗透而产生的边缘学科理论。秘书学是实践性较强的综合性学科,其发展必然会同有关学科发生一定的交叉,交叉秘书理论的出现反映了学科发展不断综合,不断分化的发展趋势,也展现了秘书学研究的广阔前景。被研究者提出的由交叉秘书理论形成的分支学科有秘书心理学、秘书美学、秘书人才学、秘书法学、秘书社会学、秘书伦理学、秘书语言学、秘书哲学、秘书保健学等。其中,秘书心理学、秘书语言学的发展较为突出。以秘书心理学为例,从较早的周恩珍主编的《秘书心理学》(中国城市出版社 1990 年版)到侯典牧主编的《秘书心理学》(首都经济贸易大学出版社 2008 年版),秘书心理学的体系已日趋成熟。

　　在构建交叉秘书理论性质的分支学科时,必须注意以下问题:首先要研究和理顺秘书学和其交叉的学科间及各学科内部间的关系,这样才能使两类学科合理建构和不断完善,从而形成有机整体,交叉学科的形成说明了秘书工作的发展和人们对秘书及秘书工作的多角度认识,也反映了秘书学研究者希望通过这种认识来解释具有普遍性的秘书工作现象、本质和规律,在管理学、心理学、社会学等多维视野中把握秘书工作。交叉秘书理论在秘书学学科体系中有其特定地位和生存发展基础,并以其强大的涵盖性和自生繁殖能力,进一步扩大它在整个学科中的影响,从而也构成新的历史条件下档案学学科体系发展的重要特征。其次,在构建交叉秘书理论性质的分支学科时,切不能急功近利、机械照搬,我们必须认真审视交叉学科生存和发展的条件,注重学科理论框架的建设,避免仅有一个名称的"分支学科"。以上述所列的分支学科的名称为例,除了管理秘书学、秘书心理学已经有了一定的学科基础以外,其他学科称之为秘书学的分支学科,还为时过早。

3. 秘书实务

　　秘书实务研究的对象主要是秘书人员或秘书工作机构的专业工作。秘书业务,是秘书学研究的重要领域,它对实现秘书工作的规范化、制度化和科学化有重要的作用。由于该部分的研究与秘书工作实践关系非常密切,因此,二十多年以来,该领域的研究在秘书学范围内是最活跃的。笔者曾以《秘书》杂志为依托,对其 1993 年—1997

年刊载的秘书学论文作过统计研究,如表 3-2 所示。①

表 3-2　1993—1997 年秘书学论文选题分布统计

选题分布　年度	基础理论研究		应用理论研究		历史研究		合计
	发文量	％	发文量	％	发文量	％	
1993	6	2.04	273	92.86	15	5.10	294
1994	7	2.37	258	87.46	30	10.17	295
1995	6	1.98	267	88.12	30	9.90	303
1996	4	1.44	254	91.37	20	7.19	278
1997	5	1.95	222	86.72	29	11.33	256
合计	28	1.96	1274	89.34	124	8.70	1426

统计显示,以论文内容分析秘书学应用性研究在秘书学研究中占绝对主导的地位,这种现象说明了秘书学应用性研究非常活跃,涉及领域非常广泛,也说明了秘书学是一门实践性极强的学科,作者极易关注应用性研究,以回答秘书工作实践中提出的问题,比较重视秘书工作的业务、技术的经验总结。从分支学科构建上分析,除了具有综合性质的秘书实务以外,被提出的分支学科的名称有文书学、档案管理学、公文写作、督查学、保密学、信访学、会议组织学等。与秘书理论部分的分支学科不同的是这些"分支学科"中的一部分在秘书学产生之前就已经存在,有些学科甚至比秘书学发展得更为成熟,如文书学、档案管理学等,问题是尽管文书处理、档案管理、公文写作、督促检查、信访办理、会议组织、保密工作等都属于秘书工作的范畴,但这些学科是否属于秘书学的分支学科还有待于进一步确定,如档案管理学作为档案学的分支学科是毫无疑问的,那么它还有可能同时成为秘书学的分支学科吗? 另外,如督促检查、信访办理、会议组

---

① 潘连根、何宝梅:《秘书学论文作者之统计分析》,《秘书》1999 年第 4 期。

织、保守秘密等工作尽管也是秘书部门的工作范畴,但是,这些工作的主体不仅仅是秘书,把它们列在秘书学分支学科之中是否合适呢?因此,笔者以为,从目前情况来看,把秘书实务视作秘书学的分支学科已成共识外,其他分支学科的名称和体系结构还有待于进一步界定。

秘书学科体系的构建是秘书学发展的关键性问题,也是非常艰巨的任务,我们必须注意克服浮躁的和急功近利的心态。秘书学学科建设不可能一蹴而就,它需要广大理论研究者和实际工作者通力合作,展开扎实细致的研究工作,从而构建起成熟和完善的秘书学学科体系。

三、构建秘书学分支学科体系的基本原则

近年以来,许多学者投身于秘书学分支学科体系的研究,而且已经取得了初步的成果。事实上,一门学科是否在创建之初就有分支学科往往决定了它的发展潜力,而秘书学的分支学科无疑是活跃的,这正是秘书学旺盛生命力的体现。应该说,秘书学分支学科体系构建在秘书学学科建设中举足轻重,是一项严谨而又具有开拓性的艰巨任务。虽然各分支学科的营建时间前后有别,营建风格上有异同之分,但在瞄准学科体系而总体规划、深层构思、战略统筹上我们是应该共同倡导的。根据秘书学分支学科的现状和研究特征,在构建秘书学分支学科体系时,笔者以为应努力遵循以下原则:

1. 实事求是的原则

秘书学的各门分支学科的建设与发展,必须从客观的秘书工作实践及秘书学自身的理论发展需要出发,防止有些研究者脱离实际、想当然的做法。在秘书学分支学科的研究过程中,有些学者往往主观地设想某一分支学科的概念,并轻而易举地为之冠以"某某学"的称谓,比如"服务学"、"应酬学"、"秘书保健学"、"农业秘书学"、"艺术

秘书学"等就有类似嫌疑。记得 20 世纪末陈方曾对秘书学是否是一门学科提出了怀疑[①]，从另一角度思考，秘书学界是否存在着一些急功近利、急于求成的现象呢？事实上，一些不问客观条件、空谈胜于求实的做法在秘书学分支学科体系的建设中，是十分不利的。

2. 整体优化的原则

在大秘书学的概念之下，秘书学的分支学科应该形成一个体系，各门分支学科的建设必须在功能和结构方面，互相补充，互相协调，紧密配合，这样才能实现秘书学分支学科体系的整体优化。上述可见，秘书学分支学科产生和发展是很不平衡的，有些分支学科已颇成气候，而有些分支学科却刚刚起步，这虽然是学科的现状，而且这种现状主要取决于秘书工作实践的社会影响（如近年商务秘书学的崛起）和秘书学自身理论的成熟程度（如秘书学概论和中国秘书史的被公认），但是这种现状不能满足秘书学分支学科体系的整体优化的需要。因此我们在发展某一门分支学科的同时，学术界还应集中力量，整体构建秘书学分支学科体系，努力确定现存的每一门分支学科的研究目标、研究任务、研究内容，只有这样，才能避免分支学科理论体系芜杂、内容相互重复的现象，从而使各分支学科合理组合，实现秘书学分支学科体系的整体优化。

3. 开拓性原则

秘书学尚处于逐渐规范的过程中，秘书学分支学科体系构建更是一项创造性活动，需要开拓和创新的精神。因此，开拓性原则是规划和建设秘书学分支学科体系所必须遵循的基本原则之一，它既表现在秘书学分支学科体系的整体构建，也表现在秘书学每一门分支学科的建设上。以前者而论，它要求研究者从总体上熟悉和了解秘

---

① 《有一种"泛科学现象"》，《社会》1998 年第 8 期。

书学的发展现状、存在问题、发展趋向,并了解与秘书学相关的其他学科的发展状况,在此基础上,创造性地提出改进目前各分支学科研究分工方面问题的办法,设计出更合理的秘书学分支学科体系,而不能简单地将已有的若干分支学科的名称加起来,就宣告体系建设的完成。以后者而论,则要求研究者对每一门从母体中分离分支学科的理论作创造性的设计和编排,从而把秘书学的研究引向深入。

4. 动态开放的原则

秘书学分支学科体系建设,从一定意义上讲,是一项系统工程。它要求研究者、建设者必须具备一定的系统科学、信息科学、科学学及学科学的知识,将整个秘书学的分支学科体系作为一个动态开放系统来考察和研究。秘书学的分支学科体系建设不能封闭地、静止地进行,而应当从秘书工作实践中、从秘书学的理论探索中、从相关学科的发展中,不断地汲取能量和信息,以充实秘书学分支学科体系,使其不断获得充足的源头活水。应该说动态开放的原则在秘书学界关于分支学科体系的研究中已经引起了关注,前文所述的钱世荣的《秘书学学科体系研究》在编排秘书学分支学科时就曾指出“各子学科代码之间留下一定的空间……是根据学科分类和编制的扩延性原则给学科发展留下余地,使之成为开放性体系”。

5. 历史性原则

秘书学分支学科体系建设是一个历史的过程,我们应该以历史的态度来总结过去、预测未来。现代秘书学产生、发展二十年的历史是我们今天研究和设计科学的秘书学分支学科体系的重要的参照系和镜子,我们应当很好地总结秘书学学科体系建设的成功经验和失败教训,总结相对成熟的分支学科的形成过程,把握其产生、发展的内在规律和特点,为新的分支学科的建设提供历史的依据。

■第四章

秘书学的相关学科

秘书学的相关学科,是指秘书学同哪些学科相邻近,以及它们之间的关系如何。研究相关学科问题,旨在既汲取相关学科的研究成果,做到"为我所用";同时又避免同相关学科重复研究,做到"你有我无"。①

由于秘书学的研究对象——秘书工作涉及范围的广泛性和内容的复杂性,秘书学与诸多学科有着密不可分的关系。二十余年以来,研究者们从不同的角度出发,提出了十几门与秘书学相关的学科,如政治学、行政学、管理学、领导科学、决策学、文书学、档案学、写作学(公文写作学)、信息学、公共关系学、心理学、语言文字学、计算机应用、速记学,等等,也有人把运筹学、协同论、信息论、系统论、控制论等学科视作秘书学的相关学科。② 我们认为,确实,秘书学是一门综合性很强的学科,又是一门年轻的学科,它复杂而又有待进一步确定的研究对象与任务决定了这门学科在它产生和发展的过程中必然要吸收、融汇许多门学科的理论知识。秘书学与多门学科相关不足为怪,但需要用科学的态度来梳理和分析,上述所列举的学科从学科层面上就存在着缺陷,如政治学是一级学科,行政学属于政治学下的二

---

① 董继超:《秘书学问题数说》,《秘书》1998年第5期。
② 方国雄、方晓蓉:《秘书学》,高等教育出版社2003年版,第21页。

级学科,而行政决策或决策理论又属于三级学科,将分属于不同层级的学科并举,同时成为秘书学的相关学科,并不十分妥当。另外,秘书学是与档案学还是档案学的下属学科——档案管理学相关,计算机、速记学等工具学科与秘书学是否相关,秘书学与运筹学、协同论、系统论、控制论等学科的相关度究竟有多大,都值得我们研究和探讨。在众多的相关学科中,笔者所关注的是文书学、档案学、公文写作学以及公共关系学。

第一节　秘书学与文书学——独立还是合并之争

文书学创始于 20 世纪 30 年代前后,文书学以文书与文书工作为研究对象,其基本任务是探求文书与文书工作的发展规律,阐明文书工作的理论、原则与方法,以便充分发挥文书的作用。秘书学产生于 20 世纪 80 年代初期,它是以秘书与秘书工作为研究对象,揭示秘书活动的基本规律的一门综合性应用学科。两门新兴学科诞生以后,均在自己的生存空间内迅速地发展着,同时研究者们也发现了这两门课之间存在着千丝万缕的关系,于是便都视对方为自己的相关学科,以关系性质而言,有以姊妹学科、也有以母子学科相称,直至 20 世纪 90 年代中期,有学者提出了秘书学和文书学的合并问题,并引起了较大的争议。

较早且颇具影响地提出把文书学扩展成文秘学的是原杭州大学的陈作明教授,他在 1994 年第 3 期的《档案学通讯》中发表了题为"把文书学扩展成秘书学的尝试"一文,简要地介绍了把文书学扩展成秘书学的理由和依据、指导思想和办法。1997 年,陈作明又一次在《档案学通讯》上撰文——"再论合成文秘学问题",从学科建设的角度列举了文书学与秘书学并存的不合理性,再次提出了合成文秘学或者是把秘书学作为一门大学科处理的设想。同时,伴随着陈作明"合成文秘学"这一设想的提出,持异议者也随之出现。如安徽大学的郭其智从文书学研究的角度提出了自己的看法,认为秘书学和文书学的学科对象和研究角度各不相同,合成文秘学的主张是"只看到了文书学和秘书学的相互联系和重复,而忽略了它们之间的区别"[①],从而提出了应该科学地划分出文书学的研究领域使之独立地发展的观点。但是,郭其智也认为在课程设置上,秘书学和文书学可以灵活机动,可分可合。又如,河南大学的郝文勉则从秘书学研究的角度认为秘书学和文书学的合并"万万不可,无论是学科建设还是课程设置都应该区别开来"[②],在阐述了文书学和秘书学的不同之后,郝文勉对独立的秘书学学科体系和专业体系提出了自己的见解。由上述可见,无论是秘书学的研究者还是文书学的研究者,对文书学与秘书学的合成均持有较大的异议。

随着科学思维能力的不断提高,人类开始把自然界及社会现象划分为不同领域和侧面进行研究,科学分化到达了相当精细的程度。文书学的出现就是为了适应机关行政管理制度与文书档案制度,从行政管理学、写作学、档案学等相关学科中独立出来而形成的。秘书学的出现尽管略迟于文书学,但它同样是学科分化和综合的结果,其主要母体也是行政管理学且与写作学、档案学密切相关,从学科产生的角度来看,文书学与秘书学确实存在着先天的"血缘"关系。加之近期开始的全国职业秘书资格鉴定中,职业化了的秘书人员涵盖了文书人员,秘书工作涵盖了文书工作,作为以秘书和秘书工作为研究对象的秘书学和以文书和文书工作为研究对象的文书学之间的关系的密切性是不言而喻的。

学科的发展是一个动态的过程,学科不断衍生又不断综合,不断

---

① 郭其智:《浅论文书学的研究领域——兼与陈作明同志商榷》,《档案学通讯》1995第 4 期。

② 郝文勉:《论建立秘书学学科体系和秘书学专业体系》,《档案学通讯》1998 第 6期。

深层化又不断杂交。文书学和秘书学的合成在课程教学上确有一定合理之处：

　　首先，两门学科的合成可以解决学科间大量的内容重复问题。毋庸置疑，秘书学和文书学研究内容的大量重复和重叠是客观存在的，秘书工作毕竟是以文书工作为其首要内容的任何体系的秘书学都不可能排斥文书工作的内容。尽管有学者试图从研究角度、研究层次、研究方法等角度予以区分，并说明两者的重复是有其历史原因的。但这种区分和说明在教学中尚缺乏可行性。从目前的秘书学教材分析，几乎是照搬文书学的某些章节，如文书的一般知识，文书工作的任务和原则，文书处理的程序和要求，乃至文书立卷业务，等等。其教材内容的重叠之势近期内很难改变。

　　其次，两门学科的合成符合社会实践的需要，也符合人们的习惯观念。学科的崛起、发展、整合和迁移，除了其内在因素外很大程度上是为了满足社会实践的需要。事实上，也正是因为文书学不能完全满足广大文秘人员业务培训和学习的需要，才于 20 世纪 80 年代初出现了第一批秘书工作培训教材，为秘书学的产生和发展奠定了基础。而这些为满足秘书工作实践需要而编写的秘书学教材无一不包括文书工作。从目前社会的普遍认识来看，秘书和秘书工作应该包括文书和文书工作，无论是职业归类还是机构和岗位设置，这种包容性无所不在，因此，我们以为从现实社会的实际状况和人们的习俗观念来看，文书学和秘书学的合成也并非没有依据。

　　第三，从历史的背景上看，文书和文书工作从来没有游离于秘书和秘书工作之外。所谓秘书，在汉语中最初的含义就是指密藏的或者是珍贵的文书，如《汉书·叙传》中有"游博学有俊才……与刘向校秘书"，其中"秘书"一词即指秘密而珍贵的文书。另外，从现行的中国秘书史的体系来看，文书和文书工作更是其主要的脉络和线索，如果两门学科各自独立，那么秘书史和文书史将会出现更严重的内容交叉和重叠。回顾历史，秘书学与文书学的合成有着充分的渊源。

　　以上，我们分析了秘书学和文书学合成的有利之处和基本依据，然而从另一角度来看，特别是从学科建设的角度出发，秘书学和文书学的简单合并实存较大的弊端。

　　首先，从学科对象分析，尽管机关的文书部门和文书人员包含在秘书部门和秘书人员中，但是文书学是以客观存在的物质——文书为研究对象的，除了与秘书活动关系比较密切的公文以外，各种专用文书如科技文件材料、司法文书、外事文书等，也是文书学的研究对象，而秘书学的研究对象不是具体的物。因此，秘书学与文书学的研究对象有较大的差异性。即使秘书学的研究内容与文书学有交叉，但应该有自己的研究角度和独自的出发点，"秘书学不能一般性地去研究这些内容，应当从秘书工作的特点出发，根据秘书工作的需要和要求，研究与秘书工作有密切关系的那部分文书工作与档案工作的内容。"[①]将不同研究对象的两门学科合并，值得商榷。

　　其次，从学科的知识体系来分析，将秘书学与文书学合并成一门学科，势必影响到两门学科固有的知识体系。根据陈作明提出的合并后文秘学的教学体系（具体见《把文书学扩展成文秘学的尝试》一文）不但文书学的知识体系被打乱，更为主要的是秘书学的研究对象和研究内容有根本性的缺损，原有的秘书学中涉及秘书基础理论的内容及其他有关重要的秘书工作实务如秘书的职能范畴、秘书工作的规律和特征、秘书的任职标准和素质优化、秘书的工作方法以及会务工作、保密工作等具体秘书工作内容都不在其内。这样合成后的"文秘学"恐怕难以满足现实中广大秘书人员的需求，有朝一日还得"合久必分"。

　　第三，从合成后的学科名称上看，陈作明认为，合成后的文书学与秘书学可称为"文秘学"，对这一名称我们认为也有值得商榷之处。尽管社会上有"文秘"这一通俗的称呼，如文秘人员、文秘工作等等，

但是"文秘"合称一直为学术界所否定,主要原因是"文秘"一词容易引起歧义,"文秘"表示的是文书学与秘书学的并存还是有关于文字秘书的一门学科,容易形成仁者见仁智者见智的局面。本人以为,把一个本身已有歧义的词作为一门学科的名称未免有些不妥。

时至今日,秘书学和文书学各自走过了一段发展道路,尤其是秘书学历史虽短,却颇成气候。随着秘书学的日趋成熟,特别是大秘书学概念的日渐确立,确实是到了需要重新考虑与文书学的关系问题的时候了。以上所述,秘书学和文书学的合并可以解决这两门学科现存的一些问题,但是学科的简单合并或者是从文书学角度增添一些秘书学的内容使之扩展成文秘学的做法也有较大的缺陷。

我们以为,学科的发展除了其自身的一些因素外归根结底是为社会实践服务的,从现代社会需要的格局出发,结合文书学特别是秘书学的发展现状来考察文书学和秘书学的关系,我们不难发现秘书学和文书学事实上已经是一种从属关系了。进入90年代以来,秘书学的学科体系发生了很大的变化,秘书学的学科层次有了质的提升,随着大秘书学的概念被高校秘书学教学和研究者的接受和推广,本人以为秘书学和文书学已非同一层次的学科了,秘书学应该与写作学、档案学等学科相提并论,文书学可以作为秘书学的分支学科而存在,既保留原有的相对独立的知识体系,又作为大秘书学理论体系的一个必不可少的组成部分。事实上,这样的关系认定在秘书学界是已成共识的。只是许多学者在探讨某些问题时往往顾此失彼,在谈及学科关系时认定秘书学和文书学是并列的相关学科,在论述秘书学的学科体系时,又毫无例外地把文书学归入其中从而出现了自相矛盾的论断。为此,笔者以为,既然已经把文书学纳入秘书学的理论体系,其学科关系当然是从属关系,而要确认这种关系的成立,其主要依据或者说根本前提就是大秘书学观念的建立,也就是陈作明所说的"把秘书学作为一门大学科处理"。换言之,只要确认了大秘书学观念,秘书学和文书学的关系问题将水落石出。

秘书专业的发展趋势需要确立大秘书学的观念。我国高校的秘书专业出现在 20 世纪 80 年代初期,各地为了加强应用型人才的培养纷纷开设秘书专业,其专业设置基本上是以中文为主体,加设秘书学、文书学和应用写作等课程。随着秘书专业的日渐发展和成熟,其独立性日渐增强,专业设置也发生了较大的变化,以秘书为主体的课程日益增多,统而论之的秘书学在秘书专业中已经很少存在,取而代之的是秘书学原理、秘书发展史、具体的秘书学实务类课程(其中应该包括文书学)。尽管目前国家教委的专业目录中还没有本科的秘书专业,但是,随着秘书职业化进程的进一步加快,随着社会对人才素质要求(学历要求)的不断提高,用人单位对本科层次的秘书需求的日渐增加。相信随着本科甚至更高层次的秘书专业的诞生,其课程设置会更加系统化和精细化,如此,大秘书学的概念将不可动摇。

秘书学的学科体系的发展趋势需要确立大秘书学的观念。最早的秘书学内容(如翁世荣主编的《秘书学概论》、王千弓等主编的《秘书学和秘书工作》)主要是对包括文书工作在内的秘书工作的列举及经验总结,谈不上有一个完整的学科体系。随着秘书学科的不断成熟和发展,秘书学的学科体系已初见端倪。如方国雄在《谈秘书学的学科体系》(《秘书之友》2000 年第 6 期)中提出:"秘书学已出现了秘书学原理、秘书实务、文书学、应用写作学等分支学科。这些分支学科既有相对独立的研究内容和理论框架,又彼此紧密联系,共同构成了秘书学的理论体系。"这里的秘书学事实上已经是大秘书学的概念了,文书学也已经被视为秘书学的分支学科。稍加总结我们就会发现,把文书学当作秘书学的分支学科的看法已经是秘书学界的一种普遍的认识,董继超在《普通秘书学》中明确提出了文书学是秘书学的分支学科。因此,从学科建设的角度来看,随着大秘书学概念的日益清晰,文书学归属于秘书学的理论体系这一观点将成为秘书界的共识。

秘书学与文书学的课程设置也需要确立大秘书学的观念。确立了大秘书学的观念,使文书学作为秘书学的分支学科而存在,在课程设置上就可以根据不同专业及教学层次作灵活处理,如果是秘书专业且教学层次较高,我们便可以根据上述秘书学的学科体系分别开设秘书学概论、秘书写作、文书学、中国秘书史、秘书实务(或者是办公室日常事务、会议组织学、信访学等)等课程,文书学作为相对独立而具有完整体系的课程而存在。如果是在别的专业,如行政管理专业、企业管理专业、公共关系专业、办公室自动化专业等专业中开设秘书学课程,则是集秘书工作历史、基本理论和实务于一体的秘书学,文书学作为秘书学的基本内容之一而存在。这样既解决了秘书学与文书学的内容重复问题,同时又能适应相关专业对秘书学的课程要求。

上述可见,大秘书学的设置是有充分的必要性和可能性的。关于秘书学和文书学的合成问题,笔者以为能否合成及合成的性质(是归并还是对等合并)主要取决于秘书学发展水平的高低,如果确切地说是理论界对秘书学学科体系的构建,相信随着秘书学科的逐渐成熟,大秘书学观念得到越来越广泛的认同,秘书学和文书学的关系问题将会迎刃而解。

第二节　秘书学与档案学
——分支学科还是相关学科之争

一、相关研究

在许多秘书学教材中,档案学出现在秘书学的相关学科之中,关于秘书学与档案学的关系问题,相关的研究者有诸多不同的理解。列举如下:

1. 档案学是秘书学的分支学科

如刘登山、马天民、田中辉编著的《秘书学教程》（中国政法大学出版社 1988 年版），陈天恩著的《当代秘书学教程》（中国政法大学出版社 1997 年版），饶上奇、曾诚主编的《秘书学概论》（湖北科学技术出版社 1997 年版）都持这一观点。在很长一段时间，这一观点在秘书学界占主导地位。其基本认识如饶上奇、曾诚在《秘书学概论》中指出：

文书学、档案学以及新近发展起来的信访学、会议组织学、调研学等都是秘书学的分支学科。文书、机关档案、信访接待、会议组织、调研等工作，属于秘书工作的范畴，或者说，这些工作都是秘书部门的重要工作内容。从事这些工作的机构，也都从属于机关的秘书部门，如文书科、信访办、机关档案室等。同样，由于这些工作有它自身的特点与规律，对这些工作的研究已经发展和形成了专门的学科，因为它有特定的研究对象与任务，适应了客观形势发展的需要：这些新的学科从秘书学的母体中产生和发展，促进了秘书学的研究，而秘书学研究的深入开展，又为文书学、档案学、信访学、会议组织学以及机关信息学、机关文摘学等学科的发展开辟了广阔的道路。需要说明的是，有的学科如档案学、文书学的研究，尽管先于秘书学而独立地产生和发展起来，但由于上述原因仍然改变不了它们与秘书学之间的从属关系。

2. 档案学是秘书学的相关学科，两者的关系是并列的

林巍编著的《秘书工作概论》（档案出版社 1987 年版），陈合宜主编的《秘书学》（暨南大学出版社 1997 年版），丁晓昌、冒志祥主编的《秘书学与秘书工作》（苏州大学出版社 2002 年版）都认为档案学与秘书学是具有并列关系的相关学科。陈合宜在其主编的《秘书学》中

指出,档案学是与秘书学并列的姐妹学科,研究秘书学离不开档案学。① 丁晓昌、冒志祥把秘书学与档案学定位为与包含关系相对的交叉关系,认为两者是密切相关的:

　　档案管理学是研究档案形成、发展和档案工作实践的科学,档案管理在我国的国家事务中作用明显,它可以作为机关工作查考的依据,可以为国家的经济建设提供各种准确、科学的根据,可以为我国的改革开放保驾护航,可以为研究历史、了解历史提供第一手资料。同时,利用各种档案材料还可以更好地总结机关工作,为秘书工作和秘书活动的开展提供便利。可以说,秘书学与档案管理学是密切相关的。②

　　3. 档案学与秘书学属于相邻的关系,但两者并不具有相关性

　　这一观点最具代表性的是董继超,他不但在其主编的《普通秘书学》(中央广播电视大学出版社 1997 年版)没有把档案学列为相关学科,且特别在《秘书学问题数说》一文中强调秘书学与档案学虽然相邻却并不相关。③

二、笔者的观点

　　针对秘书学与档案学的关系,笔者的基本态度是:

　　1. 档案学不是秘书学的分支学科

　　认为档案学是秘书学的分支学科的说法,只能说是秘书界的某些研究者单方面的设想,而且这种设想从更广泛的角度上看是没有立足之地的。

---

①　陈合宜:《秘书学》,暨南大学出版社 1997 年版,第 8 页。
②　丁晓昌、冒志祥:《秘书学与秘书工作》,苏州大学出版社 2002 年版,第 18 页。
③　董继超:《秘书学问题数说》,《秘书》1998 年第 5 期。

首先,从学科发展的现状来说。在国外,档案学的研究从 19 世纪开始萌芽,19 世纪末发展为比较成熟的学科,1898 年出版的由荷兰的穆勒、斐斯、福罗英合著的《档案的整理与编目手册》就代表了当时档案学的研究水平。我国的档案学产生于 20 世纪 30 年代,何鲁成的《档案管理与整理》、龙兆佛的《档案管理法》等著作的出现,使档案学迅速发展起来,特别是新中国成立以后,随着档案事业的日益繁荣,档案学也日益成熟,其学科地位日益巩固,至今,档案学已经形成了众多分支学科,并构成了一个较完善的学科体系。在国内颁布的学科目录中,档案学早就作为二级学科名列其中,而且有了包括档案事业史、档案管理学、档案保护技术学、档案编纂学等三级学科体系。档案学理论体系已趋完备,其基础理论如全宗理论等在世界上得到普遍公认和借鉴,因此很难说秘书学的发展可以制约档案学的发展。我国的秘书学产生于 20 世纪 80 年代,由于高校秘书教学的突飞猛进,秘书学科也日益引起人们的关注,但是由于种种原因,秘书学的学科地位依然飘忽不定,学科目录中也尚无踪影,因此,认定档案学是秘书学的分支学科的说法比较牵强。

其次,从学科的研究对象来说。档案学有着与秘书学不同的研究对象。档案学是以档案这种具体的物质实体以及围绕着这种物质实体的管理工作作为研究对象的,以研究档案现象及其本质和规律作为它的本质属性。秘书学是以秘书活动及其规律作为研究对象的,尽管秘书学也涉及文书和机关档案工作,但是,正如吴宝康教授指出的:"秘书学不能一般性地去研究这些内容,应当从秘书工作的特点出发,根据秘书工作的需要和要求,研究与秘书工作有密切关系的那部分文书工作与档案工作的内容。"①正是由于研究对象的不同,从根本上决定了档案学和秘书学作为各自独立的学科而存在。

第三,秘书工作不能涵盖档案工作。秘书学界的研究者们认为

---

① 吴宝康:《建设秘书学的一些设想和意见》,《档案学通讯》1985 年第 3 期。

档案学是秘书学的分支学科的主要原因是认为档案工作是秘书工作的重要组成部分，或者说秘书工作包含档案工作，这种理解更多地缘自机关档案工作，因为根据 1983 年 4 月 28 日中共中央办公厅、国务院办公厅发布的《机关档案工作条例》规定"机关档案部门受办公厅（室）领导"，故而得出秘书部门涵盖了机关档案部门，秘书人员涵盖了机关档案人员的结论。这种理解仅是以机关档案工作为基础的，事实上，档案工作的范围要大得多。如潘连根在《秘书学与其相关学科的关系》中指出的那样，我国的档案事业"已形成了一个由档案事业管理工作、档案室工作、档案馆工作、档案专业教育、档案科学技术研究、档案宣传出版、档案界国际交往与合作等各个部分组成的、具有国家规模的档案事业系统。在该系统中，档案事业管理机关是组织指挥中心，档案室是基础，档案馆是主体，其他部分则是建设发展档案事业的重要条件。由于档案事业管理机关是主管档案事务的行政职能机构，档案馆是永久保存档案的科学文化事业机构，它们明显不属于秘书部门，因此其工作人员也不在秘书人员范畴之内"。

2. 档案学是秘书学的相关学科

档案学不是秘书学的分支学科，但是它确实应该是秘书学的相关学科。如前所述，目前的学科目录中尚未出现秘书学，但以目前秘书学的学科体系分析，"大秘书学"与档案学科的研究对象存在相关关系，故此，笔者认定这两门学科是各自独立的且具有相关性的学科。

首先，两门学科的研究对象尽管不同，但却密切相关。档案学的研究对象——档案及档案工作与秘书学的研究对象——秘书工作关系密切。档案是由文件转化而来的，而文件的形成处理是秘书人员的一项主要工作任务。特别是对机关档案工作来说，没有文书处理工作，就没有机关档案管理工作的存在，文书是档案工作的基础。同时，文件的质量也直接影响到档案的质量。更何况，文件和档案在物质形态和社会属性上,以及所包含信息的本源性上都是同一的。可以说,文件和档案是同一物质形体在不同工作阶段的不同称呼,而秘书正是文件管理工作的重要主体之一。曾经有人提出过这样的设想:"档案学与秘书学、文书学、文件学均为新兴交叉学科,联系密切,但也有严格的学科界线。档案学、秘书学、文书学皆围绕文件做文章,应建立一门以研究文件基本理论为中心的文件学,然后确定各自的研究范围:秘书学研究文件撰拟,文书学研究文件运行,档案学研究文件保管,从而形成一个有机的大学科体系。"①尽管笔者并不认为这种设想切实可行,但是秘书学和档案学的交叉关系是不容置疑的。

　　其次,两门学科的研究领域呈交叉状态。由于档案学和秘书学的研究对象密切相关,其研究领域和某些知识交叉的现象也就理所当然了。文书档案的管理是秘书学研究的重要领域之一,这从秘书学的专业杂志如《秘书》、《秘书之友》、《秘书工作》的栏目构成中可见一斑。《秘书之友》有"文书档案"的专栏,《秘书工作》有"文书处理"专栏,《秘书》也时常刊登与档案及档案学相关的文章。许多秘书学的教材及专著中都有涉及档案管理的章节。档案学研究期刊如《档案学通讯》不定期有"公文研究"的板块,《浙江档案》等期刊也有"文秘之友"专栏。这些都说明研究秘书学和档案学具有密切相关性。

　　第三,从两门学科的专业设置和人才培养的角度,秘书学和档案学也呈现出较大的相关性。在秘书学专业的课程设置中,档案管理学是其必设的专业主干课程,而许多院校的档案学专业中,秘书学概论也出现在其课程设置中。尽管秘书学和档案学是两个独立的专业,有着不同的人才培养目标,但是,从毕业生的就业趋向分析,两者很难区分,从某著名高校档案学专业近几年毕业生就业统计中,我们发现,在办公室从事文秘工作的人数竟然超过从事档案业务工作的。

---

①　樊国强:《档案学与相关学科的关系》,《商丘职业技术学院学报》2003 年第 5 期。

同样,秘书专业的毕业生中也有许多从事档案管理工作的。事实上,随着机构精简的实施和办公自动化的普及,文档一体化将成为发展的方向。"所谓文档一体化,就是把现行文件的管理和档案的管理纳入到一个统一的管理系统内进行管理,使原本相对独立而在不少环节上互相雷同的两种管理体系真正从组织制度上和具体工作程序上融合在一起,从而消除或减少重复劳动。"①目前,各中小机关、企事业单位的文书处理人员和档案管理人员及相应的机构设置基本是合一的。由此可见,秘书学和档案学专业在人才培养上也密切相关。

第三节　秘书学与公共关系学
——研究内容的联系与区别

公共关系学是以公共关系的客观现象和活动规律为研究对象的一门综合性的应用学科;或者说,公共关系是研究组织与公众之间传播与沟通的行为、规律和方法的一门学科。秘书学和公共关系学都是年轻的学科,在中国,两门学科都出现在 20 世纪 80 年代,从学科教学的角度,秘书学的势头要比公共关系学迅猛,但是从学科建设和学科理论体系来看,公共关系学的发展似乎要快于秘书学。两门学科的相关性在秘书学界是比较公认的,从研究内容上看,"两者都研究辅助决策、沟通信息、协调关系和调查研究等"②,但两者的重点却有较大的区别。

根据袁维国主编的《秘书学》(高等教育出版社 1990 年版),秘书的主要职能有参谋咨询、辅佐决策、沟通协调、管理事务、检查督促等。根据廖为建编著的《公共关系学简明教程》(中山大学出版社 1989 年版),公共关系的主要功能有信息功能、参谋功能、宣传功能、

---

① 张学礼:《实现文档一体化管理势在必行》,《当代秘书》2000 年第 10 期。
② 董继超:《普通秘书学》,中央广播电视大学出版社 1997 年版,第 17 页。

协调功能和服务功能。略作比较,我们不难发现,两者在职能上有许多相通之处,如上述参谋咨询、沟通信息、协调关系等均为两者所共有的职能。但是每项职能的具体内容和表现形式却大相径庭。因此,我们有必要在理解两者职能共同性的基础上来重点解析其各自的侧重点。

一、信息工作的内容和手段各有侧重

沟通信息是秘书和公共关系的重要职能,但两者在信息工作的内容和手段上却各有侧重。

首先,从信息工作的内容上看,作为领导的综合辅助机构,秘书部门要充分发挥参谋助手作用,凡领导需要的与本组织有关的政治信息、经济信息、科技信息、社会信息,秘书部门都应该有意识地收集,并根据领导工作重心不断调整和变换信息采集的重点,及时地向领导提供。秘书收集信息的价值,是以被领导所采用并在决策实践中发挥作用而得以体现的,领导的需求就是秘书部门采集信息的依据。秘书信息工作的重点,就是围绕领导工作的思路,围绕一个时期的中心工作,围绕领导领导决策服务,抓大事,抓关键,提供适时对路的信息。而公共关系部门的信息工作与秘书部门相比有较大的方向性和专业性。以信息采集为例,公共关系的信息采集面有一定的限制,主要集中在形象信息方面。具体地说,以企业形象为例,企业形象信息由企业形象和产品形象共同构成。企业形象主要包括公众对企业领导机构的评价、对企业管理水平的评价和对企业内部一般工作人员的评价;产品形象则主要包括消费公众对产品价格、性能、质量、用途等主要指标和服务水平的反映,以及对产品优点和缺点两个方面的建议和反映。当然,公关部门有时也搜集一些公众环境信息来监测社会变化对企业直接或间接的影响。与秘书的信息工作内容相比,公关部门收集的信息从内容上看相对稳定,相对独立。

其次,从信息沟通手段上分析,公关部门沟通信息主要利用报

刊、广播、电视等大众传播媒介，以充分发挥其传播面广、速度快的优势。从根本上说，公共关系工作离不开大众传播媒介，大众传播媒介的长足进步又为大规模开展公关活动提供了技术手段。当然，公关工作并不排斥其他传播媒介，如公关交际中，人体活动媒介、实物媒介也不少。秘书部门的信息沟通有时也利用大众传播媒介，但与公关部门相比，它对大众传媒的运用并不占主要地位，秘书部门沟通信息的手段主要是公文和会议、对话与座谈。

二、决策辅助的内容与方式不同

决策是指人们为达到一定目标而选择制定行动方案的过程。领导是决策的主体，在组织决策过程中，领导具有核心的地位和关键的作用。同时，科学的决策也不排除其他人员和部门的辅助，秘书部门和公共关系部门作为决策的辅助力量在领导完成决策的过程中充当着各自不同的角色。

秘书部门的决策辅助主要体现在紧密围绕领导开展工作。如决策前，秘书要为领导收集决策依据；在决策制定阶段，要做好征询群众意见的工作；在决策实施阶段，要为领导提供反馈信息。总之，秘书部门辅助决策的工作是紧随领导的工作程序和思路进行的，因此，秘书部门的决策立场完全是以领导的决策立场为中心的，它并不是作为职能部门从某一角度参与决策的，也无任何独立参与决策的权利。全面系统辅佐和随机辅佐相结合、决策辅佐与实施辅佐相结合、超脱性辅佐与参与性辅佐相结合是秘书辅佐决策的根本特征。

公关部门作为组织的职能部门是从塑造良好形象的角度承担起决策咨询的任务的，公关人员或公关部门有责任在领导决策的过程中发挥咨询建议功能。公共关系部门在组织中处于一种特殊的地位，它关注的是组织整体形象的树立和宣传，关注组织利益与社会公众利益的协调一致。在决策咨询中，它以其独特的视角为企业提供全方位的信息服务，处于组织与公众之间，以公众的眼光审视、评判组织的决策,同时发现决策目标可能引发的社会问题、决策目标满足公众需求的程度,及时了解决策实施的效果,确保科学决策目标的顺利实现。组织公共关系的咨询参谋职能的发挥有助于促进企业决策的民主化,保证最终形成的决策中能广泛吸收公众的合理化意见,吸取群众智慧,使决策建立在尽可能广泛的民主基础之上。组织在完成自身决策的过程中,如果没有一定的约束就容易产生只顾自身利益而忽视公众利益的片面倾向。公关部门在某种程度上对决策的参与就是代表公众从组织内部对其决策进行约束,以保证决策的正确性。这种对决策的较独立的并有特定角度的参与,也正是公关部门与秘书部门在决策咨询上的最大区别。

三、协调关系的范围和手段不同

秘书协调关系主要是在领导的授权之下通过调整和改善组织之间、人际之间的关系,使各项活动趋向同步化、和谐化,以实现共同的目标。这种协调职能与公关部门具有的在组织和公众之间排除纠纷、减少摩擦,使组织内外所有关系和谐化,以达到企业与社会同步发展的职能在目的、范围、方式上有一定的共同之处,但不同之处也很明显。

首先,从协调的范围分析,秘书部门的协调重点在于内向协调,即组织中部门与部门之间各种关系的协调。秘书部门在组织领导授权之下协调组织内部的关系是最为合适和有效的。因为秘书有效行使协调职能的重要原因是秘书是领导机关的工作人员,有着领导机关的权威和权力惯性,组织内部各方心理上承受着领导机关权力辐射的影响,因此秘书部门在内向协调上比较容易成功。而外向协调则是公共关系部门的天下,由于外向协调的开放性和动态性,秘书部门很难从领导的助手这个特定的角色出发发挥其协调作用。由于现代组织面临的各种关系的复杂性,各种外部公众如消费者公众、媒介公众、竞争公众、政府公众、社区公众均要求公共关系部门依据平等互惠、共同发展的基本原则,以组织"外交部"的身份做好沟通和协调工作。如企业与顾客之间,企业与竞争者之间,企业与媒介之间,企业与政府职能部门之间,都有不同的利益需求问题,都有可能因各种原因产生矛盾纠纷或误会,都需要公关部门使用协调手段以避免或减少冲突,达成共识。只有这样,才能为组织开拓关系,广结人缘,为企业的存在和发展减少障碍,创造和谐的公众环境。因此,可以说,组织的外部协调是公关部门的协调重点。当然,组织的公关部门也可以从关心员工、培养员工爱岗敬业等角度参与员工关系的协调。另外,从协调的内容分析,秘书部门的协调覆盖面较广,涉及政策协调、计划协调、事务协调、人际关系协调等众多领域,而公关部门的协调则侧重于关系协调特别是人际关系协调。

其次,从协调手段分析,虽然秘书部门和公关部门都可以使用沟通的手段,但由于部门性质不同,沟通的具体形式也不尽相同。如公关部门协调可以通过公关专题活动、公关宣传活动、公关交际活动等形式,而秘书部门的协调多不以某一具体活动形式出现,它一般融于日常活动中。除此之外,两者的不同还在于秘书的协调一般是在领导授权下进行的,可以借助于领导的权威,甚至可以通过行政手段达到协调目的,这是公关部门所不具备的。

以上是我们对秘书和公关在沟通信息、协调关系、辅助决策这些共同的职能中各自的侧重点所做的分析,这些职能正是秘书学和公共关系学各自研究的重要内容,从中我们可以看出两门学科的相关性和不同点。

第四节　秘书学与应用写作学
——交叉关系还是包含关系之争

传统概念中的秘书是与文字打交道的人,俗称"秀才",或者"笔杆子",良好的文字表达能力是合格的秘书的前提。随着时代的发展,秘书的管理能力被日益重视,但写作能力依旧是秘书的重要能力之一,因此秘书学与研究写作特点和规律的科学——写作学的相关性也就毋庸置疑了。比较极端的例证是第一代秘书学教材的代表作之一——张金安、常崇宜主编的《秘书学概论》(云南人民出版社1984年版),该书由秘书篇、公文篇、写作篇构成,其中公文及写作的篇幅占全书的八分之七以上。如果说那时人们对秘书学还没有什么认识的话,时隔二十余年,在中央电大行政管理等专业开设的文秘管理与应用写作的课程中,应用写作完全替代文秘管理,成为该课程的主体内容。秘书学与应用写作的相关性非常明显,不过,在具体论及秘书学与写作学的关系时,意见也是多方面的。

一、相关研究

论及秘书学的相关学科,有写作学、应用写作学和公文写作学三种说法。写作学、应用写作学和公文写作学三门学科之间存在着包含关系,后者是前者的分支学科。

1. 秘书学与写作学相关

陈合宜在其主编的《秘书学》(暨南大学出版社1997年版)中指出,秘书学与写作学之间有着密切的关系,因为"秘书工作的内容之一是撰写文件和其他文章……要又快又好地办文,学习写作学是必不可少的"。其他如袁维国主编的《秘书学》(高等教育出版社1990年版),李静梅主编的《实用秘书学》(语文出版社1994年版),刘登山、马天民、田中辉编著的《秘书学教程》(中国政法大学出版社1988年版),饶上奇、曾诚的《秘书学概论》(湖北科学技术出版社1997年版)都认为写作学是秘书学的相关学科,应该说秘书学与写作学是相关学科是秘书学界的主导性认识。

2. 秘书学与应用写作学相关

董继超在其主编的《普通秘书学》（中央广播电视大学出版社1997 年版）中指出：

> 秘书学与应用写作，特别是与以公文写作为主的机关应用文写作学的关系较为密切。其原因是……秘书学也研究应用写作特别是常用文体的写作，两门学科也存在着某种交叉关系。但两者研究层次、研究范围和研究重点不同，秘书学只研究应用写作的一般理论和部分领域，而应用写作学则研究各类应用文体的写作及其训练。

丁晓昌、冒志祥主编的《秘书学与秘书工作》（苏州大学出版社2002 年版）也认为秘书学与应用写作相关。

3. 秘书学与公文学或公文写作学相关

姬瑞怀主编的《秘书学教程》（海洋出版社 2003 年版）中认为秘书学与公文写作学密切相关：

> 秘书学的研究内容里面，包含着公文写作的内容。这是因为代领导人或组织草拟文稿，"以文辅政"是秘书人员的经常性工作，是秘书人员发挥参谋助手职能的重要体现。秘书人员应当成为第一流的文章写作能手。因此，秘书学历来注重培养秘书人员的公文写作能力。

论及秘书学与写作学、应用写作学和公文写作学的关系类型时，也有交叉关系和包含关系两种不同的说法。以秘书学与应用写作学的关系而论，前文所述董继超在其主编的《普通秘书学》中认为秘书学与应用写作学存在交叉关系,而丁晓昌、冒志祥主编的《秘书学与秘书工作》则认为秘书学与应用写作学是包含关系,秘书学包含了应用写作学。

二、笔者的观点

对上述不同的看法,笔者比较同意董继超在《普通秘书学》中的观点,即秘书学与应用写作学相关,其关系类型为交叉关系。理由如下:

其一,从学科研究领域分析,秘书学与应用写作的研究内容相关,与文学创作无关,但又不仅仅与公文写作有关。秘书可以成为也往往容易作为文学创作的主体之一,但那只是与秘书知识构成相关的一种爱好,与秘书职业没有直接的关系,可以排除在相关学科之外。应用写作学是研究应用文体写作活动、写作技法及其规律的一门应用学科。随着学科的发展已经形成了公文写作、财经应用文写作、司法文书写作、科技应用文写作、涉外应用文写作等分支学科。关于应用写作的内容体系,张达芝主编的《应用写作教程》(浙江大学出版社 2001 年第 5 版)中包含了公文、规约文书、业务文书、经济文书、传播文体等内容,而这些内容与秘书学的研究领域具有相关性。因此,笔者以为,在写作学、应用写作学、公文写作学三个不同层面的学科之中,将秘书学与应用写作学作为相关学科比较适当。

其二,从关系类型分析,秘书学与应用写作学应该为交叉关系。关于这一点,上述所引用的董继超的论述理由已经比较明显。对于丁晓昌、冒志祥主编的《秘书学与秘书工作》中两者是包含关系的说法,笔者认为存在某种误区。学科的相关性更多的应该从学科层面上进行分析,而许多秘书学的研究者在论及秘书学的相关学科时,往往以秘书是否需要该学科的基本知识和技能作为唯一的依据,丁晓昌、冒志祥主编的《秘书学与秘书工作》认为两者是包含关系的理由就是"秘书人员必须具备较强的应用写作知识和技能,才能更好地开展秘书工作,为领导出谋划策。因此,作为研究秘书工作和秘书活动的秘书学,也必然包括应用写作学"。如此说来,如果秘书需要具备扎实的英语基础,秘书学是否也包含了英语呢?秘书需要具备办公自动化能力,秘书学又能否包含办公自动化的课程呢?

应用写作是秘书学的相关学科,两者有着共同的研究领域,但两者又是各自独立的学科,研究领域虽然有交叉,但是研究角度或者说立足点却应该是不同的。事实上,绝大部分秘书学专著和教材,在涉及应用写作这部分研究领域时,几乎是千篇一律地照搬了应用写作学的研究成果,很少有自己独到的分析和特殊的结论。对此董继超在《浅论秘书学的研究领域——兼论秘书学研究的重复现象》中列举了秘书学与文书学、档案学、公文写作学、行政管理学的重复现象,在谈及秘书学与公文写作的重复现象时,董继超指出:

> 多数秘书学著作(教材),都把公文写作的部分内容作研究对象,而且多从微观操作上进行研究。其中有各种通用公文的写作,也有机关应用文的写作,还有经济文书、涉外文书和交际文书的写作,甚至学术论文的写作。

产生秘书学与相关学科重复现象的根本原因,笔者认为:

其一,与秘书学产生的时间有关。秘书学产生的时间客观上晚于应用写作学。应用写作学的研究在我国可谓源远流长,刘勰的《文心雕龙》对各种应用文体渊源、流变、写作要求就有精辟的论述。而秘书学在 20 世纪 80 年代才打出自己的旗号。学科初创时比较多地借用应用写作学已有的研究成果。如前所说的张金安、常崇宜主编的《秘书学概论》(云南人民出版社 1984 年版),就酷似一部应用写作学的教科书。

其二,与秘书学自身的学科水平有关。从一定意义上讲,秘书学的兴起是在其理论准备不足的背景下开始的,学科带有某些先天不足的成分。加上许多研究者对秘书学自身理论的研究不足,对秘书学的学科对象、学科分类、研究内容、研究领域、知识体系和相关学科等问题没有统一的认识。直接影响了秘书学从自己独特的角度去研究应用文书的写作。

其三,由于高等秘书教育的迅猛发展,急需秘书学著作和教材问世,由此,为追求速度,许多秘书学著作的作者和教材的编写者在体系和内容上互相参照甚至大篇幅地照搬照抄,导致不少秘书学研究者形成了一种思维定势,对秘书学重复应用写作的内容司空见惯。

另外,由于秘书学学术评论落后于秘书学研究,学术上的是非缺乏必要的争鸣与批评,也是造成学科内容重复的原因之一。

那么,如何从秘书学的角度去研究应用写作的内容呢?如前文所引,董继超有过比较概括的论述,即"秘书学只研究应用写作的一般理论和部分领域,而应用写作学则研究各类应用文体的写作及其训练"。但是,这种区分是比较苍白的,他只对研究领域进行了划分,并没有加入秘书这个主体因素。事实上,秘书学研究应用写作是离不开秘书这个主体因素的,对此,吴明忠、张振环在《试论公文写作研究中秘书学的特殊视角》①中作过非常有益的探索。他们认为秘书工作的根本特点是辅助性和从属性。这两个特点就决定了秘书写作公文的根本特点为代拟而非自撰。因此秘书学研究应用写作,必须解决三个问题:一是抓住领导机关及其负责人发文意图和秘书个人认知的矛盾,研究秘书如何深入、全面、准确地把握写作意图;二是抓住领导机关及其负责人职位全局性与秘书职位局限性的矛盾,研究秘书如何进行换位思考和表述;三是抓住领导人语言表达习惯与秘书写作风格间的矛盾,研究秘书在公文写作中如何适应创新。

尽管吴明忠、张振环的研究还没有形成系统,但是应该能给秘书

---

① 吴明忠、张振环:《试论公文写作研究中秘书学的特殊视角》,《淮海工学院学报》1999 年第 12 期。

学研究者以启迪,相信随着秘书学研究的深入,一定能找到自己独特的角度,妥善地处理秘书学与应用写作的相交关系。

■第五章

秘书学的研究方法

任何一门学科的建设和发展，都有一个方法论的问题。从某种意义上说，方法的选择和运用，往往比理论的发现和陈述更为重要。根据学科生成的一般过程及规律，秘书学的建设同样需要解决方法问题。[①]

我们知道，不同的学科有不同的研究对象，而不同的研究对象决定了人们要采用不同的研究方法。独特的研究方法是一门新学科产生的标志之一。科学发展史表明，任何一门学科的理论研究，只有应用科学的方法，才能揭示事物的本质，建立起科学的理论体系。科学方法论是科学理论发展的杠杆，可以说，科学的研究方法决定着一门学科的产生和发展，秘书学也不例外。

秘书学研究应该采用什么样的方法，一直是秘书学研究者关注的重点课题，也是秘书学学科研究中的软肋。

第一节　秘书学研究方法成果述评

20 世纪 80 年代初期至中期，即秘书学作为一门独立的学科创

---

① 董继超：《秘书学问题数说》，《秘书》1998 年第 5 期。

建之初,很少有人去总结秘书学的研究方法。最早出现的具有代表性和广泛影响的秘书学著作,如翁世荣编著的《秘书学概论》(上海人民出版社 1984 年版)、王千弓等主编的《秘书学与秘书工作》(光明日报出版社 1984 年版)基本上没有正面涉及秘书学的研究方法问题,可以说,秘书学的研究方法在学科创建之初基本上是空白。唯一有的共同的认识是"秘书学是一门实践性很强的应用科学,这个特点决定了秘书学理论的研究,应该走与实践密切结合的道路。简而言之,就是要立足于实践,着眼于应用"。

20 世纪 80 年代后期,一些秘书学著作开始关注学科的研究方法问题。该时期主要研究成果及特征是:

1. 研究方法具有浓厚的政治色彩,强调开展秘书学的研究工作,必须以马克思主义、毛泽东思想为指导

刘祖遂的《通用秘书学》、刘登山的《秘书学教程》、马志嘉的《实用秘书学》等在论及秘书学的研究方法时,都持此观点。刘祖遂指出,"我们在学习研究中一定要坚持社会主义的性质和方向,坚持以马列主义、毛泽东思想为指针,坚决贯彻党的路线方针政策。研究秘书学,要认真总结历史经验,继承和发扬我党秘书工作的优良传统。研究秘书学,要从社会主义初级阶段的实际出发,研究新情况,解决新问题。"[1]马志嘉的《实用秘书学》强调:"我们的总结必须在辩证唯物主义和历史唯物主义的科学理论指导下,把马克思主义的普遍真理,渗透到秘书工作的具体实践中去,使秘书工作的具体实践能上升到马克思主义的理论高度。马克思主义的普遍真理和秘书工作具体实践相结合,是我们成功地进行秘书学研究的正确方针。"[2]现在看来,强调具有浓厚的政治色彩的研究方法的根本原因应该是时代原

---

① 刘祖遂:《通用秘书学》,解放军出版社 1988 年版,第 13 页。

② 马志嘉:《实用秘书学》,华东师范大学出版社 1989 年版,第 22 页。

因。当时的秘书工作是单纯的"社会主义秘书工作",且必须"严格划清社会主义同资本主义的界限",在改革开放的初级阶段,对一门以与党政工作及领导工作密切相关的秘书工作为研究对象的学科的研究方法融入较多的政治色彩也是不足为怪的。

2. 开始运用系统论、信息论、控制论等当时最热门的新学科的方法来研究秘书学

以翁世荣主编的《现代秘书学》为代表。他们提出"在秘书学研究中运用系统论、信息论、控制论等当代新学科的方法开辟了广阔的前景",并对此作了具体说明。比如运用系统论的方法。按照系统论的观点,"秘书工作是人们为达到某种目的而建立起来的一种人工系统,这个系统包括两个子系统:参与政务和办理事务或者说文书工作和行政工作。运用信息论的方法研究秘书工作就要把秘书工作视为一种信息系统或通信系统……研究这个系统处理信息的方法和过程,从而建立秘书工作系统最佳的通信模型——在有限的信道中以最大的速率传送最大的信息量,以达到提高通信系统的效率即秘书工作效率的目的"。[①] 在学科发展之初,提出运用系统论、信息论、控制论的理论作为秘书学的研究方法,无疑具有创新意义,为秘书学研究开拓了新的途径,只是在具体的运用中比较生硬,且秘书学研究者中能真正掌握系统论、信息论、控制论理论并融会贯通,以之为工具来研究秘书学的人并不多,"三论"是否成为秘书学研究的有效方法还有待于进一步论证。

3. 提出秘书学研究的具体方法

以董继超主编的《公务秘书学》为代表。该著作开始全面而系统地关注秘书学研究方法,在秘书学研究方法的构建上有自己独特的

---

① 翁世荣:《现代秘书学》,上海人民出版社1989年版,第9页。

地位。作者认为:"秘书学的研究方法是多种多样而又有层次的。按
其普遍性程度来划分,秘书学的研究既要遵循基本的研究方法,如哲
学方法和逻辑方法,又要运用一般的研究方法,如观察方法、试验方
法和数学方法等;还要采取与秘书学相适应的特殊研究方法。"①该
书提出了秘书学研究方法的不同层次,并根据秘书学的学科对象和
性质以及新学科发展的一般过程,提出了事实积累法、经验分析法、
案例研究法、试验证实法等四种方法作为秘书学研究的具体方法。
具体地说,事实积累法就是必须占有大量的科学事实,在此基础上,
对材料加以整理,才能从中抽象出秘书学理论。经验分析法就是从
已占有事实和知识出发,对研究对象进行比较和分析,使其成为有条
理的、较系统的、有某些联系的经验知识。案例研究法是通过大量
的、具体的秘书活动事例进行比较、分析、综合和归纳,从中抽象出秘
书活动的一般规律。试验证实法是使理论与实践相结合,在实践中
去验证理论,进而完善理论。

从 90 年代至今,秘书学的研究方法继续为研究者们关注,人们
开始进一步探究秘书学的研究方法:

1. 经验总结法

钟辉主编的《现代秘书学概论》指出,"经验总结法,就是从总结
我们党的秘书工作经验入手。我们党的秘书工作经验是极其丰富
的,特别是建国三十多年来,在社会主义革命与社会主义建设中,取
得了许多适合我国国情的成功经验,从而在党的各个历史时期,为保
证党的各项领导工作的顺利进行,起了应有的作用。……总结我们
自己过去的经验,是建立具有中国特色的秘书学的基础。离开了这
个基础和本源,我们的研究工作就会成为无源之水,无本之木。"②

---

① 　董继超:《公务秘书学》,黑龙江科学技术出版社 1989 年版,第 25 页。
② 　钟辉:《现代秘书学概论》,贵州人民出版社 1990 年版,第 13 页。

2. 古为今用、洋为中用的借鉴法

饶士奇、曾诚主编的《秘书学概论》指出,"秘书工作在我国有悠久的历史。尽管我国古代的秘书工作是为各个时期的统治阶级服务的,具有很强的阶级性,但我们应当研究、鉴别,并加以批判继承……对我国古代秘书工作的历史发展,包括秘书机构的设置、秘书官吏的选用和秘书工作制度等等,都应当认真地加以研究,取其精华,去其糟粕。对于国外的秘书工作也应该了解和研究。各个国家的社会制度不同,国情不同,当然不能简单照搬。但'他山之石,可以攻玉',如国外对秘书人员的培养、办公自动化和高效率的管理工作等一些好的经验和做法,我们应该实事求是,择善而从。"① 向国敏在《现代秘书学与秘书实务新编》中提出的"纵横比较法"也表达了同一意思。②

3. 科学抽象法

科学抽象法,就是抽掉某一类现象非本质的次要的标志,通过思维引出其固有的最本质的特点并加以概括。秘书学研究必须运用科学的抽象方法,对大量秘书现象进行概括,确立和形成秘书学概念和范畴体系,以便运用这些概念和范畴来指示和阐明秘书工作和秘书活动的客观规律,从而建立起科学的秘书学体系。③

4. 归纳法与演绎法

秘书学研究从大量的秘书工作的实际职能中归纳出"协助领导,综合服务"的普遍规律;再由此出发演绎为对各项秘书工作的个别要

---

① 　饶士奇、曾诚:《秘书学概论》,湖北科学技术出版社 1997 年版,第 14 页。
② 　向国敏:《现代秘书学与秘书实务新编》,华东师范大学出版社 1996 年版,第 22 页。
③ 　张岫莹:《当代秘书学》,河南人民出版社 1993 年版,第 13 页。

求。从大量的会议中归纳出会议的种种元素；再根据这种概括演绎为组织某个会议时的指导原则。缺乏归纳，连最简单的秘书学概念也无从产生，缺乏演绎，任何概念、规律都将失去其理论的指导价值。可见，二者是相互联系，相互补充的。①

5. 分析法与综合法

在庞大的秘书工作系统中，包含着许多方面，各个方面又包含着许多具体环节和要素。没有对个别环节、要素性质功能的具体分析，就不可能从中归纳出最基本的概念，也不可能对事物整体有深切地把握；但如停留在个别要素的认识上，不通过综合去把握整体，也无从了解个别环节、要素在整体中的地位作用，个别分析判断难以深入下去。在秘书学研究中，站在宏观的高度去进行微观分析，从微观分析入手去对秘书学原理进行宏观综合，是保证秘书学研究的科学性，避免犯形而上学的错误的重要保证。②

6. 运用其他学科的先进方法研究秘书学

运用其他学科的科学原理与先进方法进行秘书学的研究可以少走弯路，也容易取得成果。如有人以控制论原理来解释秘书工作在行政管理中的作用；以管理学中的"五大职能"来阐述秘书的计划、组织与协调职能；以系统论的原理来探讨办公处理程序；以传播学的原理来阐明秘书信息工作如何提高效率等等。③

从以上的研究成果我们可以看出，进入新世纪以后，如同秘书学没有像人们预计的有了质的飞跃，关于秘书学的研究方法问题，同样是任重而道远。

---

① 张岫莹：《当代秘书学》，河南人民出版社 1993 年版，第 13 页。
② 张岫莹：《当代秘书学》，河南人民出版社 1993 年版，第 13－14 页。
③ 陆瑜芳：《秘书学概论》，复旦大学出版社 2001 年版，第 18 页。

第二节　关于秘书学方法论研究中
"一般"与"个别"的问题

秘书学方法论的研究成果特别是具体的研究方法主要通过教材这一载体体现出来,集中探讨的论文数量较少,从秘书学方法论的研究成果中,重视一般的哲学方法和逻辑方法,如唯物辩证的方法、理论联系实际的方法、比较的方法、分析和综合的方法、归纳和演绎的方法等等较多,也有人主张应该着重探讨秘书学所特有的研究方法,笔者认为,这两者并不矛盾。

一、秘书学方法论体系的构建

正如巴甫洛夫所说:科学是随着研究方法所获得的成就而前进的。秘书学要存在和发展,不仅要确立自己的研究对象,更应重视研究方法的探讨,建立与当代秘书学相适应的方法论体系。

从方法论的角度讲,大多数社会学科的研究方法一般由三个层次构成。研究方法的最高层次是哲学世界观和方法论,即马克思主义唯物辩证法,这是作为指导思想的哲学世界观和方法论,它概括了方法论的基本原理;其次,逻辑学提出了一般科学研究方法的最根本的分类:归纳法、演绎法和类比法等等;最基础层次是具体的学科研究方法,如统计法、调查法、分析法等,均属于操作层次。在秘书学研究的初级阶段,用一般科学研究方法运用到秘书学,不失为一种有效的途径。

哲学世界观和方法论是指导秘书学研究的理论基础,对整个研究起着基本定向作用。"哲学以具体科学为基础,而具体科学则以哲学作为世界观和方法论的指导。""科学家的科学研究活动,都是自觉或不自觉地在某种世界观和方法论的指导下进行的,缺乏世界观和方法论的指导,科学家就会失去工作的方向并出现思想混乱。"①

　　科学的秘书学方法论是马克思主义世界观指导的产物,马克思主义的世界观是辩证唯物主义与历史唯物主义相统一的哲学化、理论化的世界观,是人类思想的最高境界,是思维创新与学术创新的源泉。包括秘书学在内的任何一门学科的研究,如果要达到本质的规律性的深刻认识,必须依靠马克思主义的世界观指导具体的工作实践,学会应用马克思主义的哲学观点分析与解决工作中的具体问题。马克思主义哲学观点,是对世界上各种事物的本质及其发展规律的科学抽象。认识秘书学的本质及其发展规律,首先在于运用马克思主义哲学观点对秘书工作由浅入深的、由部分到全面的、由表象到本质的认识过程。在这一层次的方法论中,理论联系实际作为马克思主义的基本原则在秘书学研究中得到了充分的运用。

　　另外,值得注意的是,认识方法和研究方法的过程中还存在一个误区,那就是容易把马克思主义一般意义上的哲学方法论代替各种具体的研究方法。因此,把马克思主义当作教条而推向绝对化和坚持马克思主义的指导是不能相提并论的。我们应该对马克思主义的本质特征和精神实质有科学的理解,并把它作为秘书学研究的指导思想和方法论,而不是用它来代替秘书学的具体研究方法和特定的方法论,只有这样,马克思主义对于秘书学研究的巨大作用才能充分发挥出来。

　　科学的逻辑方法是人们正确思维和准确表达思想的重要工具。也是一般学科的重要研究方法,逻辑方法在秘书学研究中也得到了充分的运用。

---

　　① 李秀林、王于等:《辩证唯物主义和历史唯物主义原理》,中国人民大学出版社1995年版,第5页。

1. 归纳法和演绎法

归纳是从个别事实走向一般的结论,演绎是从一般原理走向个别的结论。在人的认识过程中,归纳和演绎是对立统一的关系,两者相互依存、相互促进。在秘书学研究中,归纳法和演绎法被大量使用着,也可以说是秘书学研究中常用的方法。在研究秘书工作活动中,用归纳法将个别事实上升为一般结论,一直是秘书学研究者努力的方向。例如:对秘书工作性质、职能等问题的认识,大都是使用归纳法产生的结论。演绎法通常用比较成熟的一般原理,去指导秘书学研究中的个别结论,如以"三服务"的基本原理来指导秘书工作实践等等。

2. 类比法

类比法是利用事物之间某些相同点或相似点,而推导出另一些相同点或相似点,这是一种由特殊到特殊或从一般到一般的推理方法。在秘书工作研究中,经常运用类比的方法,如两个国家秘书工作的比较,不同时代秘书工作的比较,不同类型的秘书工作的比较等。向国敏在《现代秘书学与秘书实务新编》中提出的"纵横比较法"实质上就是一种类比方法。张岫莹在《当代秘书学》提出的三种不同的比较角度,即一是在一个国家的秘书工作内部作水平比较,可在工业秘书、商业秘书、党务秘书、政府秘书等之间比较,从比较中找出其间的联系与区别以便把握各自的本质和特征。二是从历史的角度对古今秘书工作作纵向比较,从比较中掌握秘书学的发展规律,以继承好的传统,预测出今后的发展动向。三是在不同国家、不同社会制度的秘书工作中作横向比较,从比较中看出各自的特色,为我国的秘书学研究提供多种参照系。这三种角度的比较从逻辑方法上看,也是一种类比。

3. 分析和综合法

分析是把认识对象分解为各个方面、各个部分来分别进行考察的方法,分析的过程是思维活动从整体到部分的过程。综合就是在分析的基础上,把认识对象的各个方面组合成为一个整体加以考察的方法。如张岫莹在《当代秘书学》中所分析的,秘书学研究离不开分析法和综合法。

4. 具体的研究方法和技术

具体的研究方法和技术是属于操作层面的,如统计法、调查法、实验法、观察法、历史法等等,这些方法也是秘书学常用的研究方法。如笔者就运用典型的统计方法对秘书学的研究队伍、选题分布进行过统计分析。通过统计得出了当时秘书学的研究队伍以机关秘书工作者为主,同时高校教师也是一支重要的研究队伍的结论。[①]

秘书学方法的研究者,通常是借用科学方法的整个分类体系模式来设计秘书学研究方法的分类体系。其中的哲学方法和一般方法还比较容易对号入座,但是我们必须说明的是这种相对机械的秘书学方法体系仅仅体现了秘书学方法论研究的初级阶段的水平。

二、秘书学专门方法的构建

秘书学专门方法就是前文所述的"个别",董继超认为不探讨秘书学所特有的研究方法,将不利于秘书学的学科建设。[②] 在这一思想的指导下,董继超在 20 世纪 80 年代末提出了事实积累法、经验分析法、案例研究法和试验实证法。并认为这些方法"是在博采诸多学科研究方法的基础上,并结合秘书学自身特点而提出的特有方法。"对此,笔者以为:

任何一门科学的发展都离不开其研究方法的进步,秘书学的研究方法也总是伴随着秘书学的发展而进步,重视秘书学专门方法的

① 潘连根、何宝梅:《秘书学论文作者之统计分折》,《秘书》1999 年第 4 期。

② 董继超:《秘书学问题数说》,《秘书》1998 年第 5 期。

构建应该是秘书学方法论进步的表现,但是到目前为止,我国的秘书学还没有形成自己特殊的研究方法,其研究活动基本上只是根据具体情况综合运用一般的科学研究方法。事实积累法、经验分析法、案例研究法和试验实证法只不过是秘书学用得比较多的研究方法,而不是特有的方法。因为从逻辑上说,事实积累法、经验分析法、案例研究法和试验实证法如果真的是秘书学研究的专门方法,那么,它们就不可能同时成为其他学科研究的专门方法,而只能为其他学科所借用,但在事实上,这些方法经过贴标签或者换标签,也可以变成其他学科的专门方法。因此,笔者认为,称事实积累法、经验分析法、案例研究法和试验实证法为秘书学特有方法值得商榷,这些方法确实是秘书学常用的研究方法,在秘书学研究中有其相应的地位,但并非秘书学特有方法。

除了董继超提出的事实积累法、经验分析法、案例研究法和试验实证法,有学者移植和借鉴了新兴科学的研究方法,主要有系统论、信息论、控制论等。比较典型的代表是翁世荣主编的《现代秘书学》和张岫莹主编的《当代秘书学》。

论及系统论方法时,前者认为,秘书工作是人们为达到某种目的而建立起来的一种人工系统。后者提出全部秘书工作和秘书活动可看作一个完整的系统,各行各业的秘书工作是这个大系统中的子系统。系统论所遵循的原则,如整体性原则、相关性原则、目的性原则、适应性原则等,对于秘书学研究都有很重要的启发意义。

论及信息论方法时,后者认为运用信息论的方法和信息模式来研究秘书部门的信息工作,可以使信息源丰富,信息道通畅,信息宿可靠,并尽可能地减少干扰。前者信息论方法运用更为广泛,提出把秘书工作视为一种信息系统或通信系统,分析这个系统中的信息种类和性质,探索这个系统中的信源(信息发出端)、信道(通信渠道)、信宿(信息接收端)的特征和联系,研究这个系统处理信息的方法和过程,从而建立秘书工作系统最佳的通信模型——在有限的信道中以最大的速率传送最大的信息以达到提高通信系统的效率即秘书工作效率的目的。

论及控制论方法时,前者认为运用控制论的方法研究秘书工作,我们应该抓住"信息"和"反馈"这两个控制论的基本概念,注意两种信息反馈的情况。一是秘书工作系统的输出信息是怎样反作用于其本身的输入信息,并怎样对其本身的信息再输出发生影响的。二是秘书工作系统的输出信息是怎样反作用于其所属的办公系统的信息输入,并怎样对办公系统的信息再输出发生影响。后者则提出运用按控制论的原理和方法,把各级秘书部门看作一个完整的控制系统,把某一秘书部门看作其间的子系统,研究政府部门整体职能的自调节,对于提高工作效率,丰富秘书学的内容,完备秘书学的理论体系,也将产生巨大的作用。

笔者以为,运用新的方法研究秘书学无疑给我们提供了一个崭新的视角,为我们多方位、多角度探讨秘书学提供了重要的手段,但是,由于新方法大多是移植和引进的,这些方法是否适应秘书学本体的土壤,是否为秘书学发展所需要等问题还是应该引起我们思考的。

首先,新方法是否能真正成为研究秘书学问题的有效方法,而不是生搬硬套新方法中的一些新名词。目前,秘书学中被倡导的新方法主要是系统论、控制论、信息论和定量分析的方法。前文所述翁世荣主编的《现代秘书学》和张岫莹主编的《当代秘书学》都认为"三论"是秘书学研究的新方法,且是主要的研究方法,但是事实上,两部著作除了在秘书学的研究方法一章提出了系统论、控制论、信息论的一些最基本的名词之外,在其他章节基本上没有出现有关系统论、控制论、信息论的基本原理,也谈不上用"三论"的基本理论去研究秘书学的相关问题了。因此,笔者认为"三论"在秘书学中的运用还停留在设想阶段,而且是一种比较简单和机械的设想,如仅仅因为使用了"信息"和"反馈"两个名词,就认定秘书学运用了控制论的方法,这样的结论未免过于武断。定量分析方法科学地运用于秘书学研究的某些领域,尤其是具有数学意义上的可分性领域是非常有意义的,它能够解决定性方法所不能解决的问题。但是有些定量分析方法的运用,从表面上看计算精确,且套用了令人费解的种种公式,但是很难说对秘书学研究有多少帮助。例如,为了表明秘书工作"真灵敏信息反馈定律"(就是通过信息收集和反馈,当好领导的决策参谋,以保证正确的领导决策能够顺利实施),进行以下定量分析:[①]

信息总量 I_J 是出现几率 P_i 的函数、是出现次数 N_i 和观察次数 N 的函数:

$$I_J = -\mathrm{Log}_2{}^{P_i}$$
$$I_J = -\mathrm{Log}_2{}^{N_i}$$
$$I_J \text{——信息量}$$
$$P_i \text{——出现几率}$$
$$N_i \text{——出现次数}$$
$$N \text{——观察次数}$$

尽管这种研究方法给人耳目一新的感觉,但其实际价值有待进一步确认。

其次,新方法是否比传统方法在研究问题上更有效,得出的结论更科学。定性分析的方法是秘书学主要的研究方法,也是一种传统的研究方法。所谓定性研究方法,是指根据社会现象或事物的矛盾性,在逻辑分析、判断推理的基础上获得研究对象的质的规定性的一种研究方法,其特点是依赖于纯粹思辨方法的文字描述去阐述客观对象。定性方法被广泛运用于社会科学研究领域。但是,定性描述也有其自身难以避免的缺陷,因为它无法对其所描述对象的发展规律进行精确的科学论证。而秘书学的某些研究领域,也需要用精确的数据、定量的方法、科学的论证来研究其发展规律,并解释所碰到的复杂现象。笔者曾试图用定量的方法对秘书学的某些现象作过分

---

① 娄葛天:《论秘书学的广义论神经命脉原理》,《秘书之友》2001 年第 6 期。

析和探讨。1999 年,笔者曾经发表过《从秘书学论文的引文注释中看中国秘书学的研究现状》①以及《秘书学论文作者之统计分析》②等文章,这些文章均使用了定量分析的方法对秘书学的某些问题展开了研究。以《从秘书学论文的引文注释中看中国秘书学的研究现状》一文为例,该文对 1993—1997 年发表在《秘书之友》上的 1308 篇论文的引文注释情况进行了量化分析。经过量化统计,发现 1993—1997 年五年间论文中,平均每年有引文注释的论文只占总量的百分之二,这一数据比较有力地说明了以下问题:(1)秘书学研究中大量的是经验性文章,特别是作为主要研究群体的秘书实际工作者的文章多是经验总结,很少使用其他文献性信息资料;(2)秘书作为一门新兴学科,原有的秘书理论研究成果比较薄弱,可供借鉴引用的资料不够丰厚;(3)有些研究者的研究态度不够严谨科学,同时论文质量也有待进一步提高。

另外,该文还对引文的出处和引文所涉及的内容进行了量化分析,见表 5-1。

表 5-1　1993—1997 年《秘书之友》论文引文的量化分析

年　代	本专业期刊	百分率	本专业论著	百分率	其他文献	百分率
1993 年	7 条	7.1%	7 条	7.1%	84 条	85.7%
1994 年	4 条	57%	0 条	0	3 条	43%
1995 年	0 条	0	0 条	0	8 条	100%
1996 年	3 条	8.6%	1 条	2.9%	31 条	88.6%
1997 年	19 条	30%	10 条	16%	34 条	54%

①　何宝梅:《从秘书学论文的引文注释中看中国秘书学的研究现状》,《秘书之友》1999 年第 2 期。

②　潘连根、何宝梅:《秘书学论文作者之统计分析》,《秘书》1999 年第 4 期。

从表 5-1 可知,秘书学论文中引用本学科研究成果的情况偏少,引用其他学科的研究成果的比例偏高,后者的情况也印证了秘书学是由多元即多学科交汇、融合而成的具有综合性质的学科。由此,笔者以为,尽管定性分析是秘书学研究的主要方法,但是在某些领域定量分析有着定性分析无法替代的作用。这样的新方法是值得推广和倡导的。

在秘书学研究中运用新方法,不应使简单的问题复杂化,而应使复杂的问题简便化。以系统论、控制论、信息论在秘书学研究中运用的情况来看,有些方法的运用是比较得当的,如系统方法,它从系统的观点出发,从系统与要素之间、要素与要素之间及系统与外部之间的相互联系、相互作用中,精确地考察对象、研究和处理问题。在秘书学研究中运用系统方法,把秘书机构放入更广阔的社会组织体系中,对秘书机构的职能、地位和作用会有更准确、更清晰的定位,这是其他传统方法所不能及的。但是在运用系统论、控制论、信息论等方法时,也出现过这样的情况,即先套用系统论、控制论、信息论中的一些新名词、术语,然后再对这些新名词、术语作一番解释,最后才回到原点上来论述本可以直接论述的问题,也就是说,为用新方法而用新方法,这种情况也是我们今后要注意避免的。

第三节　关于秘书学建设中
经验性研究的地位问题

经验总结法是秘书学最基本的研究方法之一,自从秘书学创建以来,经验性研究一直在秘书学研究中占据着非常重要的地位。作为实践性、应用性较强的一门学科,秘书学研究历来侧重对秘书工作经验的总结和探讨笔者曾对某秘书学专业杂志 1993—1997 年所发表的论文选题作过统计,其中应用性研究占总选题的 89.34%①,大量的文章通过经验总结法对秘书工作展开研究。对此,有些研究者和实际工作者对此持肯定态度,认为秘书学与秘书工作贴得越近越好,这样便于直接指导秘书工作实践;也有学者认为偏重于经验性研究会成为秘书学发展的障碍,只有加强秘书学基础理论的研究才能提高秘书学的档次,促进秘书学向常规科学转化。那么,究竟应该如何看待秘书学发展中大量的经验性研究呢?

一、经验性研究在秘书学学科建设中的价值

经验是人们在实践中直接或间接对客观事物的形态、属性、过程和规律的体验和感受,是属于意识范畴的一种认识形式。科学经验本身固然不能告诉人们事物的本质和规律,但它却是科学认识发展所不能超越的阶梯。

1. 秘书学的创立缘于对秘书工作的经验总结,没有对现代秘书工作的经验性研究,便没有秘书学

正如爱因斯坦所说:"一切关于实在的知识都是从经验开始,又终于经验。"中国的秘书学是伴随着改革开放的进程,为适应新形势下秘书工作的需要而产生的,其中最直接的原因之一是为满足对秘书人员实行岗位培训的需要。最早的秘书学的开拓者们大都来自秘书工作的第一线。为了满足当时秘书业务培训的需要,一些既富有实践经验又有较高理论水平的资深秘书开始系统地总结秘书工作的经验编写讲稿,走上秘书教学的讲坛。如编写《秘书工作》(高等教育出版社 1985 年版)的李欣,编写《秘书学与秘书工作》(光明日报出版社 1984 年版)的王千弓,编写《机关秘书工作概论》(安徽教育出版社 1984 年版)的吴熔,以及编写《实用秘书学》(福建人民出版社 1986 年

---

① 潘连根、何宝梅:《秘书学论文作者之统计分析》,《秘书》1999 年第 4 期。

版)的孙锡钧等,均为长期从事机关秘书工作,具有丰富经验的秘书
部门领导人。他们的著作主要是对秘书工作的经验总结,内容大都
涉及起草和办理文件,调查研究工作、协调工作以及会议组织、信访
接待等工作。正如李欣所言:"当初,我没从学术角度去想过,只是在
搞业务工作总结时才想写书的。"①而正是李欣这部搞业务总结时所
写的《秘书工作》,被稍后的研究者们奉为秘书学的开拓之作。也正
是由于这些秘书活动的实践者对秘书工作的直接感受和认识作了系
统的总结,才使秘书学的诞生成为可能,由此我们可以断言:没有经
验性研究便没有秘书学,经验性研究是秘书学研究不能超越的必经
阶段,尤其是秘书学发展的潜科学阶段,经验性研究是秘书学研究的
基本形式,经验总结法是秘书学研究的基本方法。

2. 经验性研究的成果充分体现了秘书学的应用性,密切了与实
践的关系,增强了学科对现实工作的指导性

经验性的东西大都是人们在实践中直接获得的对事物的感性认
识。从大量的秘书学著作及秘书学专业杂志的文章看,涉及秘书工
作的经验性成果大都具有直接感受性(即直接记录人们的感性印
象)、可描述性(即对客观事物的特性、过程的如实反映)及可类比性
等特征。例如,围绕如何提高办公厅的整体工作水平、如何搞好新形
势下办公室的信息工作、如何提高会议服务工作的质量等问题进行
研究就具有以上特点。而且特定时期秘书工作的重点,往往成为经
验性研究的热点。比如 1990 年 1 月召开的全国省、市、自治区党委
秘书长、办公厅主任座谈会确定把督促检查工作列为秘书部门的重
点工作之一,此后不久,关于办公厅(室)如何加强督查工作的经验性
总结便成了秘书专业杂志的重点话题。由于这些经验性成果有较强
的直接感受性和可类比性,因而就对相关秘书工作具有直接的指导

---

① 楼宇生:《八十年代前期的我国秘书学著作(之二)》,《当代秘书》1997 年第 2 期。

性,也较好地体现了秘书学作为应用性学科的基本价值。

3. 秘书学的经验性研究中渗透着理论的成分,经验性研究的成果既为秘书学理论提供了素材,又在很大程度上证明了秘书学理论的价值

经验性研究虽然着眼于对特定事物的认识,有些内容尚未上升到对事物普遍性的认识,然而人的认识总是从个别、特殊到一般、普遍的,秘书学作为一门与社会实践密切相关的应用科学,其理论不可能完全游离于具体的社会实践,特别是秘书学中的应用理论部分,更与秘书工作的经验性研究息息相关。比如总结当代企业秘书工作的个案性经验,就可以为企业秘书工作理论的建立提供素材。同时,经验性的东西相对于科学理论是"第一性"的东西,但是相对于具体的实践它又是"第二性"的东西,既然是经验研究就必定对其观察所得的东西有整理、分析和概括。事实上,秘书学中的经验性研究绝非仅仅是对"如何接电话,如何收文件,如何搞会务"①的描述。从近二十年来数千篇经验性研究文章以及有关著作来看,无论是督查协调、信息沟通、调查研究、公文办理方面的,还是信访、会务、保密工作等方面的,均不乏有相当理论内涵之作。

不可否认,无论高校的秘书学教学理论工作者还是秘书岗位的实践工作者,都以经验分析法作为秘书学研究的基本方法。而且,经验性研究并不只是秘书学学科创建初期或者说是潜科学时期所独有的,经验性研究必将伴随着秘书学的发展而成熟。

二、经验性研究在秘书学发展成熟中的局限

秘书学是一门比较典型的应用科学,经验性分析是其研究的基本方法之一。但是,作为一门科学,作为一门正向常规科学过渡的科

①　陈方:《有一种泛科学现象》,《社会》1998 年第 8 期。

学,秘书学中占绝对优势的经验性研究确实存在着较大的局限性,为此,有学者提出:"大量经验形态的铺陈,代替或掩盖了对秘书本质和秘书工作原理的理论探讨,妨碍了秘书学理论的创造性突破。"①正因为如此,迄今仍有人否定秘书学的学科地位。这就迫使我们对秘书学的经验性研究要有一个比较客观和辩证的认识,即在肯定其价值的同时也应该认识其局限性。

1. 经验性研究的局限性

首先,经验性研究无法脱离表象特征,因而具有盲目性、狭隘性且缺乏预见性。特别是对秘书工作的某些操作程序和技术作纯粹性描述的文章及教材往往缺乏普遍性的指导意义。

科学是一种探索性的认识活动,自然界和社会在发展过程中其本质和规律并不总是浮现在现象的表面上,在未发现规律之前,人们只能描述现象、搜集客观材料、积累科学经验,这些经验性的东西往往带有较大的盲目性和局限性。人们一旦获得了经验认识,就往往会形成一种惰性的思考方式,其弊端是难以使事实"升华",很难捕捉到隐藏在事实后面的奥秘。正如爱因斯坦所说,"只有大胆地思辨而不是经验的堆积,才能使我们进步。"由此可见,在科学活动中,经验性研究有其自身难以避免的局限。秘书学中的经验性研究也是如此,如许多专业杂志刊登的有关督查工作、协调工作、信访工作以及接待、值班等事务性工作的文章,其内容大多是对某一级党政机关工作经验的总结。这种经验性成果在概括上的直接性必然导致其适用范围狭窄、缺乏理论上的共性。随着时代的发展,秘书服务对象已呈多元化趋势,秘书工作的环境也发生了很大变化,这就使一部分经验性的东西不再适用。如果在新的形势下仍以这种经验性成果替代学科理论体系并广泛加以推广,就很容易造成许多认识上和操作上的

---

① 　董信泰:《加强秘书学理论建设的几点构想》,《秘书之友》1994 年第 1 期。

误区。因此,我们必须清醒地认识经验性研究成果的局限性。

其次,实践经验有待于发展成为科学理论。只有把秘书学中的经验性成果发展成为科学理论,它才能成为秘书学理论体系的有机组成部分。因此,我们认为对新时期秘书工作大量的经验性探讨并不等于秘书学理论的突飞猛进,秘书学的成熟有待于理论性研究的加强。

科学研究不能超越经验阶段,但又不能停留在经验阶段。虽然经验性研究导致了秘书学的诞生,但是如果没有基础理论研究,没有高校理论界的介入,就无法构建秘书学理论框架,对学科的研究对象、学科性质、逻辑起点等基本问题更是无从认识。可以说,没有理论研究的支持,秘书学要发展到今天的程度是难以想象的。因此,在学科发展的各个阶段,都曾有研究者呼吁:要发展秘书学,就必须以强烈的理性意识把这门学科的研究引入理论本质阶段,使之逐步完成由经验总结向理论科学的飞跃。

纵观这些年来秘书学的研究轨迹,经验性的探讨和总结确实主导着秘书学的论坛。这种研究现状也确实无益于学科理论的突破。特别是在秘书学正处于向常规学科过渡但又缺乏一个独立的、完整的学科理论体系的关键时期,尽快提升研究层次、加强学科的理论建设才是秘书学界的当务之急。

2. 经验性研究的对策

结合秘书学的发展现状,笔者认为除了必须辩证地看待秘书学界对经验性研究的"偏爱"外,还应该对此现象进行积极引导,把研究的重点引向对秘书活动的本质和内在规律的探讨,从而在继承党和政府秘书工作的优良传统和吸取新形势下商务秘书工作、涉外秘书工作、私人秘书工作新经验的基础上建立起科学的秘书学理论体系。

首先,秘书学离不开经验性研究,但必须注意在经验性研究中融入理论的成分,提高经验性成果在秘书学科中的价值。在科学研究中,加强科学知识对感性认识的渗透,有助于将经验性的东西转化为理论性的东西。因此,秘书工作者在经验性研究中应注意,在描述一些琐碎、片断的现象时,多运用秘书学或者其他相关学科的理论知识剖析其规律,这样才能使对秘书工作的经验性描述发展成为有条理的、较系统的、具有内在联系的经验知识,并且通过综合分析法使之上升为经验理论,从而成为秘书学理论体系的有机组成部分。

其次,广大秘书实践和理论工作者要在经验性研究中充分发挥理论思维的作用和科学方法的功能,善于从经验中提出问题、提高经验性研究的档次。理论思维在实践经验上升到科学理论的过程中起着巨大的作用。理论思维有助于把握微观现象的本质。凭借秘书工作的实践,我们可以获得微观领域的某些经验材料,但是要统率这些经验材料,把握其本质和规律性的东西,就必须充分发挥理论思维的作用;同时理论思维还有助于建立现象之间的整体联系。经验形态的东西转化成理论必然要经历一个理论思维的过程。另外,我们在作经验性研究时还要注意充分运用归纳和演绎、分析和综合等科学方法,以加速经验向理论转化的进程。

最后,结合秘书学学科发展现状和目前的研究热点,有关秘书学科的研究组织和有关秘书学的专业杂志应该对秘书学的研究作适当的宏观调控,即在肯定广大研究者对秘书工作所作的高层次经验性研究的基础上,大力倡导从科学的角度来研究秘书学,从而把秘书学研究的基点和热点引向揭示秘书活动的本质和秘书工作的原理方面。为此,我们呼吁广大秘书学研究者加强对秘书学基础研究的投入,把热点集中到对秘书学科基本理论的研究,以期早日获得理论上的重大突破,使秘书科学日趋成熟、完善。

第四节　关于秘书学研究中理论联系实际的问题

理论联系实际是秘书学研究的指导思想和基本方法,也是秘书学创建后最早达成共识的秘书学研究方法,然而在具体理解和运用时,秘书学界却存在着不同的认识。

有专家认为,秘书学理论要"在紧贴秘书工作实际的基础上升华、深化,才能为秘书工作者所接受,对实际工作产生指导作用"。秘书学理论以是否能指导秘书工作实践为衡量标志,秘书学理论绝对不应该是让秘书实际工作者理解不了的理论。

另有学者认为,秘书学作为一门科学不同于秘书工作经验总结,其成熟程度以秘书学基础理论的发展水平为衡量标志,尽管秘书学理论源于秘书工作实践,但是并不是所有秘书学理论都能直接地为秘书工作实践服务,秘书理论应该具有抽象性和思辨性。而且从科学性不等同于真实性的角度出发,秘书理论应该与秘书工作实际保持一定的距离,秘书学研究的重点应该放在基础理论上,这样才能产生高层次的研究成果。

笔者认为,上述专家、学者的分歧,从根本上看是对秘书学研究中理论联系实际问题存在不同理解所导致的。因此要正确把握秘书学研究的指导思想,就必须正确地、科学地理解理论联系实际的实质。

一、对理论联系实际的若干认识

1. 理论来源于实际

理论的基础是实践。"理性的东西,正是由于它来源于感性,否则理性的东西就成了无源之水,无本之木,而只是主观自身的靠不住的东西了。"①理论必定来源于实践,因此从实践到理论的模式是秘书学研究者在认识理论联系实际问题时所应该确认的。

秘书学是一门新兴学科,学科尚处于发展时期,理论体系比较稚嫩,学科地位尚不稳固,然而秘书工作实践却是源远流长,本着理论

①　毛泽东:《实践论》,选自《毛泽东著作选读》,人民出版社 1986 年版,第 129 页。

联系实际的原则,秘书学研究者应该从几千年的秘书工作实践中汲取养分,从实践中发现问题,透过现象,揭示事物的本质,建立起完善的秘书理论体系。

秘书学理论的来源不是虚无的,实践是理论之源,秘书学理论的来源不应当脱离秘书工作实际。在当今的秘书学研究领域,确实有一部分研究者,特别是没有实践经验的高校的秘书学教学工作者,出于急切提高秘书学研究水平,使秘书学早日为社会科学界认可的良好愿望,不重视调查研究,躲在书斋里,热衷于所谓"高层次"理论的研究,硬性移植和引进某些学科的新概念,如许多秘书学教材中全盘接收了行政管理学、档案学、心理学、公共关系学的理论和概念,在秘书学的研究中生搬硬套了信息论、控制论、系统论、运筹学的一些理论,这些理论大多与秘书工作实践相距较远,有些被引进的理论根本无法在秘书工作实践中寻找到适合其生长的土壤,研究者或生搬硬套、强行嫁接,或一味求新求异,华而不实,或一知半解、移植皮毛,这种秘书学的理论成果其来源显然脱离了秘书实际,如空中楼阁,必然没有什么生命力。

秘书学理论来源于秘书工作实践,同时,我们要注意不要把秘书工作实践仅仅理解为秘书工作的各个环节,秘书工作实践是广泛的,而且理论特别是基础理论来源于实践并不意味着是对实践的简单描述,理论的任务在于透过现象揭示事物的本质。笔者曾对秘书学研究作过统计分析,发现描述性的经验研究始终占据主导地位。如关于督查,自 20 世纪 90 年代以来,随着办公厅(室)的督查职能的强化,督查成为秘书学研究的一个热点,各政府办公厅(室)纷纷撰文总结督查的特点、方式、经验、教训,然而,从严格的意义上看,这类研究还谈不上是学科理论,它只局限在经验层面上,因为它总结的只是秘书工作一个或几个片段、一个或几个侧面,对研究来说材料是不充分的。退一步说,即使收集的材料是充分的,理论研究者也不是材料的收藏家,理论联系实际更主要的是透过秘书工作现象看到其本质,透过材料的分析把握秘书工作的发展规律,而不是简单的经验总结。

2. 理论应用于实际

"认识从实践始,经过实践得到了理论认识,还必须回到实践去。"①理论来源于实践,理论又应用于实践,理论联系实际既包含理论来源,也包括理论运用。一项有价值的理论成果,既取决于该成果的科学性,也取决于它是否符合实际的具体需要。秘书学理论应该如何应用于秘书工作实际。

一方面,实践是验证理论成果的重要标准,认识世界的目的是为了改造世界,理论应该应用到实践中去。秘书学产生发展二十余年以来,通过广大秘书学研究者的共同努力,秘书学的理论基础已初步形成并开始应用于秘书工作实践,成为秘书工作实际的理论指南。如对秘书职能的界定,秘书学理论认为,秘书工作者的基本职能是"参与政务、处理事务",这种理论的界定使秘书实际工作者明确了自身的基本职能,对秘书人员的合理定位起到了很好的作用;另如秘书工作的基本规律——"双线规律",秘书工作的基本特征——被动性和主动性的对立统一等理论,尽管还需要实践的进一步检验,但毕竟已为广大的秘书实际工作者所接受和推广。只注重理论来源于实际,忽视理论在实际中的应用既会导致理论上的一些毛病得不到及时的发现和修正,也会导致实际工作中的悖谬无法从理论上加以剖析和澄清,理论联系实际也变成了一纸空言。

另一方面理论要保持相对的独立性。理论只能以理论的方式应用于秘书工作实践,理论不能为了屈从于实际而放低理论的标准。如,关于秘书的价值问题,是一个具有一定抽象性的理论问题,它不一定适合解释某个具体的秘书的价值,不必要求每一层面的秘书理论都能直接解释某一个具体的实际现象,秘书学理论对于秘书工作

---

① 毛泽东:《实践论》,选自《毛泽东著作选读》,人民出版社 1986 年版,第 131 页。

实践不可能像影子对原形那样"形影不离",理论在接受实践检验的同时,也应该对实际工作进行指导。

另外,从理论到实践的过程,是一个理论成果运用的过程,而理论成果的运用除了理论本身的质量以外,还取决于秘书工作实际部门的认可、理解。现实显示,在秘书工作实际部门和一些实际工作者的心目中确实存在着经验排斥理论的现象,在他们看来,秘书工作本来就是具体化的、细碎的、实实在在的,千年以来有无数的传统和经验,根本不需要另搞一套所谓的秘书工作理论,因此,一些秘书工作者在工作中遇到新问题、新情况时首先考虑的是学习其他单位的经验,而不是从理论上寻求出路和指导。这种认识对贯彻理论联系实际的思想是非常有害的,特别是在现阶段,秘书理论还处于稚嫩的状态,本身尚存在这样那样的问题和缺陷,这本来需要有理论素养和理论眼光的实践者加以甄别和弥补。因此如果秘书实际工作者不转变观念,不自觉形成注重理论的氛围,秘书学理论成果的推广、理论的运用和检验都只能是纸上谈兵。

3. 理论与实际之间需要构筑顺畅的通道

理论和实际是认识的两个端点,理论联系实际从字面上理解就是从理论和实际中构筑起桥梁,而这种桥梁的构筑需要理论工作者和实际工作者的共同努力。

首先,端正认识,对理论联系实际的内涵有准确的理解。在秘书理论的探讨过程中,不必人为分为"学院派"和"经验派",对从事秘书学基础理论研究的同志,实践工作者应该多理解和宽容,对搞实际工作者的同志,理论研究者也应该充分认识经验的价值,理论和实践本来就应该是相互依存的,秘书界应该形成一种实际工作促进理论研究,理论研究指导实际工作的良性循环的局面。

其次,给理论工作者创造实践的机会,同时提高实际工作者的理论素养。秘书理论研究有两个群落,一个是资深的秘书工作者,一般都有丰富的实践经验,与实际工作比较贴近;另一个是高校秘书学教师,他们是秘书学理论研究的一支重要队伍,有较高的文化理论修养,知识面广,思维活跃,有接受新事物的敏锐感,善于借鉴相关学科的理论,但是,他们往往缺乏实际工作经验,专业知识大多来自书本,对中国的秘书工作的历史和现状一知半解,容易犯从书本到书本、闭门造车的错误。要倡导理论联系实际,就要提倡这支研究队伍的主体走出书斋,开展广泛的调查研究,接触各种各样的秘书工作实际,直接了解和掌握秘书工作状况。而且要呼吁有关方面为理论工作者接触实际提供帮助。在倡导高校理论工作者接触实际的同时,我们也要努力提高实际工作者的理论素养,使之能更好地吸收、消化和运用理论成果。秘书实际工作者往往有具体岗位和职能,整天为各种各样的实际工作所包围和困扰,很难从具体的事务中跳出来,把具体的事务上升到理论的高度来评价,因此,他们不习惯基础理论的抽象性,比较容易接受秘书学的应用理论和应用技术,对一些抽象程度较高的基础理论就觉得难以理解,对此,有关部门应注意组织实际工作者的理论学习,提高他们的理论水平。正如列宁所说,"没有革命的理论,就没有革命的运动"。同样,没有科学的秘书工作理论,就不能科学地指导秘书工作实践,就不会有高效的秘书工作。

最后,全面认识秘书学理论的整体结构。秘书学理论有基础理论和应用理论之分,不同的理论其重点和任务各不相同,有直接应用或指导秘书工作的,有间接对秘书工作起作用的。基础理论和应用理论在联系实际时其表现方式是各异的。以基础理论而言,基础理论的特征是创造性和不直接与实用相联系,它必然与实际工作存在一定距离,对此,我们不能以秘书工作实际为标准去衡量基础理论哪些联系实际,哪些脱离实际,这样就违背了秘书学基础研究的特征和目标,降低了研究层次。以应用理论而言,应用研究的特性是获得新知识,并以特定的直接应用为目的,致力于解决秘书工作中提出的技术方法问题,使理论服务于秘书工作实际,指导实际,因此要对秘书学理论联系实际有准确的理解,必须对秘书学理论结构有明确的认识。

二、理论联系实际在秘书学研究中的价值

"在秘书学研究中,目前还没有处理好理论与实践的辩证关系。"①因此,正确认识理论联系实际,在秘书学发展过程中就显得相当重要。

首先,有助于确立正确的秘书学研究的指导思想,把握秘书学的研究方法。秘书学研究需要有正确的指导思想,理论联系实际就是秘书学研究指导思想的基本内涵。在目前的秘书学研究中确实存在着一些问题,如不重视调查研究,不重视论据论证,或者不注重理论概括,没有抽象度等,这些现象的产生与研究者缺乏正确的指导思想不无关系。正确理解理论和实践的关系,能为秘书学提供正确的指导思想,有了正确的指导思想,秘书学研究也就有了正确的方向。

其次,可以协调两个研究群落的关系。如上所述,秘书学研究人员基本上来自两个群落,一部分是高等院校、职校等教育部门中的教学科研人员,另一部分是各个社会系统秘书岗位上的实际工作,这两类人员有着不同的研究指向,或是应秘书教育的急需,或是着重于对眼前秘书工作现象和经验的描述,前者注重理论,后者着眼实际。严格地说,两个群落都没有很好地运用理论联系实际的原则,某种程度上割裂了理论与实际的关系,故此很难合力攻破秘书学研究的难题。对理论联系实际的正确理解,可以从根本上协调两个研究群落的关系。

再次,有助于构建正确的秘书学理论体系。正确认识理论联系实际,可以避免理论过于抽象或琐碎。理论来源于实践,只有来源于实践的理论才是有生命力的,但理论不同于实践,任何理论成果都应

---

① 吕发成、方国雄:《秘书学基本原理》,兰州大学出版社 1996 年版,第 30 页。

该是抽象的,正确理解理论联系实际,可以帮助研究者把握好秘书理论的抽象度,同时,不同的理论,其联系实际的表现方式是不同的,正确理解了这一点,有助于我们构建合理的秘书学理论体系。

最后,有助于秘书理论成果的转化和推广。理论成果应该转化和推广,只有这样,才能实现理论的价值。对理论联系实际的正确认识,使研究者和实际工作者都能深切感受到理论转化和推广的重要性,从而加速这一过程,使秘书工作实践获得理论的滋润。

下 编

■ 第六章

秘书的定义和分类

秘书的概念是秘书学的逻辑起点,也是秘书学概念体系中最简单、最普遍和最常见的概念。正因为如此,秘书学界迄今已有 60 余种不同的秘书概念,各是其所是,各非其非,莫衷一是。[①] 研究秘书学必须先研究秘书的概念、秘书的类型和秘书的层次等理论问题。[②]

第一节　秘书的定义

"秘书"是现代社会中高频率出现的一个词汇,在互联网上用百度搜索,出现的相关网页竟达一千三百多万,其普及的程度和被社会接受的程度可见一斑。

什么是"秘书"? 人们脑海里有异常丰富的概念,最容易联想到的是在领导身边工作的人。然而,由于领导的相对性,人们对秘书概念的界定也就似是而非。诸葛亮是秘书吗? 有人认为,从辅助刘备的角度出发,他应该是一个出色的秘书。另外,随着社会的日益多元化,人们对秘书概念的理解也是五花八门,如把公关秘书视作情人的代名词,使"女秘书"的概念增加了暧昧的色彩等等。

秘书一词,在中国有比较悠久的历史,最早可以追溯到汉代,如

[①] 董继超:《秘书学问题数说》,《秘书》1998 年第 5 期。

[②] 董继超:《普通秘书学》,中央广播电视大学出版社 1997 年版,第 45 页。

《汉书·叙传》:"斿博学有俊才……与刘向校秘书。"《汉书·刘向传》:"诏向领校中五经秘书。"对秘书的定义,较早依据的应该是辞书。《辞源》中对秘书的解释有两个主要义项,一是秘密之书;二是掌典籍或起草文书之官。显然,这个解释代表了古人对秘书的基本理解。其中"掌典籍或起草文书之官"的理解,对现代秘书概念的界定还是有一定的参考意义的,至少说明了秘书与文书工作之间有着深厚的渊源。同时,也印证了在传统观念中,秘书是一种职官的说法。《辞海》中的"秘书",延续了秘书是一种职官的说法,提出秘书是"职务名称之一,是领导的助手"。同时对秘书工作了说明,认为秘书工作的任务是"收发文件,办理文书、档案和领导交办事项"。《现代汉语词典》的定义则是:"秘书是掌管文书并协助机关或部门负责人处理日常工作的人员。"由此可见,国内较具代表性的辞书对秘书的解释有较大的共同性:其一,秘书是一种职务名称;其二,文书工作是秘书的主要工作甚至是标志性工作。

20世纪80年代,随着秘书学科的诞生,研究者们开始关注秘书学科的逻辑起点——秘书的定义,学者们认为,只有精确地界定出秘书这一概念,秘书学的理论大厦才有可能建成。正是基于这一共同的认识,二十多年以来,研究者们从不同的角度对秘书的定义作了广泛的探索,做了数十种的表述,论文、教材和著作是其基本的成果形式。

对秘书定义探索的第一次高峰出现在20世纪80年代中期,以教材的成果为先导,影响较大的有王千弓等编著的《秘书学与秘书工作》(光明日报出版社1984年版),提出秘书"是社会主义国家工作人员职务名称之一。其职责是协助领导综合情况,研究政策,密切各方面工作的联系,办理文书、档案、人民来信来访、会务工作以及其他日常行政事务和交办事项。在党政机关、企业事业单位从事这一类工作的干部,统称为秘书工作人员,或简称为秘书。"这一定义延续了秘书是一种职官名称的说法,根据当时我国的社会情况,把秘书限定在社会主义国家工作人员的范围之内,尽管这一限定已经被时代所抛弃,但是,对秘书工作职责的认定却有了突破,它不再把文书的拟制和管理视作秘书工作的唯一标志。定义中的"协助领导综合情况,研究政策"与目前所倡导的辅助决策,沟通信息,"密切各方面工作的联系"与目前所强调的协调关系,实在有异曲同工之妙。张金安、常崇宜在《秘书学概论》(云南人民出版社1983年版)中认为:"秘书是一种职务,也应当是一种职称","是领导的耳目、助手和参谋。"把秘书看作是一种职称,显然是不合适的,该定义的价值在于明确地提出了秘书与领导的关系,秘书是"是领导的耳目、助手和参谋",据后来常崇宜的解释:"当时'信息'一词尚未流行,'耳目'实际上指这个意思;另外这是第一次明确提出了'参谋'问题。"[1]事实证明,把秘书视作领导的参谋和助手的表述在后来众多的秘书定义中层出不穷。

　　稍后,又出现了一批研究秘书定义较有分量的论文,比较有代表性的有张家仪的《也谈"秘书"的定义》(《秘书》1986年第2期),他认为:"秘书是身处领导机构或附着个人,撰制掌管文书,辅助决策,并处理日常事务的服务人员",并认为"秘书从事的工作也就是秘书职业,秘书职业也就是服务性的"。笔者以为,该文最值得肯定的是对秘书下定义时不再局限于过去或传统上对秘书的理解,而是把视点投向了国外的秘书工作,该文多次引用了美国的《韦氏秘书手册》,异常坚决地提出了"秘书绝不是一种职务而是一种职业"。千年以来,秘书作为一种职官的名称在人们的观念中是根深蒂固的,张家仪的这一对秘书的定义,可以说是现代中国秘书职业化进程中最初的理论铺垫。当然,他在定义中,把秘书的位置表述为"身处领导机构或附着个人"的提法不够妥帖,特别是"附着个人"一词,会对领导和秘书之间独立的人格关系引起误解。

---

　　① 常崇宜:《秘书学理论的起点与"珠峰"——简述"秘书"的定义》,《秘书之友》1992年第1期。

张清明等的《关于秘书定义的思考》(载《武汉大学学报(社会科学版)》1986 年第 6 期)提出:"秘书是在管理系统决策者近身,以沟通信息、参谋决策、处理事务的综合职能,辅助决策者有效控制全局的工作人员。"杨永清在《领导·秘书·智囊》(载《华中师范大学学报(哲学社会科学版)》1986 年第 2 期)一文中认为:"秘书是领导、专家、管理人员在履行其职务时的辅助人员。"这两篇文章均刊发在全国较有影响的大学学报上,从一个侧面反映了社会科学领域对秘书学研究的理论成果的接纳和肯定,扩大了秘书学的影响。从定义本身来看,前者引进了管理的概念,把秘书与管理系统联系在一起,拓宽了我们的视野;后者强调了秘书的辅助特性,但作为定义表述,显得过于笼统和简单。同时值得我们注意的是这两个定义均没有涉及或者强调秘书的文牍性工作,这也从某种角度反映了当时人们对秘书工作的内涵有了新的认识。

进入 90 年代,聚集了当时秘书学理论研究比较有代表性的力量,由袁维国主编,方国雄、张清明、董继超、楼宇生参编的高等学校试用教材《秘书学》由高等教育出版社于 1990 年 9 月正式出版,该书对秘书作了如下定义:"秘书,在我国现代主要指党和政府机关、企事业单位、社会团体、军队、院校内的一种行政职位。其主要职责是辅助管理,综合服务;主要工作是撰拟文稿、管理文书、接待来访、管理会议、调查研究、处理信息、办理事物、参谋咨询、联络协调等工作。"与 80 年代的秘书定义相比,该定义并没有太大变化,秘书仍然被定位成一种行政职位。

在秘书定义探讨上有较大的学术影响的是董继超,他在 1989 年出版的《公务秘书学》中对秘书作了如下定义:"所谓秘书,就是掌管文书并直接辅助上司全面处理事务的人员。"该定义保留了把文书工作作为秘书的标志性工作,突出了秘书与领导的关系是一种直接辅助关系,并且把秘书工作的重心确定在处理事务上。到 90 年代中期,董继超试图更加全面地阐释秘书定义,他在 1996 年由中央电大出版社出版的《普通秘书学》中，用整整一节的篇幅从研究秘书概念的意义、不同秘书概念的比较、秘书概念的界定三方面对秘书的概念作了多角度的论述。他把秘书分为广义和狭义，狭义的秘书是指"掌管文书并直接辅助领导者全面处理事务的专门人员"。狭义的定义基本沿用了其较早的《公务秘书学》的说法。董继超还提出了一个广义的秘书定义：秘书"是指在领导者身边或中枢机构工作，并以办文、办会和承办领导交办指示为主要辅助任务的专门人员"。除了提出直接为领导工作服务外，还增加了在"中枢机构工作"的说法，从而把办公室的信息调研人员、督查工作人员也包含在秘书人员的范畴中。事隔两年，董继超在《秘书学问题数说》中再次审视了秘书的定义，认为之前对秘书的定义不甚理想。为了挣脱公务秘书的局限，他又对秘书的定义作了修改，表述如下："所谓秘书，即在主管身边或中枢机构工作，并以办文、办会和承办主管交办之事为主要辅助任务的专门人才。"并且对"主管"一词作了专门说明："'主管'一词，既泛指一切法定组织的领导人，又泛指一切雇主，也就是说，这一概念的界定意在涵盖公务秘书和私人秘书，也包含不同国家和社会的秘书。"尽管笔者认为用"主管"一词替代"领导"，并不能完全解决秘书外延的涵盖面，而且，事实证明，这一定义也并没有为大家所普遍接受，但是，董继超这种适应时代的发展和力求与国际接轨的定义思路，无疑是正确并且值得倡导的。

　　随着中国秘书职业化趋势的越来越明显，秘书职业资格鉴定势在必行，1997 年 8 月，原国家劳动部颁发了《秘书职业技能标准（试行）》，将秘书定义为：专门从事办公室程序性工作、协助领导处理政务及日常事务并为领导决策及其实施服务的人员。同时还有一个广义的秘书定义："位居领导人身边或领导机构中枢，从事办公室事务，办理文书，联系各方，保证领导工作正常运转，直接为领导工作服务并为各方面的事务与信息助手。"2003 年，国家劳动与社会保障部修订了《秘书职业技能标准》，修订后的秘书定义为：从事办公室程序性工作、协助上司处理政务及日常事务,为决策及实施提供服务的人员。从修订前后的比较中我们可以发现,两个定义并无实质性区别,只是将原来的"领导"改成了"上司",其修改原因与董继超将"领导"改成"主管"有异曲同工之处。

由于劳动部的秘书定义是我国第一个官方定义,其权威性和影响自然非同一般。该定义出台不久,常崇宜对此作了高度评价,他在《秘书概念和定义的新高峰》一文中高度肯定了劳动部定义的权威性。他认为劳动部的定义中前者是秘书的概念,后者即广义的秘书定义才是定义,且定义和概念是有区别的。常崇宜认为作为概念,"给秘书明确定了一个标准";作为定义,"确实是最新的,也是比较完整的"。认为"秘书的概念和定义问题,达到了一个阶段性的解决,可说是攀登了一个新高峰","这是秘书学的一大飞跃"。[①] 当然也有权威人士提出了不同看法。"这个定义是以某部名义下文规定的资格考试教材的标准答案,因此,具有很高的权威性。这里暂不去探究这个定义是否有'官本位'性质,但以'权威性'来论证定义的科学性是没有说服力的。"[②]傅西路认为劳动部的定义的不足之处主要表现在以下方面:"一是在思维方法上应从宏观总揽全局,而不要孤立地、切割式的只看外在表象,没有必要把从事统一工作的人从不同分工、不同服务方式中分为狭义或广义。二是下定义不是做文章,不必罗列引证许多具体事实,而要通过具体—抽象—具体的科学思维方法,透过现象看本质,从而得出既合乎事实,又反映事物本质并能划定事物外在范围的总概括;三是定义中涉及的行业术语、命题、概念和问题太多。"[③]

进入 21 世纪以后,学术界对秘书定义的探讨基本上处于一个平

---

① 常崇宜:《秘书概念和定义的新高峰》,《办公室业务》1999 年第 1 期。

② 傅西路:《论秘书》,《秘书工作》2002 年第 12 期。

③ 傅西路:《评改一条秘书定义》,《秘书工作》1999 年第 7 期。

静的状态。据不完全统计,本世纪中公开发表的涉及秘书定义或概念的论文不足十篇,有影响、有创见的更是微乎其微。

关于秘书的定义,笔者的基本态度是:

秘书是一种社会职业,同时又是秘书学研究的基本对象。作为职业,秘书需要一个稳定的职业定义,这是秘书职业化建设的需要,也是秘书推进专业化进程的基本保证。这个定义应该有足够的权威性和容纳性。同时,作为秘书学的研究对象及逻辑起点,秘书定义应该有一定的学术争议和学术探讨的自由。这同样有助于秘书学的学术繁荣和学术进步。作为职业定义,2003 年劳动与社会保障部在修订的《秘书职业技能标准》已做了明确的认定,即"从事办公室程序性工作、协助上司处理政务及日常事务,为决策及实施提供服务的人员"。该定义应视作目前国内秘书唯一的职业定义。应该摒弃原来的广义狭义之说,确实,同一种职业用广义、狭义加以区分,不但不能提高对职业认识的准确性,反而容易造成不必要的混乱。

认定它作为唯一的秘书职业定义的原因有二:

一是定义发布主体的权威性和职能性。由国家劳动与社会保障部发布秘书职业的定义应该是最具有权威性和推广性的。作为职业资格认定的最高行政机关,由国家劳动与社会保障部官方提出秘书职业的定义无疑是最恰当的。如果随着时代的发展和秘书学研究的逐步深入,该定义的内涵发生了某种改变,也应该由该部以修订的形式予以发布。

二是定义内容的相对准确性。定义是对于一种事物的本质特征或一个概念的内涵和外延的确切而简要的说明。从秘书学界近二十年来对秘书五花八门的定义中,我们看到秘书定义有了实质性的发展。而更多看到的是语言表述不同,实质非常接近的秘书定义。我们可以从以下方面来理解劳动与社会保障部定义的准确性:

首先是服务对象的高度概括性。该定义以"上司"为秘书的服务对象,其涵盖性要高于原来通行的"领导"。"领导"从词性分析,有动

词和名词两种用法,根据最新的现代汉语词典的解释,作为动词,指
"率领并引导朝一定方向前进"。作为名词,指"担任领导的人"。从
词义和习惯用法上看,具有一定的政治色彩。我们习惯上把社会主
义国家党政机关、集体企事业单位或部门的负责人称之为领导,而将
私营企业、外资机构的负责人排斥在外。也正因为如此,董继超将
"领导"改成了"主管",更多的研究者认为,用"上司"替代"领导"更合
理,笔者也认为如此。"上司"现代汉语词典解释为"上级"之意。而
"上级"是指"同一组织系统中等级较高的组织或人员。"从习惯用法
上看,该词的附加色彩较弱,适用面更广。因此,以"上司"作为秘书
的服务对象是比较合适的。

其次是秘书工作内容界定比较确切。许多在秘书定义中对秘书
工作的说明是采用罗列,但是,罗列显然不是理想的定义方法。罗列
的方法无法精确地揭示秘书概念的内涵和外延。同时,由于秘书工
作是一项综合工作,涉及的工作内容具有多样化的特征,不同层次的
秘书的工作重心具有较大的差异性,因此,罗列的方法不但使得秘书
的定义变得冗长,而且也很难穷尽。而在许多"种差＋邻近的属"的
定义中,对种差的表述是"为领导工作服务"或者是"为上司服务"的。
应该说,为领导或者为上司服务是秘书价值最根本的体现。体现了
秘书最基本的角色内涵。然而,我们认为,秘书定义不但应该体现秘
书的存在价值,同时应该具有识别的特性,如果仅仅表述为为领导或
者为上司服务,那么,警卫员、勤杂员、司机等职业也具有这一特性。
劳动与社会保障部的定义对秘书的定义作了比较明确的说明,即秘
书的工作内容是协助上司处理政务及日常事务,为决策及实施提供
服务。应该说,这样的表述既具有概括性,同时也是明确的。而且,
这样的概括还具有一脉相承的特性。1951 年 7 月,政务院召开全国
秘书长会议,会议通过了《政务院关于各级政府机关秘书长和不设秘
书长的办公厅主任的工作任务和秘书机构的决定》等重要文件,提出
了秘书长的基本职责是"参与政务,掌管事务"。这一说法,对秘书学

工作的理论和实践产生了深远的影响。劳动与社会保障部的秘书定义中"协助上司处理政务及日常事务"的说法应该说是有继承性的,同时根据时代的变化和对象的不同,又比较具有现实性。至于"为决策及实施提供服务"的说法,与理论界所提的,已经为公众所接受的辅助决策的说法有异曲同工之处。

以上所述,笔者以为,国家劳动与社会保障部发布秘书职业的定义,比较明确地界定了其内涵和外延,较好地吸收了秘书学科的研究成果,基本揭示了秘书这一概念的本质特征,应该是其职业范围内普及的职业定义。

当然,对国家劳动与社会保障部发布秘书职业的定义的肯定和推广并不排斥学术界对秘书定义的争鸣。一方面,国家劳动与社会保障部的秘书定义并非完美,有些专家对该定义的异议也有相当的合理性;另一方面,随着社会的发展和进步,秘书学理论的逐步成熟,秘书定义的表述可能会发生某些改变。例如对该定义备加推崇的常崇宜也提出了不同的看法,他认为该定义中"从事办公室程序性工作"是指公务秘书,民间秘书,特别是其中的私人秘书,有时是从事个体服务,而不一定在"办公室"工作。同时,他认为这个定义缺乏关于秘书性质、地位方面特征的概括。而笔者则对该定义中关于"程序性"工作的定位持保留意见。事实上,秘书工作除了文书工作等程序性工作以外,也包括大量的临时交办事项等非程序性工作,因此,将秘书定位为从事办公室"程序性工作"的说法,值得商榷。另外,最近,也有学者提出"秘书是管理活动中的一项补充职能,补充时遵循剩余原则"的说法,相信随着研究的进一步深入,国家劳动与社会保障部会及时吸收成熟的研究成果并且予以推广的。

第二节　秘书的分类

20 世纪 80 年代中期,随着秘书学的产生、秘书概念的初步确认,人们开始关注秘书的分类问题,在最早出版的秘书学著作和发表的秘书学论文中,对秘书的分类问题有一定探讨的前者如张金安、常崇宜主编的《秘书学概论》(云南人民出版社 1984 年版),后者如张家仪的《小议秘书的分类》(载《秘书》1985 年第 6 期)。张金安、常崇宜在《秘书学概论》中对秘书作了两个角度的划分,首先,从组织上看,即从秘书的来源与服务对象看,著者认为现代秘书可分为机关秘书与私人秘书两大类。其次,从秘书担负的工作性质上看,著者认为现代机关秘书又可以分为行政秘书、机要秘书、事务秘书(或生活秘书)、外文秘书等。而张家仪的《小议秘书的分类》可以说是 80 年代关于秘书分类问题的最具有代表性的学术论文。该文从经济支取和服务对象的角度,将秘书分为公务秘书和私人秘书;从工作内容的角度,将秘书分为行政秘书、机要秘书、事务秘书(或生活秘书)、外文秘书(或翻译秘书)、专业技术秘书等;从担任职务的角度,将秘书分为秘书长、办公厅(室)主任、秘书科长、股长、科员、办事员等;从业务水平的角度,介绍了美国、英国的秘书分类。并且认定,在当时的中国,第一种分类初露端倪;第二种分类不够明确;第三种分类比较普遍;第四种分类还未实行。张家仪对秘书四个角度的分类在 20 世纪 80 年代的秘书分类理论中占有比较主导的地位。至 80 年代末,翁世荣主编的《现代秘书学》对秘书四个角度的分类提出了质疑,认为上述分类存在着"分类意义不甚明确"、"分类标准缺乏科学性"、"分类方法缺乏逻辑性"等问题,提出从纵横两个方面划分秘书种类。从横向来划分,即主要依据工作的性质和内容进行划分,有行政秘书、机要秘书、生活秘书和专业秘书。从纵向来划分,即主要依据工作的水平和工作责任的大小进行划分,可以有高级、中级和初级秘书之分,或一级、二级、三级等秘书之别。当然,著者认为纵向分类在当时还只是一种设想。

进入 20 世纪 90 年代,对秘书的分类问题,秘书学界有共同的认识,也有不同的看法。以主流的认识而论,从服务对象和经济来源或者说秘书的职业性质来划分,将秘书分为公务秘书和私人秘书的理论为人们所普遍接受,许多秘书学者如任群在《秘书理论与实践》(重庆出版社 1991 年版)、董继超在《普通秘书学》(中央电大出版社 1997 年版)等书中都认为,应首先把我国秘书分为公务秘书与私人秘书两大部类。尽管也有教材用"机关秘书"代替公务秘书,用"社会秘书"代替私人秘书,也有学者提出用"民间秘书"的提法来区别公务秘书与非公务秘书两大部类,但总体影响不大。另外,按照行政职位对党政机关秘书的分类也比较统一,即根据国家公务员的等级序列将秘书分为高级、中级和初级,秘书长和办公厅主任属于高级秘书,同时兼有领导的身份,办公室主任、秘书处长、科长属中级秘书,科级以下为初级秘书。

　　横向的分类理论中比较有代表性的有:袁维国主编的《秘书学》(高等教育出版社 1990 年版)将秘书分为行政秘书、机要秘书、文字秘书,以及科技秘书、外事秘书、教学秘书等。陈合宜编著的《秘书学》(暨南大学出版社 1994 年版)将秘书分为文字秘书、机要秘书、通讯秘书、信访秘书、事务秘书、外文秘书、生活秘书等七类。侯玉珍主编的《秘书学》(海洋出版社 1997 年版)将秘书分为机要秘书、党务秘书、行政秘书、文字秘书、企业秘书、科技秘书、教学秘书、外事秘书、外企秘书等。王千弓、徐中玉主编的《秘书实用手册》(华东师范大学出版社 1996 年版)认为,上述秘书类型是属于不同标准的秘书分类,按从事的职业划分有:法律秘书、医学秘书、科技秘书、企业秘书、教学秘书等;按秘书部门的职责划分有行政秘书、机要秘书、文字秘书和事务秘书等。

　　另外,90 年代还出现了秘书分类中的"型"分类,即根据秘书的智能结构、个人特长,把秘书分为各种"型"。主张"型"分类的学者认为,这种分类是根据秘书能力特征来对秘书进行分类,强调的是秘书的能力结构。而强调能力结构,也就强调了作为能力的基础的知识水平。持论者认为,"型"分类法有利于秘书群体的整体素质,更符合社会主义市场经济对秘书工作的要求。朱传忠、叶明主编的《秘书理论与实务》(浙江大学出版社 1995 年版),诸孝正等编著《秘书学概论》(广东高教出版社 1998 年版)都有"型"的划分,把秘书划分成参谋型、秀才型、公共关系型、办事型、财经型、法律型、综合型等多种类型。

其他有代表性的秘书分类理论有:①陈贤华的秘书"三个层次"论。具体地说,一是行政事务性的秘书工作,可以用行政秘书或事务秘书之名加以概括,多属于初级秘书;二是文字性的秘书工作,可以文字秘书之名加以概括,多属于中级秘书;三是议政谋政的高级秘书。①②钱世荣的"三个层次"论。钱世荣认为,秘书在纵向上存在着三个层次,即直接辅助层、行政执行层、技术操作层,且认为秘书的纵向分层比分出公务秘书和私人秘书更具价值。

特别值得指出的是,根据《中华人民共和国职业教育法》的规定,我国劳动和社会保障部在全国推广职业资格证书制度工作,1997 年劳动和社会保障部委托国家职业技能鉴定专家委员会秘书专业委员会制定了《国家职业技能标准(秘书)》和《国家职业技能鉴定规范(秘书)》,1998 年,劳动和社会保障部在试点省市进行秘书职业资格的鉴定考核。1999 年,劳动和社会保障部将秘书正式确定为全国实行就业准入的 66 个职业之一,并将秘书职业确定为初级、中级、高级三个等级,实现了 80 年代中期有关秘书学者提出的对秘书业务水平作初级、中级、高级的划分,而且分类具有绝对的权威性。

进入 21 世纪,秘书分类理论中以下两点值得关注:

一是劳动和社会保障部对秘书分类理论的修订。自 2003 年起,劳动和社会保障部启用了新的国家职业标准。新标准将秘书分为四个等级,分别为国家职业资格五级(原初级)、国家职业资格四级(原中级)、国家职业资格三级(原高级)和国家职业资格二级。

---

① 陈贤华:《秘书工作论》,四川大学出版社 2000 年版,第 100 页。

二是对"民间秘书"的论证。自从 1993 年董汉庭、张守敬等学者在江苏盐城市举行的全国第三届秘书学与秘书工作学术研讨会上，提出用"民间秘书"替代私人秘书以来，有不少呼应的声音，特别是进入 21 世纪以后，更是有过专题讨论。董汉庭先生是"民间秘书"概念的大力倡导者，发表过《民间秘书的范围与分类》(《当代秘书》2001 年第 11 期)、《怎样看待民间秘书的社会地位》(《秘书之友》2005 年第 8 期)等论文。也有许多有影响的学者从不同角度发表不同看法的，如李昌远的《关于秘书的内涵与外延的再探讨》(《当代秘书》2002 年第 5 期)，钱世荣的《两类"民间秘书"的样本分析》(《当代秘书》2002 年第 10 期)，邱惠德的《〈民间秘书〉、社会秘书及其他》(《秘书之友》2003 年第 8 期)等文章对"民间秘书"这一概念是否确立及概念的科学性、逻辑性等方面提出了不同的看法。

第三节　公务秘书和私人秘书

一、秘书的分类

秘书的分类可以是一种多角度的分类，董继超在《普通秘书学》(中央电大出版社 1997 年版)中对秘书有比较全面的分类，具体地说，按职业性质，将秘书分为公务秘书和私人秘书；按业务范围，将秘书分为通用秘书与行业秘书；按工作岗位分，将秘书分为综合秘书和专项秘书；按辅助对象将秘书分为集体秘书与个人秘书。另外，从层次的角度，董继超认为秘书从组织级别上区分，可分为中央秘书层、地方秘书层及基层秘书层；从辅助功能上分，可分为决策辅助层、事务处理层、技术操作层；从职位分类上，可分为高级公务员、中级公务员及初级公务员。尽管笔者对其中某些分类及分类标准并不认同，但该教材对秘书分类的全面性是颇具代表性的。

21 世纪初，常崇宜对秘书分类问题做过梳理和总结，他在《秘书的分类问题》》①中总结了"近 20 年来出现的秘书分类法,主要有 7种",分别是按行业与按"口"分类、按机关层次分类、按工种(岗位)分类、按秘书群体内部的人员层级分类、按"型"分类、按职能作用的层次分类、按海外习惯分类。应该说这是对秘书分类问题研究成果比较完整的概括。

二、笔者对于公务秘书与私人秘书问题的看法

在此,笔者无意从全面性的角度讨论秘书的分类问题,只就公务秘书与私人秘书问题提出如下看法:

公务秘书与私人秘书,或者说公务秘书与社会秘书,抑或公务秘书与非公务秘书的二分法的分类是否是秘书最核心的分类理论,值得商榷。

二分法中最早出现的是将秘书分为公务秘书与私人秘书,时间是在 20 世纪 80 年代中期,后来这一分类理论被多种权威教材所引用,影响广泛。最典型的解释是:"公务秘书,就是在国家机关、国有或集体企事业单位,以及官办社团中担任秘书工作的公职人员。""私人秘书,就是在私营企业、外资企业、民办社团、专业户、个体户,以及社会各界名流那里担任秘书工作的雇佣人员。"②秘书二分法的分类理论在秘书学理论中有比较重要的地位,常崇宜在《秘书的分类问题》中指出,"两大部类的秘书分类法,迈出了我国秘书分类学的第一步"。对此,笔者存有疑义:

1. 以公务秘书而言,虽然秘书学界对"公务秘书"的名称争议较少,仅有"机关秘书"一说,但是对公务秘书的理解却各不相同

如任群在《中国秘书学》中对公务秘书的解释是"泛指党政机关、

---

① 常崇宜:《秘书的分类问题》,《攀枝花大学学报》2000 年第 4 期。

② 董继超:《普通秘书学》,中央广播电视大学出版社 1996 年版,第 51 页。

群众团体、军队中的秘书。其特征是属于国家公务员编制"。陈合宜
的《秘书学》中对公务秘书的解释则是"泛指为各级机关、企事业单
位、社会团体服务,由组织和人事部门选调,从国家或者集体领取薪
酬,编制上属于该机关、该单位的国家工作人员。"仅以这些解释分
析,公务秘书这一概念的内涵和外延就存在着很大的差异。公务员
系列的秘书属于公务秘书自然没有疑问,事业单位的秘书呢? 从上
述解释来看,意见就有分歧,任群所提的公务秘书显然不包括事业单
位的秘书。且事业单位中又有全额拨款的事业单位和自收自支的事
业单位,从经济支取的角度来说这两种事业单位是存在差别的,我们
又如何来显示这种差别呢? 事业单位如此,企业单位就更加复杂。
从管理的角度来说,国有企业和民营企业的差别正在逐渐缩小,企业
转制也非常普遍,公务秘书中究竟是否含有企业秘书,本身意见并不
统一。

　　2. 以私人秘书而言,其名称的争议就很大

　　常崇宜在总结秘书的分类时指出:"私人秘书的称谓还值得商
榷,我国不同于资本主义国家,也不同于港澳地区,直到今天纯粹意
义上的私人秘书还是较少的,仅限于商界的一部分中小工商业者可
能有私人秘书……私人秘书这个称谓不大适合国情。"①邱惠德在
《也说秘书群体的分类》一文中也指出:"将我国上世纪 80 年代后出
现的民办企业、私营企业、民办机构中的'集体秘书'划在私人秘书行
列,不仅与私人秘书含义不相符,也与我国现实实际相违。在我国纯
粹的私人秘书数量极其有限,就是一些著名的专家、教授的秘书,也
由组织予以配置。这样将它与庞大的公务秘书群二元并列对举,不
仅与中国现实脱离,而且逻辑也不对称。"②由此可见,秘书学界对私

---

① 　常崇宜:《秘书的分类问题》,《攀枝花大学学报》2000 年第 4 期。
② 　邱惠德:《也说秘书群体的分类》,《当代秘书》2003 年第 9 期。

人秘书这一概念理解的差异性较大。部分意见认为为私营企业、外资企业、民办社团以及社会各界名流服务的属于私人秘书,但也有不少人认为民营企业(一说是民营股份制公司)以及三资企业的秘书是公务秘书,私人秘书是纯粹由个人聘用的秘书或者小型私营企业、个体企业聘用的秘书。

3. 用"民间秘书"替代公务秘书值得商榷

如前文所述,早在 1993 年,董汉庭、张守敬等学者就提出用民间秘书来替代私人秘书,也有学者提出用社会秘书来替代私人秘书。但终因"民间秘书"和"社会秘书"的概念不清得不到普遍的认同。学术界不认同"民间秘书"有以下主要原因:其一是,"从逻辑上讲把秘书群体分为'公务秘书'与'民间秘书',都犯了分类标准不同一和概念混淆的逻辑错误。'公务'是从服务性质讲的,'民间'是从'官'与'民'界限上划分,'非公有制秘书'是从所有性质定位的,这几个不同标准放在一起来划分同类事物,就导致了'名不正'的谬误。"①二是,"民间秘书"倡导者将"民间秘书"所涵盖的秘书群分为民营企业秘书,民办事业秘书,私人秘书和社会秘书,这样的分类标准也不同一。前两者,按所在部门划分;后两者,按所服务的对象来称谓,逻辑含混,且持论者将"社会秘书"纳入"民间秘书"中的一种,让人不可思议。三是,持"民间秘书"观者所搜集的相当部分样本难以支撑其观点。因为其服务"不是以领导活动为'直接服务对象'",其活动不具备"有特定内涵的辅助性管理",其结果"极易使我们忽略乃至放弃对秘书、秘书工作本质属性的把握,并导致秘书学研究的混乱"。②

---

①　李昌远:《关于秘书的内涵与外延的再探讨》,《当代秘书》2002 年第 5 期。
②　钱世荣:《两类"民间秘书"的样本分析》,《当代秘书》2002 年第 10 期。

4."公务秘书"与"非公务秘书"的说法也不足取

因为"私人秘书"和"民间秘书"在概念上都存在着较大的缺陷，有人便提出用"公务秘书"和"非公务秘书"的名称来保留秘书的两部分类法。但是笔者以为如果公务秘书的概念本身存在内涵和外延不清的情况，公务秘书和非公务秘书的分类同样是没有价值的。事实上，秘书学界无法用一个合适的名称来指代非公务秘书只不过是一个表面现象，从本质上分析，在目前的社会状态中，公务和非公务的界限不再是机械和单一的，也不再是固定不变的，人们对公务和非公务的理解正趋于多元化，这也是公务秘书和私人秘书的分类理论陷入尴尬的本质原因之一。

5. 两大部类分类法的价值令人怀疑

有些学者对两大部类分类法的价值有高度的评价，认为"我国秘书分为公务秘书与私人秘书两大部类，这看似简单，却解决了秘书科研、教学、就业上的大问题，如果不首先作出这两大部类的区分，就好像动植物不分一样，秘书学也就无法深入。"对此，笔者持有异议。把我国秘书分为公务秘书与私人秘书两大部类，无法解决秘书科研、教学、就业上的大问题。客观地说，秘书学中的任何一种分类，无论它是合理的还是不合理的，都没有这么大的能量，能解决秘书的科研、教学、就业问题。这种看法的提出也许基于认为公务秘书与私人秘书存在着许多本质的不同，两者有不同的培养目标、不同的素质要求、不同的工作环境，因此，在科研上要作分类研究，在教学上，要有不同的培养模式，就业时也有明确的界限。事实上，从目前的中国现状来分析，公务秘书与私人秘书的素质要求、工作环境、社会评价并没有本质的区别。特别是国有企业、民营企业和外资企业间对秘书的职业要求从本质上说是相同的。从二十多年秘书专业教学的历程来看，也没有一所正规的大学在秘书培养方向的设置上出现过公务秘书方向或者私人秘书方向,从市场需求和教育发展的轨迹分析,今后也很难出现对公务秘书和私人秘书实行分门别类的教学,因此笔者认为这种分类对秘书教学的影响是有限的。而从职业的角度来看,就相关职业来说,我们也不认为公务会计和私人会计是会计职业最基本的分类,这种分类对就业的影响也是不大的。

笔者认为,两大部类分类法是过渡时期的产物。不可否认,把秘书划分为公务秘书与私人秘书两大部类的理论,在我国秘书学发展的历程中有过重要的影响。这种分类的提出最早是在 20 世纪 80 年代中期,其社会背景是改革开放不久,根据当时的认识,个体户、专业户都是新生事物,国营企业与外资企业在管理上差异明显。基于这种差异,有学者提出公务秘书与私人秘书也存在着许多不同,如公务秘书政治素质要求较高,私人秘书技术要求比较全;公务秘书是组织考察的,私人秘书是个人聘用的;公务秘书的工作制度是统一的,私人秘书的工作制度是灵活的,等等。这些差别在当时的公务秘书和个体户、专业户私人聘用的秘书上确实存在。因此,公务秘书与私人秘书的区分在过渡时期是有一定的价值的。正如当时秘书学界普遍认为,改革开放前中国没有私人秘书一样,随着改革开放的进一步深入,随着公务秘书与私人秘书界限的含混,这种分类的价值正在逐渐减小。事实上,从国际环境来考察,也很少有国家把秘书作公务秘书与私人秘书两大部类划分。

第四节　秘书的纵横分类法

分类的目的是为了更准确地认识秘书,明确各类秘书的工作职责和职能,为领导根据需要有针对性地选择、利用及培养秘书提供方便和依据。尽管秘书这一概念涉及广泛,分类也可以从多种角度展开,但是,分类的逻辑性和科学性应该是衡量分类是否合理的重要标准。

　　分类首先应该具备逻辑性。依照逻辑学原理,对概念进行划分是揭示概念外延的一种逻辑方法。衡量是否是一个正确的划分的规则有三条,即划分的各个子项应当互不相容;各子项之和必须穷尽母项;每次划分须按同一标准进行。以这一明确的逻辑标准来评价从20世纪80年代到现在的秘书分类,许多秘书学教材中对秘书的分类是不恰当的。比如,有些教材从秘书工作的性质将秘书分为党务秘书、行政秘书、文字秘书、科技秘书、外事秘书、公关秘书、新闻秘书、机要秘书,等等。[①] 显然,这一分类不是按照同一标准进行的,如果以"秘书"作为划分的母项,那么,作为子项的"党务秘书、行政秘书"与"公关秘书、新闻秘书""文字秘书"是相容的,如"党务秘书"中就有大量的"文字秘书",也就是说他们既是从事党务工作的秘书,同时也是文字秘书。再如上述将秘书分为翻译秘书和专业技术秘书等类别,专业技术秘书与翻译秘书之间是否存在着一种包含关系呢?笔者认为这种分类的逻辑性是欠缺的。

　　分类应该具备科学性。分类科学性的表现是多方面的:首先,分类应该具有概括性,秘书的分类是以秘书这一概念作为母项的,那么,将秘书划分为秘书长、办公厅(室)主任、秘书科长、股长、科员、办事员的分类无疑具有较大的局限性,因为这种分类仅适用于党政机关的秘书,其他领域诸如大量的企业秘书中并无这样的划分,故此把这种分类与其他分类相提并论,显然不具有科学性。其次,分类应该具有合理性。秘书的分类应该比较典型地反映出秘书某一方面的特征,但有些分类比如按行业分类,将秘书分为诸如党政秘书、企业秘书、文教秘书、医学秘书等,那么,在教育局从事业务性较强的工作的秘书,在某学校校长办公室从事事务性较强工作的秘书是属于同一类型还是不同类型的秘书呢? 应该说,这样的分类是缺乏合理性的。第三,分类应该具有可行性。如90年代出现了秘书分类中的"型"分

---

　　①　诸孝正等:《秘书学概论》,广东高教出版社1998年版,第20页。

类,曾经有人大力主张这种分类模式。如韦日平①指出"型"分类法有利于秘书群体的整体素质,更符合社会主义市场经济对秘书工作的要求。确实,"型"分类法强调的是秘书的能力结构。这种分类在提高秘书综合能力的内在利益驱动,引导人们注意秘书人员的能力方面有一定的价值,但是在实际的操作过程中是缺乏可行性的。就以韦日平提出的秘书"型"分类,他设想将秘书人员分为管理型、智囊型、公共关系型、文字型、技能型。然而,事实上由于上述"各型"并无明确的定义界定,也没有广泛的社会认可度,但各"型"之间也有相容的关系,存在着很难将秘书定"型"的问题,因此,秘书按"型"分类,可行性不大。

通过对现行秘书分类原则、标准、方法的扬弃,笔者以为由纵横两个方面划分秘书种类应该是秘书分类理论的核心。

一、秘书的纵向分类,是以秘书的业务水平为标准的分类

根据 20 世纪 80 年代中期的相关资料介绍,英国根据秘书实际承担的工作职责和资格水平,把属于政府文官系统的秘书分为速记打字级、书记级、文牍级、执行级、行政级五个层次,这应该是典型的纵向分类。而就在当时,在不少学者感叹在中国还未实行的同时,也有一些学者大胆地提出了纵向分类的设想。翁世荣主编的《现代秘书学》在 1989 年就提出,秘书的纵向分类:②

"可以有高级、中级和初级秘书之分或一级、二级、三级等秘书之别。但这仅仅是一种设想,目前国内外还没有统一的结论。早些时候我国学术界有人提出的依据实际能力

---

① 韦日平:《略论秘书分类中的"型"分类》,《广西大学学报(哲学社会科学版)》第 1 期。

② 翁世荣:《现代秘书学》,上海人民出版社 1989 年版,第 56 页。

和工作资历,把秘书分为高级秘书、秘书、助理秘书、秘书员四级的构想也仅仅是初步的,是否合理,能否实施,孰难定论,还有待于进一步的探索。但是,对秘书进行纵向划定是迟早要做的事,一是可以鉴定和评价每一个秘书的工作水平和工作能力,以便为各级领导层或个人配备时,提供客观的标准和依据;二是可以激发秘书的奋发向上精神,为秘书自身价值的实现提供有利渠道"。

事实上,历史的发展也正如这些学者所预测的,1997 年,劳动和社会保障部启动了秘书职业资格鉴定制度,根据秘书的学历、资历和经验、知识水平和技能将秘书分为高级秘书、中级秘书和初级秘书。2003 年,劳动和社会保障部又启用了新的国家职业标准。将秘书分为二级至五级四个等级,并把业绩考核引入二级秘书的考核范畴。笔者认为,秘书学理论不能脱离中国社会发展的现状,既然纵向分类很早就在我们的理论设想中,且我们也早就认识了这种分类的客观价值,而这种分类事实上又是存在并且被日益推广的,我们没有理由把它排斥到秘书分类的核心理论之外。因此,笔者认为,劳动和社会保障部启用的把秘书分为二级秘书、三级秘书、四级秘书、五级秘书就是秘书的纵向分类。

当然,目前的职业资格等级考试并未在公务员中推行,在实际的分类时,公务员性质的秘书的纵向分类可以根据公务员的职务和等级序列,根据董继超的提法将秘书分为高级公务员层秘书、中级公务员层秘书及初级公务员层秘书。具体地说党政机关的秘书长和办公厅主任是高级公务员秘书,办公室主任和秘书处长、科长为中级公务员层秘书,办事员、科员为初级公务员层秘书。公务员系列的分类可以视作职业分类的补充,使秘书学的纵向分类更具有概括性。

二、秘书的横向分类,是以秘书工作内容或者从事的行业为标准的分类

秘书的横向分类是秘书分类理论中较早出现的一种分类,且几乎所有的秘书分类理论都涉及。横向分类的必要性是显而易见的,随着秘书工作日益普遍化和社会化,秘书不仅存在于政府机关、企事业单位和社会团体,同时也渗透到社会的各个角落。这样就使得秘书工作的分工越来越细,并且对秘书的专业水平要求也越来越高,将秘书进行横向分类的好处就在于,它不仅注重秘书工作所具有的一般性特点,同时又特别强调秘书的专业分工,突出了秘书工作的专业特色,有助于提高秘书人员的专业水平。事实上,从历史的角度分析,以秘书学的渊源学科——幕学为例,其间对师爷的分类的唯一主导标准就是根据工作内容的不同,将师爷分为折奏师爷、刑名师爷、钱谷师爷、书启师爷、征比师爷和挂号师爷等类型。从国外的秘书类型来看,美国依照秘书所服务的行业或部门和从事的工作内容不同,把秘书分为行政秘书、公司秘书、法律秘书、医学秘书、技术秘书等类型。

秘书的横向分类是秘书分类理论的核心组成部分。但是二十余年来,秘书学界横向分类产生的子项一直没有统一过,笔者以为,其原因主要有两个:一是分类标准的两重性。虽然秘书的工作内容和从事的行业都可以理解为秘书的横向分类,但毕竟是两个标准,同时按这两个标准分类,未免容易子项相容。如侯玉珍在《秘书学》(海洋出版社 1997 年版)将秘书分为机要秘书、党政秘书、文字秘书、企业秘书、科技秘书、教学秘书、外事秘书、外企秘书。这里不论企业秘书与外企秘书两个子项存在着包含与被包含的关系,不宜作为并列的子项,就以文字秘书和企业秘书而论,其分类标准也不是同一的,前者以工作内容分类,后者以行业分类,其子项也是相容的。二是秘书的横向分类在概括性上存在一定缺陷,特别是按行业分类,由于行业分类的细化程度不同,秘书的类别也有所区别。如任群在《中国秘书学》(重庆出版社 1999 年版)提出从秘书所从事的行业分类,"按照我国现行体制,各行业可以'归口'分为几个大的系统,如工业、农业、财贸、科技、文教、政法、外事等。以下还可细分,如政法还可分为公安、司法、检察等,各行业有各行业的特点,都有其不同的专业工作,只有具备专业知识,才能当好秘书,做好秘书工作"。又如王育的《秘书学原理及实务》(机械工业出版社 2002 年版),"针对秘书不同行业岗位中的'第二专业'","将秘书划分为:商务秘书、教学秘书、司法秘书、医务秘书、政务秘书等"。

秘书横向分类的标准之一是根据秘书工作的内容或者说秘书的业务分工的不同。根据秘书的专业技能及工作重心的不同,我们将秘书分为行政秘书、机要秘书、文字秘书、事务秘书等,在有些机构中还有公关秘书、翻译秘书等。这种分类绝大部分秘书学教材都有涉及,子项也大体相同,只是名称上没有完全统一,比如有些分类中用生活秘书来替代事务秘书,用外文秘书来替代翻译秘书等等。这种分类在高层机关比较典型,同时,由于这种分类是按照秘书的工作内容来划分的,因此这一方向的分类有助于提高秘书的专业水平。

秘书横向分类的标准之二是根据秘书工作的行业特征把它分为政务秘书、商务秘书、教学秘书、司法秘书等。其中,政务秘书主要指在党、政、军各级机关从事秘书工作的人员,公务员是他们另一种身份;商务秘书主要指在各种发生商务活动的企业中,协助投资经营者和商务管理者处理商务活动的秘书人员;教学秘书主要指在大专院校从事教学管理的秘书人员,他们的主要工作是协助院系领导组织、规划和实施学校的教学工作;司法秘书主要是指服务于律师事务部门的秘书人员;他们负责接待或陪同律师访问当事人,记录整理当事人口述,起草、打印法律文件,安排法律事务处理程序,保管法律文件或证明材料,执行律师交办的其他事务等。

这两种横向分类的标准各有利弊。以标准之一作为分类标准有助于提高秘书的专业水平,但是由秘书工作的综合性特点所决定,文字秘书、事务秘书、机要秘书等秘书的分类主要出现在高级机关和高级领导人身边,而绝大部分社会组织的秘书的工作职责是综合性的,行政、事务、文字工作往往兼于秘书一身,秘书综合性的特征使得这一分类的实际价值受到较大的影响。也正是从这一角度出发,笔者比较偏向以标准之二作为分类标准。尽管行业的众多性使得秘书按这一标准分类存在不穷尽的可能,但是我们所谓的按行业分类并不是以三百六十行为标准的,而是更具有概括性的标准,选择最具有行业特色和行业知识要求的秘书类型作为横向分类的子项。事实上,政务秘书、商务秘书、教学秘书、司法秘书正是秘书的典型类别。尽管这几类秘书还无法涵盖所有的秘书人群——这也许是这一分类最大的缺陷,但是突出的行业知识和秘书工作的现状,使得上述类型的秘书颇具代表性。从秘书教学来看,许多大学设有商务秘书、司法秘书的专业方向,培养有系统的商务知识和法律知识的秘书人才。这也为秘书这一标准的分类提供了有力的依据。

　　由于分类标准的多样性和秘书内涵的丰富性,使得我们可以从多角度、多层次地探讨秘书的分类问题,但无论如何,具有实际意义的分类,始终是我们所追求的。

第七章

秘书角色论

　　20世纪90年代初,由上海《秘书》杂志领衔发起和组织的秘书角色讨论,无论是持续时间之长,还是影响范围之广,在我国秘书学界均堪称榜首,其实践意义和理论意义也是不容低估的。这场专题讨论,不仅普及了社会学的社会互动理论,特别是社会学的社会角色理论;而且为秘书人员把握秘书的角色定位、规范秘书的角色扮演和防止秘书的角色失调等,提供了新的理论依据;同时也为秘书学的理论建设拓展了新的研究领域,转换了新的研究思路。另一方面,正如这场讨论的倡导者和组织者刘耀国所言,对"秘书角色论"的研究实际上刚刚起步,它难免会留下诸多不足之处,如有的论者对社会学的角色理论缺乏必要的准备和理解,有的论者未能从角色理论和秘书实践的结合上去探讨秘书角色,有的论者没有从秘书与领导者的互动过程及秘书工作的本质属性上揭示秘书角色特征,等等。这表明,秘书角色及其角色特征的讨论,大有继续下去的必要。①

　　秘书角色问题是秘书学界较早关注的理论问题,关注的原因主要缘自秘书角色的复杂性和对秘书角色理解的多样性。时至今日,秘书角色问题的研究依旧任重而道远。

---

　　①　董继超:《秘书学问题数说》,《秘书》1998年第5期。

第一节　角色和秘书角色

一、角色和秘书角色

角色原是戏剧、电影中的名词,也称"脚色",指剧本中的人物。19 世纪 20 年代芝加哥学派开始系统地借用这个概念作为研究社会结构的起点。所谓社会角色,是人们在社会生活中形成的、与人们在社会关系体系中所处的地位相一致、社会所期望的一套行为模式。具体地说,其一,社会角色是人的社会地位的表征。人们生活在一定的社会中,总会有自己的位置或地位,这种地位是出于人们之间的相互关系而形成的,它必须靠这种关系才能表现出来,而具体表现这种地位的则是角色。其二,社会角色是一套行为模式,角色不同其行为方式、行为模式也不同。这种行为方式、行为模式是与人们在社会结构中的地位相联系的。其三,角色是一套有关权利、义务的规范,只有在一定的社会关系中人的行为才是社会性的。特定的人们之间表现权利、义务的行为的定型化同时也是行为规范的形成过程,这些规范的集中化就是角色,角色是集中反映权利和义务的方式。角色是人们对处于特定位置上的人的行为的期望。行为模式是人们共同活动经验的积累和结晶,当某种行为模式被认为是有益和有效的时候,它就会被人们固定下来,成为指导人与人之间关系的规则,这些规范产生于现实生活,又是有益和有效的,所以它也具有了社会所期望的特征。[1]

秘书角色作为一种具体的社会角色,必须符合社会角色的一般理论,接受角色理论的指导。秘书角色是由秘书在社会中的活动内

---

[1] 　有关角色理论参考王思斌:《社会学教程》,北京大学出版社 2003 年版,第 98—109 页。

容方式所决定的。秘书的社会地位通过秘书角色得到体现,秘书和领导是相关角色,相关角色集中反映了相关的权利和义务。秘书的职业角色期待就是他人对秘书职业身份——围绕领导工作活动的辅助人员——的希望。多年以来,人们对秘书的角色问题作了不懈的探讨,从探讨中我们发现人们对秘书角色概念的理解并不是确定的,而是多角度多层次的。王战国在《感悟秘书角色——试谈秘书角色的多样性》一文中提出,"秘书角色是一个多层次、多侧面的组合概念",具体地说,秘书角色的概念可以有秘书角色的职业概念、秘书角色职务概念、秘书角色的专业概念、秘书角色的职能概念、单一角色概念、复合角色概念、理想角色概念、现实角色概念等。[①] 尽管上述秘书角色概念类型的分类标准不是统一的,但是,秘书角色研究中对秘书角色理解的多重性和多侧面是不容置疑的,这也是秘书角色问题争议性较大的原因之一。

二、秘书角色的"主角论"和"配角论"

1."配角论"

秘书角色中的"配角论",是一种比较深入人心的秘书角色理论,持论者认为,秘书角色具有伴生性,也就是说,秘书的存在是以领导的存在为前提的,这种伴生性特征,使得秘书与领导之间的关系非常紧密。同时,由于在两者的关系中领导占据主导地位,秘书工作是为领导工作服务的,直接为领导提供服务是秘书工作的实质,这是构成秘书角色的前提,秘书的从属地位决定了秘书在社会活动中扮演的是"配角"。"甘当配角,也只能当配角,这是秘书工作的职能所决定的。"[②]秘书人员无论何时何地都要有清醒的配角意识,使自己的言

---

① 王战国:《感悟秘书角色——试谈秘书角色的多样性》,《秘书》1999 年第 3 期。
② 张儒昌:《应全面认识秘书的"社会角色"》,《秘书》1993 年第 1 期。

行符合自己的身份。《秘书》杂志在 1990 年展开秘书角色大讨论的同时,编辑部于 1990 年 4 月 24 日举行了"秘书应是怎样的角色"专题讨论会,复旦大学王增藩副研究员就明确提出:"很清楚,秘书是配角,为领导服务,参谋、助手作用是否定不了的。……从我个人做了十几年秘书来说,我的经验是要做最佳配角。秘书首先要当好配角,在发挥作用的时候要有主角意识。……要把配角和主角意识的关系搞清楚。不能说你既当配角又当主角。"①

2. 主角配角相对论

即认为主角和配角是相对的,秘书既是配角同时又是主角,也就是认为秘书角色具有双重性。持论者认为秘书是辅助领导工作的,秘书活动的目的要服从领导活动的既定目的,秘书必须按领导活动的要求、意图,确立和调节自己的行为,因此秘书在社会活动中主要扮演配角。但是,秘书又是秘书活动的主体,在辅助领导工作活动过程中,可以对领导产生一定的影响,在特定的时间、场合和条件下又扮演的是主角。所以秘书角色具有双重性:既有配角的一面又有主角的一面。对此,有些实践工作者也予以认同,时任上海市委办公厅综合处副处长的谢为明就提出"秘书既是主角又是配角。秘书有好多种,例如生活秘书,他是为领导生活上的一些事务服务的,对它所从事的工作来说,它当然是主角,拿我们综合处来讲,我们主要搞信息工作,很多时候'唱主角',也有很多时候'唱配角'"。②

3."主角论"

持论者认为在秘书活动中,秘书始终是活动的主体,对秘书活动的探索,必须立足于秘书活动本身,必须把他当作一个独立的对象去分析,而不能把他当成领导的附庸物,主动性应该是秘书活动的基本

---

①② 《"秘书应是怎样的角色"座谈会摘要》,《秘书》1990 年第 6 期。

特点。

　　对于"配角论"、"主角论"或者是主角配角相对论,笔者的意见是:其一,三种观点并没有实质性的差异,之所以得出不同的结论是因为分析秘书角色时不同的视点、不同的角度造成的。不同的戏有不同的主角和配角,主角和配角本身就是相对存在的,在整个社会管理体系的舞台上,秘书是以综合辅助领导工作的角色出现的,秘书工作从属于领导工作,与主角——领导相对,秘书毫无疑问是配角。但是在秘书活动这个舞台上,秘书却是毋庸置疑的主角,秘书应该积极发挥主观能动性,扮演好自己的角色。诚然,在同一戏剧中,不可能出现既是主角又是配角的现象,但在不同的舞台上,既当配角又当主角的现象应该不足为怪。其二,"配角的地位和主角意识"的提法欠妥。"配角的地位和主角意识"的是秘书学界比较有代表性的对秘书角色地位的界定,持论者认为这样的定位较好地解决了秘书活动中被动性与主动性的问题,既揭示了秘书配角的实质,又照顾到了秘书人员主动性的发挥。但是,事实上这里存有误区,误区的关键点在于对"主角意识"的理解,所谓角色意识,是指一个人在社会群体中对自己所处的地位以及由地位所定社会职责的感知与认识,自己对周围种种角色关系的理解与协调。[①] 也就是说,有主角的地位才会有主角的意识。否认主角的地位,要求有主角的意识,应该是不符合逻辑的,也是不科学的。

---

① 　赵中利、史玉乔:《现代秘书心理学》,青岛出版社 1988 年版,第 33 页。

第二节 社会公众对秘书角色的
认知偏差及影响

一、社会公众对秘书角色的认知偏差

秘书角色的认知是对秘书角色的判断和评价。社会认知即社会公众对秘书角色的评价。社会公众对秘书角色的认知会在秘书的周围造就一种舆论环境机制,这种机制若处于欠健康状态,会直接影响秘书个体的自我认知,并进而影响秘书的角色行为。社会公众对秘书角色的认知偏差具体表现在:

1. "花瓶"

"花瓶"是部分社会公众对年轻漂亮的女秘书甚至男秘书的认识,在一些公众的心目中,秘书职业是一种"青春饭"或"花瓶"职业,秘书是领导身边的装点物,秘书就是专门陪同领导应酬的交际人员,因此形象亮丽、衣着光鲜、风度翩翩是对秘书主要的甚至是唯一的要求。更有甚者,由于个别秘书在金钱和权利方面不能自持,不惜牺牲自己的荣誉和青春,自甘成为上司、领导的"小蜜"、"情妇"。有个别上司则心术不正,他们视秘书为"玩物",以拥有年轻貌美的女秘书或者英俊潇洒的男秘书为炫耀。凡此种种,更加加深了社会公众对秘书角色的认知偏差。将秘书与"花瓶"、"小蜜"、"情妇"、"二奶"等不光彩的角色相提并论,严重地扭曲了秘书的职业形象。

2. "二首长"

秘书是领导最近身的工作伴侣。由于秘书所处地位的特殊性,社会公众往往感受到领导者对秘书的亲近、信任甚至依赖。并且由此产生的晕轮效应泛化扩张,秘书受到领导者权力的辐射,致使部分

社会将领导者的权利附加在秘书身上，把秘书看成是领导的代言人，认为秘书岗位不仅有利可图，而且是升官晋职的捷径。

3."问题秘书"

由于有些社会公众将秘书视作"二首长"，有些心术不正之徒便将秘书作为重点突破的对象，加之部分秘书对自己要求不严，缺乏应有的职业道德和作风修养，为领导的贪污受贿牵线搭桥，充当起腐败的"经纪人"角色，特别是北京四大问题秘书及所谓"河北第一秘"李真的出现，"问题秘书"似乎成了一个普遍的社会问题，社会上许多人视秘书为祸水，把领导者犯罪归结为秘书引诱，一些地方的领导人为了避嫌，甚至取消了专职秘书。事实上，领导的犯罪与秘书并没有必然联系，"问题秘书"只是秘书职业群体中的极少数，绝不可能代表秘书整体形象。

除上述以外，有些公众还将秘书看作领导的"家奴"，在他们的心目中，秘书是无原则地服从领导，唯领导马首是瞻，在领导面前卑躬屈膝，把秘书当作领导的附庸甚至家奴。

社会公众对秘书认知偏差产生的原因是多方面的，除了部分秘书缺乏应有的职业道德和职业素质之外，传统观念的影响和大众媒体的渲染也起了非常重要的作用。如在影视文学作品中，女秘书往往被描述成婚外畸情的主体，她们或插足上司的家庭、与上司的妻子争风吃醋；或以色取财、傍大款、依权贵，充当生意场中的交际花。而男秘书则大多是领导的应声虫，他们往往没有独立的人格，缺乏崇高的人文精神，总之，在大众传媒中，秘书很少有正面形象。

二、社会公众对秘书认知偏差的影响

社会公众对秘书认知偏差会对秘书的角色行为产生负面影响。心理学认为："职业角色是现代人获得物质利益和精神满足的肯定性

形式,而职业角色的丢失,则会导致人们物质和精神的双重失落。"①
具体而言有以下几点:

1. 社会公众对秘书认知偏差会影响秘书的社会地位

在许多公众的心目中,秘书往往缺乏崇高的人文精神。鄙视秘书者,认为秘书没有独立的人格,是附庸,或者是"花瓶"。羡慕秘书者,认为秘书与领导关系亲近,有利可图。因此在社会的主流观念中,秘书的社会地位并不令人乐观。把秘书当作"家奴"、"花瓶"者,贬低了秘书的社会价值和社会地位,使人们在择业时把秘书视为不得已而为之的职业,而身在秘书其位的人员也难以树立秘书职业的光荣感和使命感,更难以充分发挥工作的积极性和潜能。而把秘书看作是"二首长"、"准领导"者,就会使择业者对秘书职业抱有畸形的过高期望,一旦走上秘书岗位,往往会妄自尊大,甚而至于滥用职权,欺上瞒下,触犯法律,成为真正的"问题秘书",更严重地影响秘书的社会形象和社会地位。

2. 社会公众对秘书认知偏差会影响秘书队伍的建设

如前所述,社会公众对秘书认知偏差会影响秘书的社会地位,而应有的社会地位的缺失,不但会影响公众对秘书职业的选择,同时会对现有的秘书从业人员的职业荣誉感产生负面影响,进而怀疑秘书的劳动价值和社会价值,动摇秘书的从业信心,直接影响秘书队伍的建设。

3. 社会公众对秘书认知偏差会影响秘书工作的规范性

秘书作为"从事办公室程序性工作、协助上司处理政务及日常事务,为决策及实施提供服务的人员",有其相应的工作准则、工作要求

---

① 季水河:《秘书心理学》,中南工业大学出版社1999年版,第21页。

和工作规范。而社会公众对秘书认知偏差会不自觉地影响秘书工作的规范性。如"花瓶"论会使有些领导对秘书的任用和要求上过分地注重外表;"家奴"论会使秘书工作的指导思想发生异化,背离"三服务"的基本原则。"二首长"论会使秘书在工作中以决策者自居,超出自己的职权范围,导致秘书工作的不规范。

第三节　秘书角色的多样性及原因

由于秘书角色的复杂性,视角的多样性及地位的特殊性,人们对秘书角色的认识始终呈现出多样化。除了上述社会公众对秘书角色的认知偏差外,学术界对秘书角色也有多种定位,如,助手说、参谋说、配角说、补偿说、仆从说、角色组说等,多种说法给秘书的角色定位问题带来了许多困扰。

造成秘书角色多样性或多重性的原因,我们可以从以下方面归结:

其一,秘书工作的综合性。秘书工作具有典型的综合性,秘书机构有"不管部"之称,秘书人员也有"全能运动员"的说法,特别作为基层行政单位和工商企业单位的领导的秘书,承担着全面辅助领导的工作职责,秘书既是及时为领导提供各种所需的信息、替领导出谋划策的参谋,又是为领导处理各种事务、做好服务工作的助手。秘书既是为领导起草讲话稿、撰写各类公文的秀才,又是领导与各类公众关系的润滑剂,兼任着公关小姐或者公关先生的角色。无论是参谋还是助手,无论是秀才还是公关,这些都是秘书工作内容在某一方面的具体反映,因此,秘书角色的多样性或多重性与秘书工作综合性密切相关。

其二,秘书地位特殊性。秘书是直接为领导提供服务的,但是秘书与领导之间紧密关系,使得秘书被笼罩在领导权力的光环中,秘书的身份也就变得特殊起来,秘书除了是公司或者机关的员工角色以外,有时还扮演着"领导代言人"的角色,这种角色的出现有的来自领导的授权,有的来自社会公众的误解,有的属于秘书人员的越位。总之,秘书地位的特殊性,使得秘书角色比其他职业角色多了一丝神秘色彩。

其三,研究和认识秘书的视角的不同。秘书工作有着丰富的内涵,秘书人员有着不同的类型,仅从秘书的横向分类——以秘书的专业技能及工作重心为依据,我们就可以将秘书分为行政秘书、机要秘书、文字秘书、事务秘书以及公关秘书、翻译秘书等。根据秘书工作的行业特征我们还可以把它分为政务秘书、商务秘书、教学秘书、司法秘书等。总体而论,每一类具体的秘书都应该纳入秘书角色的范畴之中,而每类秘书之间的差异也是不言而喻的。不同类型的秘书增加了秘书角色的复杂性,也为秘书理论研究者的研究视角和公众认识视角的多样性提供了基础,所谓"横看成岭侧成峰,远近高低各不同"的道理也印证在秘书学的角色理论中。

其四,秘书角色概念含义的多样性。也就是说,秘书角色概念本身包含着多个层次。对此王战国在《感悟秘书角色——试谈秘书角色的多样性》一文中有比较充分的论述,王战国认为,秘书角色概念含义呈多样性状态,包括秘书角色的职业概念、职务概念和职能概念。秘书角色的职业概念,即秘书角色是一种社会分工,也是一种职业,作为秘书,首先是国家公务员或者企业职员等。秘书角色的职务概念,则体现干部被赋予的工作职责与法定称谓,秘书的职级也是角色个性的一个方面。秘书角色的职能概念,是对秘书一般功能性作用的概括,是秘书角色中最核心的问题。除了秘书角色的职业概念、职务概念、职能概念,王战国认为秘书角色概念含义的多样性还表现在秘书的单一角色概念(秘书角色是一个高度概括的集合概念,涵盖了各行各业、各种单位、各类部门的秘书人员)和复合角色概念(对于不少秘书来说,其职责并不是单一的);秘书的理念角色概念(即对角色的理想化或理论化)和现实角色概念(秘书在工作岗位上的客观实

际状况）。① 尽管笔者对上述论述有不赞同之处，如关于秘书角色的
职务概念，该文只涉及了党政机关的部级、局级、处级、科级和军队系
统的军职、师职、团职、营职、连职，对其他数量上占优势的企业秘书
和私人秘书避而不论。尽管如此，秘书角色概念含义的多样性问题
确实存在，并且在某种程度上加深了对秘书角色的多样性认识。

第四节　秘书角色的定位及其把握

一、秘书角色的定位

秘书角色可以从多角度多层面展开研讨。但是，对"秘书应该是
怎样的角色"，应该有一个核心的解释，而这个核心应该从秘书职业
在社会结构中的特定地位中去探究。秘书职业存在的根本价值是辅
助领导实施管理，秘书与领导的关系是秘书首要的、最基本的社会关
系。秘书在组织中所承担的角色，集中体现在辅助领导的活动中以
及秘书与领导的关系中。笔者以为，秘书角色最基本的定位应该"领
导的助手"。这种角色定位的观点无论在江泽民同志把秘书部门比
喻为领导的"左右手"②还是美国评价秘书的标准中③都可以得到
印证。

首先，助手是秘书职业产生的根本原因。所谓助手，是协助别人
进行工作的人。而秘书职业的产生正是出于满足领导管理的需要。

---

① 王战国：《感悟秘书角色——试谈秘书角色的多样性》，《秘书》1999 年第 3 期。

② 1990 年 1 月在全国党委秘书长座谈会上的讲话中，江泽民同志形象地把秘书部
门比喻为领导的"左右手"并指出"要实施领导，没有办公厅的服务是不行的"。

③ 韦经麟在《浅谈秘书的角色定位》（《和田师范专科学校学报》2005 年第 6 期）中指
出："在美国，评价秘书工作的好坏往往看'一个秘书减轻领导压力的有效程度，标志着他
充当经理助手取得成效的努力程度'。"也就是说，评价秘书的优劣，就是看他担任助手的
效果。

秘书是作为领导的助手而产生的。杨剑宇在《中国秘书史》中分析秘书产生的社会历史条件时提出,"秘书工作是领导部门的辅助性工作,因此,只有出现了领导部门,才会随之产生秘书和秘书工作。这是秘书工作发源必不可少的社会历史条件之一……社会组织的领导部门需要有人辅助,为它们处理日常事务,上传下达,参谋咨询。这导致秘书人员的诞生。"①从国际上看,国际职业秘书协会对秘书的定位就是"经理助手"。② 可见"领导的助手"是秘书这一特定的社会角色中最核心的元素。

其次,助手是配角的具体内涵。20世纪90年代初,《秘书》杂志曾经展开过秘书角色大讨论。"主角论"和"配角论"之争是当时讨论的焦点内容之一。盘点"主角论"和"配角论"的主要论点,笔者以为,"主角论"和"配角论"或者说既是主角又是配角的说法,并没有实质性的差异,只是论述的角度不同而已。从秘书活动的角度出发,秘书自然是主体,也是主角。但是从秘书与领导的关系来看,秘书毫无疑问又是配角,在社会组织结构的位置中,秘书作为辅助人员也应该是配角。而"领导的助手"正是决定秘书配角论的根本原因。秘书作为领导的助手,自然扮演的就是配角的角色,因此,"领导的助手"与"配角论"是一致的。加之,"配角论"应该是一种泛说,体现不出秘书的特质,因此用"领导的助手"来概括秘书的角色内涵,应该更明确一些。

最后,"助手"与"参谋"之间并不存在对立关系。从某种程度上说,助手可以包含参谋的因素。与国际职业秘书协会对秘书的定义中认定的"经理助手"不同,国内对秘书的定义往往认为秘书是领导

---

① 杨剑宇:《中国秘书史》,武汉大学出版社2000年版,第1页。

② 国际职业秘书组织的秘书定义是"具有熟练的办公室工作能力,不需上级敦促即能主动负责、积极进取、干练果断、能在授权范围内作出正确决定的经理助手"。(转引自朱传忠、叶明《秘书理论与实务》,浙江大学出版社2005年版,第4页)

的参谋和助手。如认为秘书"指处于枢纽地位,主要以办文、办会、办事来辅助决策并服务于领导的人员,是领导的参谋和助手"。[①] 把"助手"与"参谋"视作具有并列关系的两个概念,由此在秘书角色的认定上,也就有了"助手说"与"参谋说",认为秘书角色具有二重性。对此,笔者以为,将"助手"与"参谋"视作并列关系,是因为持论者对"助手"的概念作了重新的认定,即将"助手"限定在承担事务工作的层面上,排斥了其参谋咨询方面辅助职能,缩小了一般意义上的"助手"概念。而事实上,助手作为协助别人进行工作的人,其范畴不仅仅限于具体的事务性工作,也可以且应该包括为领导收集、提供信息,提出参考性意见建议这些典型的所谓"参谋"的工作职责。由此,笔者以为,在秘书的角色问题中,并不存在"助手"与"参谋"两种不同的角色,也不用过多地研讨"助手"与"参谋"的关系问题。认定"领导的助手"为秘书的基本角色比"助手"与"参谋"双重角色论更具有概括性。

综上所述,笔者以为,秘书角色最基本的定位应该是"领导的助手"。这一定位既有丰富的内涵,又有高度的概括性,且与秘书工作的本质属性——辅助性相辅相成,应该是秘书角色最恰当的定位。

二、秘书角色的把握

恰当把握秘书角色,是做好秘书工作的基本前提,也是秘书工作实践必须解决的基本问题。对此,我们认为:

1. 应该具备明确的秘书角色意识

所谓角色意识,是指社会成员在社会交往中,对社会规定的自己所扮演的角色行为模式的认识。[②] 而秘书的角色意识是秘书对"领

---

① 朱传忠、叶明:《秘书理论与实务》,浙江大学出版社 2005 年版,第 1 页。

② 丁水木、张绪山:《社会角色论》,上海社会科学院出版社 1992 年版,第 123 页。

导的助手"这一角色行为的社会地位以及由社会地位所规定的职责的知觉理解与体会,"是秘书工作的灵魂。"①秘书的基本角色是领导的助手,为领导服务是秘书的基本职能。领导活动规定了秘书活动的基本范围和利益指向,秘书与领导的关系成为秘书首要的、最基本的社会关系。秘书在组织中所承担的角色,集中体现在辅助领导的活动中以及秘书与领导的关系中,如果秘书淡化了"领导的助手"这种角色意识,就不可能成为一个优秀的秘书。可以说,秘书人员能否形成鲜明的角色意识关系到他能否做好秘书的本职工作,能否积极发挥其主观能动性。只有具备了明确的角色意识,角色的扮演者才能认真地进行角色学习,并能够自觉地用学到的内容指导自己的行动,才能把角色义务、权利、规范、态度、情感等内化为支配个体行为的角色观念。

2. 协调好秘书的角色冲突或者说角色矛盾

秘书的角色冲突主要表现为角色外冲突和角色内冲突。所谓角色外冲突主要指的是发生在两个或两个以上的角色扮演者之间的角色冲突。这里,两个角色扮演者,指的就是处于社会互动两端位置上的两类社会成员。就秘书的角色外冲突而言,主要是秘书与领导的角色冲突。角色内冲突指的是发生在角色扮演者所扮演的同一个角色内部的矛盾。这种冲突是由角色本身所包含的内在矛盾所造成的。如对秘书角色有着来自不同方向的角色期望,领导对秘书的角色要求、社会对秘书的角色要求、各职能部门对秘书的角色要求都存在着差异性,甚至领导甲和领导乙对秘书的角色要求也是不同的,不同的角色要求和角色期望会造成角色主体行为的无所适从。另外,理想角色、领悟角色与实际角色存在着差距。理想角色是社会对角色的理想期望,领悟角色是个体对角色的认识与理解。领悟角色与

---

① 赵中利、史玉乔:《现代秘书心理学》,青岛出版社 1998 年版,第 33 页。

理想角色不一致,同样会引起了角色内部的冲突。对秘书角色的多样化认识,也使得角色内部的冲突更容易发生。

关于秘书角色冲突,刘波在《现代秘书人才的角色冲突与心理透支成因浅析》一文中列举了秘书人才的种种角色冲突,具体有:现代快节奏工作模式与传统秀才理念相悖;理性情感制动与开放时代理念相冲突;职业道德评价与社会价值实现反差太大;高科技虚拟幻想与工作现实相斥;低收入与现代消费需求错位;服务角色规范与人格自我追求错失;事业追求上的急功近利与浮躁脆弱的心态交织;人际关系的角色互动模式与角色适应存在距离;水涨船高的主体素质要求与自身条件适应的冲突;年资工酬与人事更替的失落。① 尽管这十种冲突有些并不是秘书角色所特有,如低收入与现代消费需求错位等,但有些冲突如服务角色规范与人格自我追求错失,在秘书的角色冲突中就属于比较典型的角色内冲突。

3. 根据角色规范合理调适角色,避免角色失当

角色失当,就是主体对秘书角色的把握出现的偏差,由于"领导的助手"内涵丰富,且具有较强的综合性,秘书角色的失当现象比较典型,具体表现为:

其一,角色越位现象。秘书工作是为领导工作服务的,直接为领导服务是秘书工作的实质,也是构成秘书角色的前提。但是由于秘书所处位置的特殊性:"不是领导者,却贴近领导者,辅助领导者工作;不在领导之位,却参谋其政,为领导决策服务;没有领导者权力,却附着领导者的权力,按领导者的意图办事。"② 员工或者其他公众

---

① 刘波:《现代秘书人才的角色冲突与心理透支成因浅析》,《秘书之友》2002 年第 8 期。

② 傅西路语,转引自李玉福、杜军:《走出秘书角色认识的误区——从"秘书问题"说开去》,《唐山高等专科学校学报》1999 年第 1 期。

对秘书身上附着的领导者权力所表现出的服从很容易使秘书迷失自我，对角色的领悟出现偏差。于是，在工作中发号施令，指手画脚，以领导自居，不该表态的时候随意表态，干预或者替代领导决策，造成秘书角色的越位。因此，秘书人员应该明确领导角色与秘书角色的本质差异，防止自己不自觉地进入领导角色领域，防止角色错位。

其二，角色失责。角色失责是角色的主体没有尽到角色的职责。秘书的基本角色是领导的助手。是直接、全面辅助领导管理的人员，这种辅助不是纯粹事务性的，也不是纯粹被动的。秘书在工作中要勇于承担自己的客观责任，主动为领导提供各种辅助和服务，事务工作的不到位是一种角色失责，对领导管理工作中的缺陷视而不见同样也是角色的失责。

秘书要正确认识其职业角色内涵，清醒地意识到自己配角的地位。社会对秘书的角色规范决定了秘书必须认真领会领导意图，围绕领导工作目标和要求来调节自己的行为，秘书在工作中要做到不揽权，不越权；同时，秘书也要正确认识秘书角色的主角潜在性特征，秘书的职业活动不是消极被动的，遵从不等于盲从，秘书工作者应该有独立的人格。对于领导的缺点和错误要敢于谏诤，在工作中要承担自己的客观责任，主动为领导提供各种辅助和服务，做到不失职。

新的历史时期，秘书工作被赋予了许多新的内涵，也相应地需要承担更多新的责任。因此，秘书人员必须明确把握"领导的助手"这一角色的特定内涵，合理定位，并根据角色规范不断调适角色，努力扮演好秘书这一特定的社会角色。

■第八章

秘书价值论

在秘书学的基础研究中,秘书价值及秘书价值转化问题,是一个尚待开掘和抽象的重要理论问题。秘书学界的某些研究者,虽然对于秘书价值观念、秘书劳动价值及其表现形态,以及秘书劳动价值转移等问题,曾产生过研究兴趣,也发表过一些颇有见地的文章,但是对于什么是价值、什么是秘书价值、什么是秘书价值转化以及秘书价值转化的条件、类型和过程等问题,均未作理论上的突破。即使有些研究成果,亦未超出劳动价值的范畴。[①]

秘书价值问题是秘书学发展到一定阶段之后被提出的重要的秘书学理论问题,与其他问题相比,该问题被关注的时间还比较短,董继超的《秘书价值浅识》[②]可谓是这一领域的开路先锋,文章很具分量。此后,秘书学理论界开始研究秘书价值问题,并取得了一定的成绩。比较有代表性的文章有张瑞良的《秘书价值问题初探》[③]、《秘书主体的价值关系》[④],秦莲红的《秘书价值之探索》[⑤],宋斌的《秘书实

---

① 董继超:《秘书学问题数说》,《秘书》1998 年第 5 期。
② 董继超:《秘书价值浅识》,《秘书》1998 年第 1 期。
③ 张瑞良:《秘书价值问题初探》,《秘书》1998 年第 12 期。
④ 张瑞良:《秘书主体的价值关系》,《当代秘书》2001 年第 8 期。
⑤ 秦莲红:《秘书价值之探索》,《当代秘书》2001 年第 6 期。

现价值的理性认识》①等。研究和探讨秘书价值理论,对于深化秘书学科,认识秘书活动的本质,促进秘书人才的成长,无疑具有重要的科学意义。

第一节　价值和秘书价值

Value(价值)一词来自拉丁语 valere,14 世纪演化为英语。19世纪以前,该术语几乎只与经济学和政治经济学有关,意指物的价格,或凝结在商品中的一般的人类劳动。19 世纪中叶以后,德国哲学家开始把"价值"概念引入哲学领域,在新康德主义者、叔本华、尼采的哲学中,"价值"的意义扩张,同时,以价值为研究对象的学说即价值论或价值学始得以系统发展,也有人称其为价值科学。广义地讲,价值泛指人们认为是好的东西,某种因为其自身的缘故而值得估价的东西,这种东西具有人所欲求的、有用的、有兴趣的质。价值也是主体主观欣赏的或主体投射到客体上的东西。总之,价值涉及所有人做出的有关个人和社会的各种类型的规范判断。②

在我国价值哲学研究中,较为普遍的定义是:价值是客体对主体需要的效用。认为价值是客体的属性和主体的需要之间的相依关系,"客体没有某种现实的或潜在的有用属性,或者主体没有某种现实的或潜在的身心需要,价值都不会应运而生"。③当然,这里的客体不光是指物质性的实体,也包括精神性的理念在内,如真、善、美之类的理念。

哲学的本性是最高抽象,因此,笔者以为,"价值是客体对主体需要的效用"这一价值的哲学定义对所有具体的价值现象或问题都适用,其间自然也包括秘书价值。秘书学的研究者们如董继超和秦莲

---

① 宋斌:《秘书实现价值的理性认识》,《秘书》2004 年第 8 期。
②③ 李醒民:《价值的定义及其特性》,《哲学动态》2006 年第 1 期。

红等都试图在价值的哲学定义的基础上对秘书价值作过界定,秦莲红认为:"所谓秘书价值,就是指秘书人员一定的实践活动能够满足领导者及其组织一定工作的需要,并符合社会发展利益的一致性。"该定义包含的基本内容有:首先,秘书价值是指一种主客体之间的需要和满足的关系;其次,秘书价值的基础是实践性;再次,秘书价值的内容和形式具有多样性;第四,秘书价值具有社会性和质的规定性。[①] 董继超提出:"秘书学的秘书价值,就是秘书在其辅助活动中对领导者及所在的组织所产生的作用和影响的总和。"并明确提出,秘书价值的本质是辅助价值;秘书价值的主体是秘书人员;秘书价值的对象是领导者及所在组织;秘书价值的基础是秘书实践。笔者以为这两种秘书价值界定的哲学基础是共同的,但是在具体运用到秘书活动领域时,角度有所不同,秦莲红理解的秘书价值,如张瑞良所分析的:"秦文是以秘书为客体、秘书任职单位的领导者为主体展开论述的。具体说:秘书付出了劳动(包括智力和体力的劳动),满足了单位领导者的需要,就产生了价值。"[②]且在对秘书价值进行说明时比较直接地借鉴了哲学的价值概念。董继超在对价值的定义中,明确地把价值的主体定位为秘书人员,对象为领导者及所在组织。其定义说明与秘书学结合得更为紧密,相对来说,更具有学科价值。

第二节　秘书与领导的主客体关系[③]

对于秘书的价值评价,秘书学界已有初步涉及,有些是从哲学角度,有些是从经济学角度。我们认为要从根本上认识秘书的价值问

---

① 秦莲红:《秘书价值之探索》,《当代秘书》2001 年第 6 期。
② 张瑞良:《秘书主体的价值关系》,《当代秘书》2001 年第 8 期。
③ 该节改写自笔者的论文《论秘书与领导的主客体关系》,载于《绍兴文理学院学报》2001 年第 1 期。

题,还是应该把它放在哲学范畴加以考察,而考察的前提就是要明确价值与主客体之间的关系,因为价值是在主客体之间的关系的基础上产生的。

一、秘书与领导主客体关系的构成

从哲学上说,主体一般指具有认识世界和改造世界能力的人,而客体指的是进入认识和改造范围的现实世界,是主体认识活动和其他活动所指向的东西。在不同的环境中,主体和客体具有复杂的结构和多种存在形式,主体可以是个人、群体和社会,客体也可以是自然、人类社会和人类精神现象。主体和客体是相对应的范畴,两者互相联系,同时产生,相互作用,相互转化,在不同的认识和实践活动中,主客体关系各不相同。

1. 秘书活动中主客体的构成

秘书活动是秘书人员为领导者进行有效决策与管理所采取的辅助行为。它是管理活动的一个重要组成部分,是秘书学研究的学科对象。对于秘书活动中的主客体构成,我们认为其主体应该是秘书人员,客体成分从服务对象上看应当是领导及其他人民群众,其中领导为最直接、最重要的服务对象。从工作对象上看,办文、办会、办事等秘书工作作为秘书活动的载体要素,也是客体构成的一个方面。(这一方面将不作为本文讨论的重点。)如果我们仅从秘书活动中领导与秘书的关系来看,秘书人员无疑是主体,而领导则是主体面对的最主要的客体要素。这一点,徐瑞新主编的《秘书学导论》早就有过以下论述:"单就秘书人员、秘书工作来说,他们当然是主体,同时这个主体又同领导者、领导事务处在某种工作关系中,后者相对于秘书人员、秘书工作来说是客体。"[1]

---

[1] 徐瑞新:《秘书学导论》,高等教育出版社 1993 年版,第 30 页。

2. 领导活动中主客体的构成

"所谓领导活动主要是指领导的指挥、决策和协调活动,这种活动一般都关系着一个国家、一个地区、一个部门的全局性工作和战略发展方向。"[①]从领导活动的主客体成分分析,领导者无疑是主体,且由于领导主体在社会实践中掌握着一定的决策权力,从而成为社会实践主体中最重要的组成部分。领导活动的客体成分与秘书活动中的客体成分相比,显得更为丰富。除了本文不作重点讨论的主体(领导)所涉及的各种工作业务及事物之外,所面对的工作对象涉及各行各业的人民群众(即广大的被领导群体)。作为秘书来说,一方面,作为被领导群体的组成部分理所当然是领导活动的客体成分;另一方面,秘书更重要的角色则是领导活动中主体和其他客体的桥梁和中介。服务对象上如此,工作对象上也是如此。主体(领导)所指向的人民群众是其广泛的客体对象,秘书在领导和其他客体之间起着明显的枢纽作用,成为沟通主客体关系的中介,充当着主体(领导)的参谋和助手,向其他客体传达主体的目的和意向,向主体汇集其他客体的愿望和要求,成为联络领导活动中主客体关系的中介客体。因此,我们说秘书作为客体具有明显的双重性。

3. 秘书活动和领导活动的关系

从局部分析,秘书活动和领导活动都可以看作一种独立的社会活动,都有各自的主客体成分。但是从整个社会管理系统分析,我们不难发现领导活动严重地影响和制约着秘书活动。秘书活动是依附于领导活动而存在,是伴随着领导活动的产生而产生的,没有领导活动便没有秘书活动。辅助领导活动是秘书活动的基本宗旨和存在价值。由于这种依附性的存在,使得秘书活动中的主客体特征呈现出

---

① 张华:《领导科学教程》,警官教育出版社 1994 年版,第 38 页。

一系列的特殊性。

二、秘书活动中的主客体特征

秘书活动中秘书和领导存在着明显的主客体关系。一般地说，主客体中的主体起着主导性作用，并呈现角色所赋予的主体性特征。但是由于秘书活动对领导活动的依附，使得秘书活动中的主客体的角色特征发生了明显的变化，实际上，在秘书活动中主体（秘书）总是按客体（领导）的意图、要求启动自己的行为，使得秘书活动中主体角色的主体性大受影响，客体的制约因素大大增加，从而使得秘书活动的主客体特征呈现出特殊性。

1. 秘书活动中主体（秘书）的角色特征——有限的主动性和创造性

由于秘书活动也可以作为一种社会活动来分析，因此，在一定范围和条件下，秘书主体仍呈现出相应的角色特征，即有限定的主动性和创造性。所谓秘书主体的主动性是指秘书可以凭借自身良好的职业道德及扎实的专业知识、技能、经验，从自身职责要求出发在辅助领导开展工作的过程中，发挥主观能动性，主动体现自身价值，从而实现秘书工作从纯粹的被动服务到力争主动服务的转变。同时秘书主体的主体性还可以表现为一定程度上的创造性。创造性是主体能动性的最高表现。秘书的创造性与领导及其他职能部门相比历来受到抑制。然而，从秘书活动本身来看，秘书作为主体角色依旧具有创造性因素，特别是在社会主义市场经济条件下，更需要具备创造性思维及才能的秘书。可以说，在不脱离秘书活动总体目标的前提下，其主体只有发挥适度的创造性，才能提高秘书工作的质量。在实现秘书职能从办文办事到既办文办事又出谋划策的转变时，更要强调秘书的创造性因素，充分发挥其参谋作用，更好地为领导决策提供服务。因此，从某种程度上说，片面强调秘书工作的被动性，把秘书视作领导的硬性工具,定格为领导精神上、工作上的附庸的观念正是源自对秘书主体性的否定。

综上所述,作为秘书活动中的主体成分(秘书)的主体性特征是存在的,同时我们也必须正视这种主体性的发挥是有一定的限度和范围的。这种限度和范围源自领导活动对秘书活动的控制。秘书(秘书活动的主体)的主动性和创造性是在满足领导(秘书活动的客体,领导活动的主体)的需求的前提下发挥的,无限制的主动性和创造性的发挥很容易使秘书活动偏离目标的轨道,丧失应有的社会价值。因此,我们认为有限定的主动性和创造性正是秘书活动中主体的特殊性所在。

2. 秘书活动中的客体(领导)的角色特征——超强的制约性和隐蔽的"对象化"

由于秘书活动中的客体(领导)同时又是制约着秘书活动的领导活动中的主体,因此,其客体的特性也非同一般。

首先,秘书活动中的客体(领导)的制约性远远超出其他活动中客体的制约性。甚至在一般情况下,客体(领导)成为秘书活动的主导性因素。应该说,客体对主体的制约性在任何主客体关系中都是客观存在的,但是,在秘书活动中,客体的制约性受领导活动影响的辐射,呈现出超强的特性。具体表现在主体(秘书)的认识和实践活动必须从客体出发,遵循客体固有的规律。主体(秘书)的工作目标、工作职能和工作方法必须围绕客体(领导)而确定,且须根据客体的工作规律来调整主体(秘书)的工作规律等等。

其次,客体具有对象性,秘书活动中客体(领导)的对象性虽然比较明确,但"对象化"(即主体对客体的作用)却表现得比较隐蔽和弱小。秘书活动中客体(领导)的对象性是指客体(领导)是同主体(秘书)有功能联系而被指向的对象,这种对象对主体来说虽然不是唯一的,却是主要的。既然客体(领导)具有对象性,那么就不可避免地要为主体(秘书)所"对象化",而这种对象化的表现与人与自然构成的主客体关系及老师和学生构成的主客体关系中客体被"对象化"的表现具有很大的差异。表现在工作实践中,秘书能够通过履行其职能在不同程度上影响领导,只不过这种影响的表现形式具有很强的隐蔽性、委婉性和间接性。因此,无论是作为秘书还是领导都应该承认这种影响或者是作用,即作为秘书活动主体的秘书可以也应该通过认识和实践把自身的本质力量体现在客体(领导)的事业中,而不能无视这种影响的存在。但同时应该把握和驾驭好影响的程度,否则也会产生较大的负面效应。

从上述秘书与领导的主客体关系中,笔者以为,如同秘书活动的主体是秘书人员,秘书价值的主体必定也是秘书人员,秘书价值是作为价值主体的秘书与作为价值对象的领导者及所在组织之间相互作用和影响的结果,没有秘书就没有秘书价值,反之,没有领导者及所在组织同样不存在秘书价值。秘书价值是秘书对领导者及所在组织的效应。在这里,我们必须防止两种倾向,一是过分强调领导者的地位和作用,把从属性作为理论法则,在研究秘书价值时,把领导视作秘书价值的主体,反客为主,"容易产生(实际上已经产生了)主客体易位的理论误导",①造成理论上的混乱和错误。二是将秘书价值的评价局限在秘书活动的范围内,无视领导活动对秘书活动的影响,这也不利于正确评价秘书价值。

三、秘书价值的基础是秘书实践

价值是人通过实践活动使价值主体与价值对象发生关系而产生的结果。没有主客体之间的关系及效应,价值既不可能产生,又不可能创造。但是,仅有主客体之间的关系,那只能成为价值可能;只有通过实践,才有价值实现。因此,人的实践活动是价值由可能变为现

---

① 董继超:《秘书价值浅识》,《秘书》1998 年第 1 期。

实的前提和基础。同样,秘书价值的形成也必须通过秘书实践活动来完成并经过检验。①

秘书价值的主客体都是社会生活中的人。都处在一定的社会关系之中,他们之间的需要和满足的关系,既是在实践中产生,又只有通过实践才能解决。可见,实践性既是连结秘书价值和秘书价值对象的纽带,又是秘书价值产生、形成、实现的前提和基础。而秘书实践的主要内容就是协助上司处理政务及日常事务,为决策及实施提供服务,其本质特征是辅助性。对此,秘书价值的研究者们的认识基本是共同的。董继超认为:"在秘书实践活动中,秘书的辅助功能得到发挥,领导者的决策与管理需要得到满足,双方的关系得到发展,从而实现了各自的价值。"② 秦莲红也提出:"辅助性实践,体现了主客体之间(领导与秘书)是一种主辅关系;又是联结主客体之间的需要和满足关系的纽带,形成秘书价值的基本形式。"③

第三节　秘书价值观的合理构建

价值观是人们对客观事物价值认识和价值评价所持的立场、观点、态度的总和,是现实社会生活中的人们所具有的对于区分客观世界中存在的善恶、美丑的根本看法,是人们关于某类事物是否具有价值以及具有何种价值的看法。秘书价值观,是秘书人员关于自身社会价值的认识、理解、感知,是秘书人员对秘书这一社会角色的整体把握,是秘书人员赖以承担秘书角色、从事秘书工作、进行秘书实践活动的思想基础、道德基础和精神动力。

正确的秘书价值观作为科学、合理的秘书角色体验,它的建立只能是一个循序渐进的过程,它无时不受到各种脱离实际的主观愿望

---

①② 董继超:《秘书价值浅识》,《秘书》1998 年第 1 期。

③　秦莲红:《秘书价值之探索》,《当代秘书》2001 年第 6 期。

和引诱力极强的利益关系的干扰和纠缠,使之偏离正确的运行轨道,产生了各种离位和错位现象。

一、秘书价值观的错位及危害

"秘书价值观的错位和模糊,就是秘书人员由于受社会观、人生观、道德观、生活经历、实践锻炼等各种主观因素和复杂多变的客观环境的限制和影响,对秘书角色认识上的非正确性和模糊性导致的认识偏离,是对秘书工作本质性及规律性的不正确的理解和把握"①,这种错误和模糊的秘书价值观具体表现在:

1. 秘书地位的中枢性和特殊性,使社会公众和秘书主体都有可能夸大秘书职业的地位和社会功能,对秘书人员价值的过高估计,导致秘书人员出现擅权、越权的行为

秘书是领导最近身的工作伴侣,秘书同领导的密切关系和秘书所处地位的中枢性和特殊性,很容易使秘书人员对本职工作的理解和执行产生膨胀感。这类秘书对自我价值的定位超越实际,主观认为自身的价值不可估量,片面地以为除了领导,自己便是最重要的人物,因而居高临下地对待他人,脱离大众,要求他人以自己为中心;或者狐假虎威,假借领导之名,以"二首长"自居,恣意凌驾于组织和他人之上。也有一些长期在领导身边的高级秘书,可能因为表现出色而获得领导的赞赏,进而逐渐迷失了自我,对自我价值的评判失去了清醒的认识,过分强调自己为领导充当参谋、智囊、助手的作用,甚至认为自己已然成为领导的化身,以为自己可以较主观地发表意见,或是代替领导发表意见、作决策,以至于在某些问题上擅自做主,随意处理,做出了超出自身权限的事情。

---

① 孙龙、姚成福:《从秘书的定义解析秘书的角色意识与价值取向》,《管理科学》2005 年第 34 卷第 1 期。

2. 对秘书自我价值和秘书职业的社会价值的过低估计,导致秘书工作缺乏热情,处于被动境地

琐碎、繁杂的事务性秘书工作,加之秘书价值具有隐匿性特点,秘书价值缺位的感受比较明显,也容易低估秘书价值。

秘书人员的有形劳动创造的价值往往是无形的、潜在的、待转化的,它不像物质生产劳动者创造的价值那样具体、可见,能够被直接使用,故而是一种"潜形价值"。正是秘书价值的潜隐性特征,加之有些文学作品、影视作品的过分渲染,使社会大众习惯性地认为秘书人员是领导的侍从,是伺候人的角色,低人一等。有些公众甚至将秘书当作是领导的"附庸"、"家奴",对秘书的职业地位及社会功能常常抱以藐视的态度,导致整个社会舆论对秘书职业所处的地位和所发挥的作用往往评价不高。而秘书圈内个别人也把自己为领导工作服务扭曲成是对领导个人的人身依附和人身服务,把围绕着领导转、伺候好领导作为自身工作的主要内容,进入了误区,歪曲了秘书的社会属性和本职工作。以上种种因素使一些秘书人员产生了自卑心理,无法充分认识自己工作的价值,因而缺乏职业自信,没有职业的荣誉感和责任感,所以在需要出主意、想办法的时候往往唯唯诺诺、不敢表达;在决策执行的时候也常常是遇到困难就退缩、拘谨畏惧。

3. 私欲的过度膨胀,对权力和利益的过分追逐,使有些秘书人员形成了扭曲的价值观,严重损害了秘书职业的形象

主要表现为以下三方面:

(1)热衷于追逐权利的"投机者"

秘书职业生涯发展的方向之一就是上移,即一些秘书人员因自身的努力,工作表现出色而晋升为领导。比如:我国党政机关各级领导人大多数都有过秘书工作的经历,甚至邓小平、江泽民等前任国家主要领导人也曾担任过秘书职务。但是,有些秘书人员从事秘书职

业动机不良、心态不正,只是把秘书工作看作一种政治阶梯,当成是"封官加冕"的跳板,对领导阿谀奉承、虚假做作,企图利用与领导近身的便利,得到领导的重视和青睐,以便得到提拔和重用,妄图有朝一日可以升官加权。这类秘书人员已成为彻头彻尾的权力欲极度膨胀的"野心家",只会对秘书工作产生不利的影响。

(2)不择手段牟取利益的"问题秘书"

有的秘书人员对自身要求不高,缺乏应有的职业道德和作风修养,面对利益的诱惑缺乏足够的抵抗力和免疫力,以至于成为利益的奴隶,在欲望的沼泽中越陷越深,最终因无限制地满足个人的物质利益而铤而走险,不惜走上违法犯罪的道路。有的秘书人员借工作、职务之便,打着领导的旗号,借机大肆聚敛钱财、牟取私利;或者拉帮结派,大搞人际关系,塞红包走后门,公然上演"一人得道,鸡犬升天"的戏码;有的秘书贪图享乐,为领导的贪污受贿牵线搭桥,充当起腐败的"经纪人"角色,如所谓"河北第一秘"李真案的浮现,"问题秘书"成为秘书价值观错位的又一大表现。

(3)虚荣浮华,不惜出卖感情的"交际花"

由于受影视作品等因素的影响,大多数人都把秘书职业视为一种"青春饭"的职业,往往把年轻漂亮的女秘书视为"花瓶",只是把秘书当成是专门陪同领导应酬交际的人员,而有些女秘书自我认知、要求不高,恋慕虚荣浮华,以充当领导身边的"花瓶"为职,把自己打扮得光鲜亮丽作为职业的唯一要求;有些女秘书贪图安逸享乐,在金钱、权力面前不能自持,放弃人生信仰和职业道德,凭借年轻漂亮的外表自甘成为上司、领导的"小蜜";有的秘书同样不惜以青春为代价,以感情为手段,企图以秘书这个职业为跳板,傍上有权有势的大人物,不以"二奶"、"情妇"这类不光彩的角色为耻,只为贪图一时的荣华富贵。

这些都是极不正常的思想心态、价值观念和社会行为,是秘书价值观与道德观的严重错位,只会给领导工作、秘书工作带来危害。不仅严重损害了秘书职业的形象，毁坏了秘书整个行业的声誉，而且对秘书个体而言，大多数人往往是以悲剧结束了自己的人生。

二、构建秘书价值观应注意的问题

秘书价值观的错位和模糊，就是秘书人员由于受人生观、社会观、道德观、生活经历、实践锻炼等主客观因素的限制和影响，对秘书社会角色认识上的非正确性和模糊性导致的认识偏离，是对秘书工作本质、秘书工作规律的不正确、不准确的理解和把握。因此，在合理构建秘书价值观时，要注意以下问题：

1. 秘书应充分认识自己工作的价值，合理构建秘书价值观

"人类的一切活动，都是价值活动，价值活动贯穿人类活动的全过程。"①秘书创造性实践活动的历史就是价值运动的历史，是一个不断追求价值、创造价值、形成价值和实现价值的过程。尽管秘书创造的价值不像物质生产劳动者创造的价值那样具体、可见，但是，秘书的价值却毋庸置疑地存在着。

秘书获取有效的工作成果有很多途径，如调研工作、信息工作、协调工作、督查工作、文书工作、档案工作、会议工作、办公室事务管理工作，等等。如企业秘书撰拟的一份公文，从其近期功效而言，它作为上级或本单位领导意图的载体，指挥企业内部步调一致，同心同德，共同完成任务，推动企业的发展；就其长远功效而言，它不仅记录了本企业工作的历程和兴衰的历史，有的公文还对社会发展有一定的促进作用。而每一份公文的形成，从仔细领会领导意图、搜集资料到审核定稿，都凝聚着秘书许多鲜为人知的智慧，凝结着秘书劳动的社会价值。又如秘书劳动凝结于信息，重要信息被领导采用，又促使领导作出决策，决策正确就会带来巨大的经济价值，企业秘书辅助领

---

① 王玉梁：《价值哲学》，陕西人民出版社1989年版，第106页。

导做出重大而正确的经济决策,实施后获得巨大经济价值,这种经济价值中怎能说没有秘书劳动创造的经济价值呢?另外,如一起矛盾的协调与处理、一次会议的筹备与召开,无不融入秘书的辛劳和价值。

尽管秘书创造的价值往往是无形的、潜在的、待转化的,具体地说,秘书的劳动和成绩,往往不能和他们的名字直接联系在一起,他们所起草的文件是以组织的名义发出的,他们所撰写的报告或部分文章,是以领导的名字出现的。也就是说,"秘书的价值创造乃至人生价值的实现,在很大程度上都必须借助于领导的劳动价值与组织的管理价值的实现渠道。"①但是,秘书的价值却无可置疑。秘书工作是整个领导活动的重要部分,秘书工作的好坏与党政机关职能的发挥、行政效率的提高,与一个部门、一个企业,甚至是一个地区的兴盛发达,都有着极其重要的关系和作用。因此,秘书人员必须对自己的存在价值和所处地位、工作意义有一个比较充分的认识,只有如此,才能不断增强荣誉感和责任感,优化行为导向,激发工作的主动性和积极性。

2. 认识秘书的价值的多层次性和多元化现象

在价值人的心理世界中,存在着三种层次的价值,即与生存有关的价值、与社会关系有关的价值和与自我发展有关的价值,三者之间相互联系、彼此作用,构成一个有机的价值结构功能整体,不同个性特征的个体之间在价值结构上存在明显差异。②表现在秘书个体上也存在着不同层次的价值。特别是随着改革开放的深入,社会主义市场经济体制的逐步确立,社会政策对个人利益的承认和肯定,现代秘书人员也开始追求进取务实、个人利益与集体利益协调并重的价

---

① 季水河:《秘书心理学》,复旦大学出版社 2007 年版,第 144 页。
② 宋斌:《秘书实现价值的理性认识》,《秘书》2004 年第 8 期。

值选择。他们一方面通过积极思考,确立人生坐标,最大限度地实现社会价值,为社会做贡献。另一方面他们的选择也不再完全排除个人利益,理想、事业的追求往往有着不同的条件,但同时也给一些秘书人员造成了价值观念紊乱,社会责任感和时代使命感不强,甚至崇尚自我,以个人为主体,注重自我价值的实现,而集体和协作观念、服务和奉献精神以及艰苦奋斗的作风不足。

除了秘书价值的多层次性,秘书人员的价值评判标准也趋于多元化。市场经济的建立,一方面激发了现代秘书人员的积极进取精神,促进了现代秘书人员自我意识的发展和自我价值实现的强化要求,另一方面又会使秘书人员在一定程度上忽视了精神方面的追求,容易产生个人与社会的错位反应,导致了对价值评判的多重标准:有的人以对社会的奉献多少和创造力大小为标准,有的以"含金量"多少为标准,有的以职权的大小和社会地位的高低为标准,有的以自我完善与自我实现为标准。这反映出现代秘书人员在对客观事物或自身行为有无价值及价值大小所做出的判断,存在着"价值评判偏差"。①

3. 加强秘书人员价值观教育

秘书工作作为一项社会工作,是双向选择的过程。社会发展到今天,分工越来越细,行业也不止几百种。有些是"有名有利",赫然于世间,显荣于人前;也有些默默无闻,无名可扬、无利可图。秘书工作属于后一种。作为秘书工作者必须确立崇高的职业道德和正确的职业态度,热爱秘书岗位,愿为秘书事业贡献自己的才智和年华。因此,在秘书的价值观教育中,应倡导:

首先,要大力宣传集体主义、无私奉献精神,以崇高的人生价值

---

① 刘占卿、吴浩:《论市场经济条件下秘书人员的价值观建设》,《衡水学院学报》2005 年第 2 期。

观和道德观抵制个人主义、拜金主义的消极影响。在秘书工作中倡导秘书人员要发扬"有为、自强"的入世精神，增强工作的使命感和责任感，以实现自我激励和完成自我改造。引导秘书人员正确处理国家、集体、个人三者之间的关系，使秘书在组织和领导的效益和成功中感受和欣赏自己的价值。

其次，要加强秘书人员的职业道德建设。市场经济条件下秘书人员职业道德的内涵有着新的内容：忠于职守，自觉履行职责；办事公道，热情服务；爱岗敬业，甘当无名英雄；服从领导，当好参谋；实事求是，讲究实效；奉公守法，严明纪律；谦虚谨慎，刻苦钻研；严守机密，克服虚荣，等等。加强秘书人员职业道德观教育，强化秘书人员职业精神培养，是市场经济条件下秘书人员价值观建设的根本要务。

第三，在强调集体主义、无私奉献的同时，必须纠正忽视个人利益的错误导向，承认个人利益的存在，允许个人合理合法获得正当利益。组织和领导可以在适当的时候彰显秘书的价值，例如：

> 1956年9月15日下午2时，中共八大召开大会，毛泽东致开幕词，不过2000多字，却被34次热烈掌声打断。代表们认为，这篇充满"毛泽东风格"的开幕词，肯定是毛泽东所写的。可是，毛泽东会后来到休息室，许多人称赞他开幕词写得精彩时，毛泽东对大家说："这不是我写的，是个年轻秀才写的，此人叫田家英。"[①]

毛泽东适时的评价，使他的秘书田家英"喜出望外"，深感"花了一个通宵"写出此稿的价值，秘书的自我价值也得到了彰显。

秘书价值观是维系秘书人员正常工作的精神动力和智力支持，是充分发挥秘书人员工作主动性和积极性的内在保证。构建合理科学

---

① 　转引自张瑞良：《秘书价值问题初探》，《秘书》1998年第12期。

的秘书价值观,明确秘书人员的价值取向,不仅有利于秘书人员的自我发展和自我完善,也有利于整个秘书行业健康、和谐地向前发展。

秘书价值理论是秘书学理论体系中不可缺少的、重要的组成部分,在秘书学理论体系中占有十分重要的地位。秘书价值理论在秘书学研究中尚处于起步阶段,有待于学者的进一步探索和挖掘。

■第九章

秘书的职能和秘书工作的内容

秘书职能的概念和内容问题,早在 20 世纪 80 年代后期已为秘书学界所重视。但是很少有人用逻辑方法对这一概念予以界定,使之成为秘书学的基本概念;也很少有人用抽象方法对其内容予以划定,使之成为秘书学的重要知识单元之一。因此,在秘书学的研究内容上,有人将常规性的秘书工作视为秘书职能,也有人将操作性的秘书实务视为秘书职能,更有人将秘书长的任务视为秘书职能。……我国的秘书工作内容,特别是行业性秘书工作内容,正随着经济社会的发展而发生变化。因此,要划定秘书工作的内容是比较困难的。但是,秘书工作内容作为秘书学研究的领域之一,又必须有一个大略的划分。否则,秘书活动的对象就会出现过宽或过窄的问题,甚至会出现严重重复的现象。①

第一节　秘书的职能

一、秘书职能的基本内容

所谓职能,根据《现代汉语词典》的解释,是指"人、事物、机构应

---

① 王千弓、杨江柱、杨光汉:《秘书学与秘书工作》,光明日报出版社 1984 年版,第 11—12 页。

有的作用；功能"。① 如此，秘书的职能，应该是秘书应具备的职责、作用和功能的总称。对于秘书或者说是秘书机构、秘书部门的职能，秘书学界早有论及，但是，对秘书职能的内容的认识却各不相同。

对秘书职能的基本内容的不同认定，典型地体现在众多的秘书学教材中。笔者选择了 20 世纪 90 年代以后出版或修订出版的，目前在高等院校中普遍使用、或者在秘书学研究领域比较有代表性的十种秘书学教材，对其关于秘书职能的基本内容问题进行综述分析，可以较好地体现秘书学研究领域在秘书职能问题上的研究成果。

笔者选取的十种教材分别是：(1)全国普通高校优秀教材二等奖，陈贤华教授主编的《秘书工作论》(四川大学出版社 2000 年第 4 版)；(2)秘书学的学术权威，以理论性和学术性见长的董继超主编的《普通秘书学》(中央广播电视大学出版社 1997 年版)；(3)由秘书学著名学者张清明、方国雄、楼宇生、董继超参编，袁维国主编的《秘书学》(高等教育出版社 1990 年版)；(4)原《秘书工作》杂志主编傅西路编著的《秘书学论纲》(中国档案出版社 1999 年版)；(5)杨尚昆同志作序，集中了大批党政机关秘书工作领导人，由徐瑞新、安成信、李欣等同志主编的《秘书学导论》(高等教育出版社 1993 年版)；(6)普通高等教育"十五"国家级规划教材，方国雄、方晓蓉主编的《秘书学》(高等教育出版社 2003 年版)；(7)浙江省影响最大的、发行量达九万余册的朱传忠、叶明主编的《秘书理论与实务》(浙江大学出版社 1995 年版)；(8)中国高教学会秘书学专业委员会副会长任群主编的《中国秘书学》(重庆出版社 1999 年版)；(9)具有较强的理论色彩的，由吕发成、方国雄主编的《秘书学基本原理》(兰州大学出版社 1996 年版)；(10)司徒允昌、陈家桢主编的《秘书学教程》(上海人民出版社 2003 年版)。

现将十种教材认定的秘书职能的基本内容列表如下：

---

① 《现代汉语词典》，商务印书馆 1978 年版，第 1468 页。

表 9-1　十种教材中秘书职能的基本内容

序号	教材名称	秘书职能的基本内容
1	秘书工作论	办事职能;参谋职能
2	普通秘书学	基本职能:辅助政务;处理事务 一般职能:辅助决策;协助管理;沟通信息;协调关系;保守秘密
3	秘书学(袁)	基本职能:为领导工作服务;综合处理机关事务 具体职能:参谋咨询;辅佐决策;沟通协调;管理事务;检查督办
4	秘书学论纲	秘书工作的职能作用:1. 秘书要"参政"而不能"专政"。2. 要讲政治,为党的中心工作服务。3. 要为领导工作服务,而不是"帮助"。4. 要发挥参谋助手作用 秘书部门的基本职能:办理文书;信息管理;督促检查;综合协调;"不管部"的职能
5	秘书学导论	秘书工作的基本职能:为领导当参谋、助手
6	秘书学(方)	秘书职能范畴:办公事务辅助(办文、办会、办事);参谋智能辅助;管理协调辅助
7	秘书理论与实务	秘书机构的职能:参谋助手;督促检查;协调综合
8	中国秘书学	秘书机构的基本职能:1. 处理事务;2. 辅助政务 秘书部门的职能按性质分,可分为七个方面的工作:1. 文书处理;2. 信息加工;3. 事务管理;4. 综合协调;5. 督促检查;6 参谋咨询,辅助决策;7. 其他,包括"不管部"性质的事项的办理
9	秘书学基本原理	秘书活动的综合职能:处理信息;辅助决策;协调关系;督促检查
10	秘书学教程	秘书机构的职能:辅助决策;管理信息;参与协调;协助控制;处理事务

　　以上表格我们可以得出:(1)职能的主体有所差异。上述教材在说明职能的基本内容时,其主体的表述有多种情况,分别是对秘书职

能、秘书工作职能、秘书机构或部门职能、秘书活动职能的基本内容的阐述。大部分教材选择秘书、秘书机构、秘书工作三种主体中的一种对其职能的基本内容进行论述,也有少数教材对秘书工作和秘书机构的职能作了分别阐述。(2)部分教材将秘书职能的概念进行分解,从基本职能和一般职能或者具体职能等不同的角度说明秘书职能的基本内容。(3)大部分教材对秘书工作的内容和秘书工作的职能的关系的认识比较含混,有的认为"在秘书活动的全部内容中,既有撰写文稿、管理文书、组织会议、操办事务这样一些任务确定、外延明晰、具体而又实在的专项实务,又有一些伸缩性较大,外延不太确定但有重要作用的综合职能。……综合职能与专项实务是构成秘书活动基本内容的两大方面"。① 也就是说,综合职能和专项实务是两个具有并列关系的概念,共同构成了秘书活动的基本内容。有的教材认为就秘书工作的基本职能或基本任务而言,应是对秘书工作 15 项具体工作内容的概括;② 也有教材将秘书工作的基本职能与秘书工作的总体内容等同起来;③ 或者认为秘书工作的基本职能是处理事务和辅助政务,将职能按性质分,就是具体的秘书工作任务④ 等等。(4)对秘书职能的基本内容的确认共同点和分歧并存。就秘书的基本职能而言,两大职能的提法有一定的普遍性,但表述存在一定的差异。两大职能一般表述为办事职能和参谋职能,也表述为辅助政务和处理事务,辅助政务与参谋职能相对,处理事务则与办事职能相近。另外,辅助决策、处理信息、协调关系、督促检查等内容也被许多教材认定为秘书职能的基本内容,但也是各有侧重。

① 吕发成、方国雄:《秘书学基本原理》,兰州大学出版社 1996 年版,第 137 页。

② 陈贤华:《秘书工作论》,四川大学出版社 2000 年版,第 59 页。

③ 徐瑞新、安成信:《秘书学导论》,高等教育出版社 1993 年版,第 11 页。

④ 任群:《中国秘书学》,重庆出版社 1999 年版,第 50 页。

二、笔者的观点

对于秘书职能问题,笔者的意见是:

1. 应明确职能的行为主体

从表 9-1 中可见,各家在论述职能问题时,其行为主体并不相同,分别有秘书、秘书机构或部门,秘书工作或秘书活动三类,尽管有人认为,秘书职能的基本内容对上述三类都有适应性,可以不加区分,但是,笔者认为在研究职能的基本内容时,其行为主体应该是明确的,不同的行为主体,其职责内容尽管相近,但是其角度和侧重点应该有一定的差异。从表 9-1 中可见,《秘书学论纲》中对秘书部门的职能和秘书工作的职能就作了不同的区分。根据职能的定义和研究范畴的大小,笔者以为研究秘书的职能或者说研究秘书的职业职能比研究其机构职能和工作职能更为典型,特别是对于秘书机构而言,从党政机关、企事业单位及其他社会组织的机构设置情况分析,除了党政机关和规模较大的一部分企事业单位设置专职的秘书机构以外,大部分社会组织机构并没有专职的秘书机构。同时,秘书学界对秘书机构的认定也没有过硬的标准。所以,首先应该确认的是秘书职业或者说秘书人员的基本职能。

2. 应区分秘书职能同秘书实务、秘书业务概念的关系

上述三个概念的内涵有较大的交叉面,因此许多教材对上述概念并不作区分,互相通用。事实上,这三个概念的内涵并不完全一致,有着各自的侧重点和使用习惯。

(1)秘书实务。秘书实务是与秘书理论相对的一组概念,比较多地出现在课程名称和教材名称上。就秘书专业而言,秘书实务是一门主干课程的名称,它既包含了秘书工作的具体内容,也包含着秘书工作的方式方法。因此,笔者以为,将秘书的职能与秘书实务两个概

念并列起来并不妥当。

（2）秘书业务。业务，根据《辞海》的解释，指"有关一种事业或学问的事情"。① 如果说实务是强调操作性，弱化理论性的话，那么秘书业务则主要强调秘书工作的专业性，它突出了秘书工作中专业色彩比较明显的部分，或者说从专业上强调了秘书工作，它是秘书工作的主体部分。董继超在《普通秘书学》中就把文字工作、文书工作、信息工作、协调工作、督查工作、信访工作、接待工作、会议工作、值班工作作为秘书业务的基本内容，②这些内容也是秘书工作的主体内容。

（3）秘书职能。秘书职能是秘书职业活动的任务、职责、作用和效能的统称。秘书职能与秘书实务、秘书业务相比，更具有概括性，"它从宏观上规定秘书的工作方向，活动范围和办事标准。而秘书实务和秘书业务，则是操作层面上的具体秘书事物，且因主管或组织的需要不同而各有不同"。③ 秘书职能不但要概括地体现秘书活动的基本内容，同时也要体现出秘书职业的功能和作用。因此，笔者以为，上述教材中，把秘书职能等同于秘书工作的基本内容的认识，值得商榷。

3. 秘书职能不宜做一般职能、基本职能和具体职能的划分

上述所选十种教材中，有三种教材对秘书职能作了进一步的划分，有一般职能、基本职能、具体职能之说，也有对职能进行分类的情况。对此，笔者以为，秘书职能既然是对秘书工作的具体概括，就没有必要再做一般和具体的分辨。从有些分类的内容上看，如《中国秘书学》中对秘书职能的分类，其分类的秘书职能就是具体的秘书工作。

---

① 《辞海》，上海辞书出版社1980年版，第1661页。

② 董继超：《普通秘书学》，中央广播电视大学出版社1997年版，第12页。

③ 董继超：《秘书学问题数说》，《秘书》1998年第5期。

4. 事务辅助和参谋辅助应该是秘书职能的基本内容

如上所述,就秘书的基本职能而言,两大职能的提法有一定的普遍性。

1951 年,政务院颁布了《关于各级政府机关秘书长和不设秘书长的办公厅主任的工作任务和秘书工作机构的决定》,该《决定》将"既要参与政务,又要掌管事务"确定为政府机关秘书长和办公室主任的职责。由于该《决定》在新中国秘书工作历史上具有里程碑的地位,影响广泛,很长时期内,人们将"参与政务,掌管事务"作为秘书职责来理解。尽管有研究者提出要注意区分秘书与秘书长的职责范畴,应该将"掌管事务"该成"处理事务",但"政务"和"事务"始终被人理解为是秘书职责的两个基本点。董继超的《普通秘书学》和任群的《中国秘书学》都将"辅助政务、处理事务"作为秘书的基本职能。

另外一种两大职能的提法是"参谋和助手",如《秘书学导论》就持此说法。"参谋和助手"的提法与"辅助政务、处理事务"存在着一定的呼应关系。一般认为,辅助政务,发挥的是参谋的作用,处理事务则更多地偏向助手作用。换言之,"参谋和助手"与"辅助政务、处理事务"有着异曲同工的效果。

同时,"参谋和助手"作为秘书的主要作用在社会上有广泛的认可度。根据对嘉兴地区企业秘书的问卷调查,"您认为秘书所起的作用是:A 参谋作用;B 助手作用;C 信息处理作用;D 协调作用;E 门面作用;F 其他。"结果表明,认为助手作用最重要的占 57%;参谋作用最重要的占 25%;协调作用最重要的占 6%;信息处理作用和门面作用最重要的各占 2%。也就是说,有百分之八十以上的人认为秘书最主要的作用是"参谋和助手"。①

---

① 杨硕林:《"本事"的企业秘书——嘉兴地区企业秘书调查》,《秘书》1999 年第 5 期。

　　从秘书职能的定义出发,秘书职能的基本内容不能纠缠在具体的秘书工作之中,辅助性是秘书工作的本质属性,"领导的助手"是秘书角色的基本内涵,结合秘书两大职能的提法,笔者以为,事务辅助和参谋辅助应该是秘书职能的基本内容。其原因是:其一,事务辅助和参谋辅助延续了两大职能的基本精神,体现了前人的研究成果,李欣在《现代秘书工作基础》中指出:秘书工作的职能"一是办事,二是当参谋,即所谓出谋献策"。[①] 陈贤华教授主编的《秘书工作论》对此作了肯定的评价,"我赞成李欣的办事、参谋这两项的提法。这个提法简练、明确、概括性强,抓住了事物的本质属性。"[②]其二,事务辅助和参谋辅助既概括了秘书工作的中心内容,同时体现了秘书的职责和作用。辅助是秘书工作最本质的作用的体现。用"办事和参谋"来表述秘书的职能,似乎缺乏职能中"功能"层面上的意义,因此,笔者以为,用事务辅助和参谋辅助表述秘书职能更为完整。其三,尽管秘书"辅助政务、处理事务"的职能在秘书学界中有广泛的影响,但对"政务"和"事务"的概念却一直没有界定。政务,根据《现代汉语词典》的解释,是"关于政治方面的事务,泛指国家的管理工作"。[③] 从这一概念中,我们也可以得出这样的理解,政务是一种特定的事务。当然,此处的政务不应该局限在"政治方面的事务",应该是"泛指国家的管理工作",但是,即使是泛指的概念,对于广大的秘书从业人员特别是私人秘书来讲,也是没有机会参与或辅助的。因此我们说,对于党政机关的秘书而言,"辅助政务"可以说是其基本职责之一,但是它不适合作为秘书职业的基本职能。

---

① 李欣等:《中国现代秘书工作基础》,高等教育出版社 1989 年版,第 148 页。

② 陈贤华:《秘书工作论》,四川大学出版社 2000 年版,第 59 页。

③ 《现代汉语词典》,商务印书馆 1978 年版,第 1453 页。

第二节　秘书工作的基本内容

一、秘书工作的基本内容研究

秘书工作是秘书学研究的基本对象,也是秘书职能的具体体现。秘书工作的基本内容在秘书学研究中也是见仁见智,各不相同。以上述十种教材为例,列表如下:

表 9-2　十种教材中秘书工作的基本内容

序号	教材名称	秘书工作的基本内容
1	秘书工作论	辅助决策;调查研究;信息工作;文书处理和撰制;协调工作;会务工作;信访工作;文书立卷和档案管理;督查工作;印信证章的管理;值班门卫和接待工作;机关内部的管理工作;机要交通与通讯;保密工作;领导交办的其他工作。(广狭)
2	普通秘书学	文字工作;文书工作;信息工作;协调工作;督查工作;信访工作;议案和提案工作;机要工作;会议工作;接待工作;随从工作;值班工作;印信工作;通讯工作;其他工作。(广狭)
3	秘书学(袁)	文书管理;文书拟写;文书制作;档案管理;会议管理;调查研究;信息工作;接待工作;日程安排;事务工作;印章管理;值班工作。
4	秘书学论纲	从职能角度分析,秘书部门具有办理文书的职能;信息管理的职能;督促检查的职能;综合协调的职能;"不管部"的职能。
5	秘书学导论	代拟文稿;文稿核校;调查研究;信息采报;督促检查;辅助协调;文书(包括电报)处理;会务办理;务活动;电话处理;印刷打字;文书传递;信访事务;接待商洽;立卷归档;交办事项。
6	秘书学(方)	事务办理;中介沟通;文书工作;信息工作;参谋辅助;会务操作;综合协调;督促检查。

序号	教材名称	秘书工作的基本内容
7	秘书理论与实务	调研工作；信息工作；协调工作；督查工作；文书工作；档案工作；会议工作；信访工作；保密工作；事务管理工作。
8	中国秘书学	决策参谋；公文处理；公文撰拟；调查研究；督查工作；组织协调；信息收集；会议组织；信访办理；文书立卷；机要保密。
9	秘书学基本原理	撰拟文稿；管理文书；组织会议；操办事务；处理信息；辅助决策；协调关系；督促检查。
10	秘书学教程	文书工作；会议工作；调研工作；信访工作；保密工作；查办工作；接待工作；简报与资料工作；印信管理工作。

另外,从自学考试秘书专业的两门主干课程秘书学概论和秘书实务的配套教材分析,秘书学概论的指定教材是常崇宜主编的《秘书学概论》[①],秘书实务的指定教材是董继超主编的《秘书实务》[②]。这两门课程有非常紧密的承接关系,但是,在分析秘书工作的基本内容时,两门课程的指定教材却有着明显的差异。常崇宜主编的《秘书学概论》对秘书的基本内容作了如下认定:文书撰写;文书处理;调查研究;信息工作;信访工作;会务工作;保密工作;机要秘书工作;档案工作;行政事务管理;督促检查;综合协调;公共事务管理;秘书日常工作;自身建设;其他。而董继超主编的《秘书实务》则认为秘书工作的基本内容包括:文字工作;文书工作;调研工作;信息工作;信访工作;会议工作;保密工作;建议提案工作;接待工作;谈判工作;随从工作;通讯工作;其他工作。简单比较,我们就可以发现两者有较大的区别,配套的系列教材对秘书工作的内容的认定都存在如此差异,秘书学界对秘书工作内容的认定的争议性可见一斑。

---

①　常崇宜:《秘书学概论》,线装书局 2000 年版。

②　董继超:《秘书实务》,线装书局 2000 年版。

综合上述教材对秘书工作内容的研究，我们可以发现：

首先，对秘书工作基本内容的认定存在着一定的共同之处。上述教材中我们可以发现文书拟写；文书管理；信息工作；会议工作；协调工作；调查研究；督查工作；信访工作；接待工作；交办工作（或其他）等十项工作被大部分教材所认同，成为秘书工作的主体内容。

其次，部分教材对秘书工作进行了广义和狭义的认定。陈贤华主编的《秘书工作论》指出，秘书工作有狭义和广义之分，广义的秘书工作，包括办公厅系统所属全部工作，即上述 15 项工作。狭义的秘书工作，通常指办公厅秘书处管辖的工作，偏重于文字机要和调研信息工作。[①] 董继超主编的《普通秘书学》对秘书工作的概念也作了广义和狭义的区分。认为广义的秘书工作，是秘书人员为完成辅助领导工作和机关工作的任务而在一定业务范围内的劳动。狭义的秘书工作，则是秘书人员为完成辅助领导工作的任务而在一定业务范围内的劳动。[②]

第三，部分教材在秘书工作内容的列举时，缺乏逻辑性，把具有交叉关系甚至包含关系的工作并列提出。如上述文书管理、文书拟写与文书制作，文字工作与文书工作，文书处理与文书传递，事务工作与接待工作和印信管理工作。这些工作之间存在着交叉或包含关系，文书传递应该是文书处理的一个环节，将其并列成为秘书工作的基本内容显然不符合逻辑。

第四，对部分秘书工作内容认定意见不一。如有些教材认为档案管理是秘书工作，有些教材认为不是；有些教材认为谈判工作属于秘书工作，有的教材又不认同，等等。

由于各种教材在秘书工作基本内容的认定上存在的种种问题，我们有必要对该问题展开理论上的探索。

---

① 陈贤华：《秘书工作论》，四川大学出版社 2000 年版，第 51—52 页。
② 董继超：《普通秘书学》，中央广播电视大学出版社 1997 年版，第 60 页。

秘书工作顾名思义就是"秘书所做的工作",秘书工作的概念可以确认的是：秘书工作是秘书为主体从事的辅助领导工作。但是不同的秘书承担的工作千差万别,加之秘书工作具有典型的综合性。因此要准确界定确定秘书工作的基本内容有一定的难度,而且罗列每一类秘书的工作内容既无可能也无必要。我们研究秘书工作内容应该从秘书的基本职能出发,寻找适合秘书职业整体的秘书工作内容。

秘书学界对确认党政机关的秘书工作的基本依据的认识是比较一致的。无论是 20 世纪 80 年代陈贤华主编的《秘书工作论》,还是时隔近二十年以后杨树森的《论我国当前秘书工作的内容》[①]一文,均将 1951 年 7 月中央人民政府政务院作出的《关于各级政府机关秘书长和不设秘书长的办公厅主任的工作任务和秘书工作机构的决定》所规定的七项"工作任务"作为党政秘书最基本的工作内容。具体地说,七项"工作任务"是指：

(1)协助首长综合情况,研究政策,推行工作;

(2)协助首长密切各方面的工作联系;

(3)协助首长掌管机关内部的统一战线工作;

(4)协助首长掌管保密工作;

(5)掌管机要工作;

(6)主持日常行政事务(包括公文处、会议组织、检查与督促政府决议的执行等项);

(7)掌管机关事务工作(包括机关财务、生活管理、学习、文化娱乐活动等事项)。

研究者认为,虽然这个文件时间已经很久,但是这七项内容除"机关内部的统战工作"已经不再算秘书工作外,其余各项仍然是今天政府秘书长或办公厅主任的任务。

---

① 　杨树森：《论我国当前秘书工作的内容》,《秘书》2006 年第 2 期。

　　改革开放以后,1985 年 1 月,中共中央办公厅召开的全国秘书长、办公厅主任座谈会上,当时的中办主任王兆国在讲话时谈到办公厅的任务时说:"办公厅有秘书、警卫、调研、电讯、档案、信访、交通、保健、保密和机关生活等等业务。"[①]1990 年 1 月,江泽民同志在《全国党委秘书长座谈会上的讲话》又特别强调了办公厅要发挥好"一是参谋助手作用……二是督促检查作用……三是协调综合作用"。[②]上述领导同志的讲话与"工作任务"相辅相成,成为了确定党政秘书工作内容的基本依据。因此在政务秘书特色比较鲜明的教材中,机要工作、保密工作等企业秘书较少涉及的内容都属于典型的秘书工作范畴。

　　与党政秘书相比,其他类型的秘书的工作内容却各有特点。劳动与社会保障部推行的秘书职业资格鉴定是着眼于秘书职业群体的,在国内具有相当的权威性。它在确定秘书工作基本内容时,将商务沟通、办公室事务和管理、常用事务文书的拟写、会议与商务活动、信息与档案作为秘书工作的重点。另外,根据美国《职称词典》整理,秘书的主要工作内容表现为纪录、安排约见、接待客人、处理信函、接打电话、翻译、对办公室其他人员进行监督、整理公司档案等行政工作。[③] 这些秘书工作内容与党政秘书的七项"工作任务"相比,其差异性还是比较大的。

　　随着商务秘书和企业秘书的大量增加,研究者开始开始关注非党政机关秘书的工作内容的调查和研究。嘉兴学院曾对嘉兴市的100 家中小型企业(其中国营企业 15 家,外资企业 18 家,合资企业30 家,乡镇企业 27 家,私营企业 10 家)开展过问卷调查,调查者列举了 23 项工作,秘书从业人员是否认可和是否承担承担该项工作的

---

①　转引自陈贤华:《秘书工作论》,四川大学出版社 2000 年版,第 48 页。

②　江泽民:《全国党委秘书长座谈会上的讲话》,《秘书工作》2000 年第 2 期。

③　见杨剑宇:《涉外秘书学概论》,湖北科学技术出版社 2000 年版,第 2 页。

统计数据如下：(1)撰写各种文字材料，认可度 100％、实际承担 100％；(2)处理商务文书，认可度 75％、实际承担 100％；(3)搜集信息，备领导咨询，协助领导作出正确的经营决策，认可度 82％、实际承担 65％；(4)管好档案、资料，认可度 70％、实际承担 85％。(5)有效组织会议，做好会务工作，认可度 100％、实际承担 100％；(6)妥善为领导安排约会，认可度 90％、实际承担 58％；(7)做好接待工作，组织礼仪活动，认可度 100％、实际承担 85％。(8)为领导编制工作日程安排表，安排商务旅行，认可度 80％、实际承担 69％；(9)管好办公室财产，认可度 85％、实际承担 50％；(10)做好一般性外事接待工作，认可度 96％、实际承担 30％；(11)积极主动地开展公关宣传，认可度 90％、实际承担 90％；(12)协调组织与组织之间、组织内上下级之间、部门之间的关系，认可度 100％、实际承担 75％；(13)做好后勤保障工作，认可度 78％、实际承担 75％；(14)帮助领导处理一些私人事务，照顾领导的生活，认可度 100％、实际承担 25％；(15)自动化办公，认可度 100％、实际承担 90％(16)搞好办公室美化与卫生工作，认可度 65％、实际承担 100％；(17)必要时能协助领导指定的人做好某项工作，认可度 68％、实际承担 81％；(18)充当领导的保卫人员，为领导驾车，认可度 80％、实际承担 21％；(19)为领导办理一般性金融、保险事务，认可度 75％、实际承担 50％；(20)按时完成领导临时交办的各项事务，认可度 100％、实际承担 87％；(21)领导不在时，能代替领导做好生产经营管理工作，认可度 65％、实际承担 28％；(22)完成值班工作，认可度 100％、实际承担 100％；(23)做好保密工作，认可度 100％、实际承担 75％。①

　　对上述调查数据，笔者以为：其一，调查者设置了"认可度"和"实际承担"两个指标，既反映了秘书人员对秘书工作内容理论上的认

---

　　①　相关统计数据根据徐忠献《关于企业秘书的角色定位及其工作特性的调查研究》一文整理。该文载于《秘书》杂志 1999 年第 8 期。

知,同时体现了其实际承担的状况(实际承担可能受到单位性质和类型的制约),从而使上述数据更具有说服力。其二,从数据可见,文字工作、文书工作、会务工作、接待工作、宣传工作、协调工作、保密工作、办公室事务工作(如办公设备的管理和使用、办公室环境的布置和维护)等工作也是企业秘书认可和实际承担的主要工作。其三,调查数据中"认可度"和"实际承担"反差最大的是"帮助领导处理一些私人事务,照顾领导的生活",认可度为 100%,实际承担却只有25%。这一数据从某种角度表明秘书的某些观念有待于进一步更新。秘书帮助领导领导处理一些私人事务,如替领导接送小孩,承担一些家中事务等被许多社会公众及秘书人员认定为是天经地义的事。事实上,随着现代管理理念的逐步推广,公私正在逐渐分明,公司秘书不应该过多地与领导的私人事务纠缠在一起。其四,调查者对秘书工作内容的设计不尽完美。有些条目的表述值得商榷,如"自动化办公"一项,就有些让人摸不着头脑,自动化办公应该为一种工作手段,而不是工作内容。另外,如"为领导办理一般性金融、保险事务"一条,与"管理企业档案"相比,显然后者更有代表性。

综合党政秘书和企事业单位秘书的工作特点,从事务辅助和参谋辅助两大基本职能出发,比较带有共同性的秘书工作内容有:

1. 文书撰拟

文书的出现是秘书产生的基本标志。无论是党政秘书还是企事业单位的秘书,文书撰写应该是秘书最具标志性的工作,撰拟的文书可以是政策性、法规性极强的公文,也可以是事务性极强的通知、启事、便函。可以是单位内部的计划总结,也可以是对外的宣传报道。毋庸置疑,文书撰拟应该是秘书工作最基本的内容之一。

2. 文书处理

借用《国家行政机关公文处理办法》对公文处理的概念界定,文书处理指的是对文书的办理、管理、整理(立卷)、归档等一系列相互关联、衔接有序的工作。关于文书处理工作的归属问题,《国家行政机关公文处理办法》第四十四条明确规定:"公文由文秘部门或专职人员统一收发、审核、用印、归档和销毁。"可见文书处理是秘书工作的基本内容是具有法规性依据的,且文书处理的概念中包含文件的整理和归档工作。

3. 信息工作

就是信息的收集、加工、传递、存储和提供利用工作。信息工作是新时期秘书工作中被强化的重点工作,在秘书工作内容中占据重要地位。具体地说,首先,秘书人员要根据工作需求,有针对性地做好信息的收集工作。而调查研究是秘书收集信息的手段之一。从上述列举的教材中,我们可以发现,有不少教材将调查研究和信息工作并列列为秘书工作的基本内容,对此,笔者以为调查研究和信息工作存在着交叉关系,调查研究可以作为秘书信息工作的组成部分,毕竟信息工作不是凭空存在的,而调查研究可以不再单列为秘书工作的基本内容。其次,秘书人员要对获取的信息做好加工、传递和存储工作。第三,信息的提供和利用。秘书应将加工后的信息及时提供给领导者,为领导的决策提供服务。由此,我们还可以认为,辅助决策和信息工作同样存在着交叉关系,或者说,这两者源自两个不同的层面,辅助决策是从秘书工作的职能角度的认定,而信息工作是从秘书工作内容的角度的认定,因此,笔者认为,也不宜将辅助决策与文书处理等并列视作秘书工作的内容。

4. 协调工作

协调工作就是调整和改善部门与部门之间、工作与工作之间的关系的工作。被称为"现代经营管理理论之父"的著名管理学家法约尔最先提出了管理的五大职能,其中一项就是协调。《关于各级政府机关秘书长和不设秘书长的办公厅主任的工作任务和秘书工作机构的决定》所规定的七项"工作任务"之一是"协助首长密切各方面的工作联系",其实质与协调相近。江泽民同志1990年在《全国党委秘书长座谈会上的讲话》则直接提出了办公厅要发挥好协调综合作用。由此,我们可以认定,秘书的工作内容中,协调工作无疑是重要的组成部分,不仅公务秘书如此,从近年企业单位的招聘中,我们同样可以关注到企业对秘书人员的协调能力的注重。

5. 会务工作

就是各种会议的筹备、组织和服务工作。会务工作作为秘书工作的基本内容,与文书工作一样有极高的认可度。会议具备了决策、沟通、协调、传播多种功能,是目前行政管理中最主要也是最基本的手段,是领导活动基本的方式。任何形式和规模的会议,都需要相应的会议组织工作,如会议计划的拟订,会议文书的制作,会议场所的布置,会间活动的安排与协调,以及会后的收尾工作工作。同时,需要说明的是,会议工作还涵盖了各种仪典的筹划,如开幕仪式、签字仪式以及会见与会谈的安排等。会议的筹备、组织和服务工作通常由秘书人员和秘书部门承担,大型会议或者涉及多个单位的会议则通常成立专门的会议机构,秘书人员参与其中。因此,我们认为秘书承担会务工作体现了其辅助管理的基本职能。

6. 信访工作

信访,是指公民、法人或者其他组织采用书信、电子邮件、传真、电话、走访等形式,向各级社会组织反映情况,提出建议、意见或者投诉请求,依法由有关社会组织处理的活动。无论是党政机关还是企事业单位,都有自己的信访工作。事实上,信访工作作为秘书工作内容是比较传统的认识,从早期的秘书学教材来看,几乎所有的秘书工作内容中都有信访工作。从对上述统计的十本秘书学教材中,我们也可以发现大部分依旧有信访工作的内容。然而,随着对企业秘书工作的关注,很多人认为信访工作应该淡出秘书工作的内容,如嘉兴学院对嘉兴市的 100 家中小型企业的问卷调查,调查者所列举的 23 项秘书工作,并不包含信访工作。那么是否企业中不存在信访工作呢? 答案无疑是否定的。相反,随着社会化程度的日益提高,机构与机构之间,人员与人员间的关系更加错综复杂,而企业为了树立良好的社会形象,对关系的处理也比较重视,而未将信访工作纳入秘书工作的原因,笔者认为是人们对信访工作这个概念本身的摈弃,而将其理解或分解为公共关系工作或者接待工作,从某种角度分析,公共关系工作或者接待工作的提法更容易被人接受。尽管如此,笔者还是主张保留信访工作的提法,原因是与普通的公关工作和接待工作相比,信访工作存在较本质的特殊性。

7. 档案管理

档案管理是文书处理工作的延续。机关重要文书办理完毕后,都要进行整理归档。机关单位的档案收集、整理、鉴别、统计、保管和提供利用等工作都应该是秘书工作的范畴。当然,并不是所有学者都认为档案管理属于秘书工作的范围,董继超就曾数次表态,认为档案管理不属于秘书工作,"事实上,秘书学界早已出现秘书工作内容过宽的问题。譬如,有不少研究者将档案工作、文书工作、政研工作、保密工作和行政事务工作等划入秘书工作的内容;更有甚者,有的研究者还将机关保卫工作、人事劳动工作、外事接待工作、文化教育工作和统一战线工作等,统统据为秘书学的研究领域。如果继续容忍这种现象蔓延下去,秘书学的建构何以能够自成体系。"[①]对此,我们认为,将所有的档案工作、文书工作、政研工作、保密工作、行政事务工作、外事接待工作包含在秘书工作之中显然缺乏科学性,但是,秘

---

① 董继超:《秘书学问题数说》,《秘书》1998 年第 5 期。

书工作的内涵与上述工作的内涵确实存在交叉关系。就档案管理而论,国家档案系统的档案管理确实不属于秘书工作的范畴,但是,机关内部的文书档案管理确实应该归属于秘书工作。上述嘉兴学院对嘉兴市的调查数据中我们发现,此项工作的认可度是70％、实际承担则达85％。这一数据也可以印证上述分析。

8.办公室日常管理工作

由秘书工作的综合性决定,秘书工作还包含了大量的日常管理工作。比较典型的有:(1)接待工作。除了特殊意义信访接待外,作为"窗口"的部门迎来送往工作是办公室日常工作的重要组成部分。(2)日程安排。根据领导的意图,安排、落实或者变更其日程,协助领导做好日程管理。(3)印信管理。根据相关规定,管理和使用机关印章、领导名章和各种戳记,开具介绍信。(4)值班工作。安排和担任节假日值班工作。(5)办公室的环境维护和用品的管理。

二、秘书工作的内涵

关于秘书工作的内涵,一般认为有广义和狭义之分,但是对于广义和狭义的区分,各家的认识存在明显的区别。

陈贤华主编的《秘书工作论》认为:广义的秘书工作办公厅系统所属的全部工作……狭义的秘书工作,通常是指办公厅秘书处管辖的工作,偏重于文字机要和调研信息工作,作为秘书学研究对象,应该是广义的秘书工作。由于秘书工作是整个行政管理工作中的一部分,所以秘书工作与其他管理工作的界限难以十分清楚。

袁维国主编的《秘书学》认为:广义的秘书工作统称为秘书部门的工作。将有些工作从秘书业务部门中划分出去,如文书部门专门负责文书管理和文书制作工作等等。这样,剩下的文书拟写、会议组织、调查研究、信息收集、日程安排、印章管理等就成为秘书业务部门和秘书人员的基本工作,即狭义的秘书工作。

　　董继超主编的《普通秘书学》认为,广义的秘书工作,就是秘书人员为完成辅助领导工作和机关工作的任务而在一定业务范围内的劳动。其日常工作有文书工作、会议工作、接待通讯工作、随从工作、印信工作、值班工作和技术性工作等。但是,秘书工作不包含机关行政事务管理工作。狭义的秘书工作,就是秘书人员为完成辅助领导工作的任务而在一定业务范围内的劳动。其日常工作有:文字工作、信息工作、协调工作、督查工作、信访工作和机要工作等。

　　上述可见,尽管人们较普遍地认为,秘书工作有广义和狭义之分,但在具体的认识中却充满着矛盾。如陈贤华认为"秘书工作与其他管理工作的界限难以十分清楚",董继超则提出"秘书工作不包含机关行政事务管理工作"。袁维国认为会议工作是狭义的秘书工作,而董继超则以为会议工作是狭义的秘书工作。从区分秘书工作的广义和狭义的角度分析,陈贤华是从办公厅工作还是办公厅所属的秘书处工作来区分秘书工作的广义和狭义,袁维国是从秘书机构的设置及职能的角度,董继超则是从为领导工作服务还是为机关工作服务的角度。从总体上看,笔者认为有关秘书工作的广义和狭义的区分的价值比较有限。

　　由秘书工作的综合辅助的本质属性所决定,秘书工作必定具有广泛而不确定的内涵。秘书工作概念的外延的边界具有较大模糊性。以档案管理为例,国家档案馆的档案管理自成体系,自然不属于秘书工作,但是,单位办公室的归档工作却是秘书工作的有效组成部分。如杨树森所言,秘书工作存在着"秘书工作"与"非秘书工作"的交叉、"秘书工作"与"共有性工作"的交叉、"秘书工作"与"秘书部门负责的工作"的交叉。具体地说:

　　　　有一些工作可以算是秘书工作,也可以不算秘书工作,这就是秘书工作与非秘书工作的交叉。例如,如果单独问"公共关系工作"是秘书工作吗? 恐怕多数人会给出否定回答……但是一般单位尤其是不设公关部的单位,公共关系又确实是秘书部门的一项常规业务。类似情况还有资料工作(秘书工作和图书资料工作的交叉)、调查研究和协调工作(领导工作和秘书工作的交叉)。

"共有性工作"是指现代社会一般管理人员都要做的工作……销售人员要写销售报告、中层干部要写述职报告,这都不算秘书工作,而秘书为领导起草报告,或为机关起草文件,却是最典型的秘书工作。因此,当我们将文稿撰拟列为秘书的主要业务时,不能因其他工作人员有时要动笔写材料就说他们也在干秘书工作。除非某些职能部门工作人员被抽调去为单位起草材料,才能说他临时承担了秘书工作任务。①

由此,我们认为,秘书工作作为综合辅助工作与其他行政管理工作密切相关。秘书人员或者秘书部门在履行事务辅助和参谋辅助时所承担的工作都应该视为秘书工作。同样以报告的撰写为例,秘书为领导起草报告或者为法定组织起草公文属于典型的秘书工作,而领导自行撰写报告则可归入领导工作的组成部分。因此,断定是否属于秘书工作的主要条件是:其一,该项工作是否由秘书人员或者秘书部门承担;其二,该项工作是否属于秘书工作的职能。

---

① 杨树森:《论我国当前秘书工作的内容》,《秘书》2006 年第 2 期。

■第十章

秘书工作的本质属性

　　如何揭示秘书工作有别于其他专业工作的本质属性,是秘书学长期争论不休的问题之一。虽然相当多的研究者认同辅助性是秘书工作的本质属性,但也有不少研究者认为诸如从属性、政治性、被动性和服务性等是秘书工作的本质属性。孰是孰非,短期内难以达成共识。①

　　"本质属性是某类对象必然具有并与其他各类对象区别开来的属性。"②秘书活动的本质属性是秘书活动区别于其他活动的关键所在,讨论秘书活动的本质属性,是在确定属于秘书活动自身的最根本的性质。秘书活动的本质属性问题是秘书学理论的核心问题,也是自 20 世纪 80 年代秘书学产生以来研究者们热点关注的问题。

第一节　众说纷纭的秘书工作属性

　　关于秘书工作的基本属性或者说基本特征,秘书学界众说纷纭,政治性、政策性、机要性、事务性、辅助性、服务性、综合性、从属性、被动性、智能性、随机性、全面性、专业性、经常性、突击性、群众性、中介

---

　　① 董继超:《秘书学问题数说》,《秘书》1998 年第 5 期。

　　② 《辞海》(中),上海辞书出版社 1978 年版,第 2853 页。

性、围核性、门面性、枢纽性、联系性、超前性、原则性、程序性等,不一
而足。这些属性对于秘书工作而言,存在着一定程度的合理性和相
关性,但是都把它们视作秘书工作的本质属性,显然是缺乏科学性
的。事实上,众说纷纭的秘书工作的特性,本身就说明人们对秘书工
作特征的认识尚未形成共识,还需要进一步研究探讨。

　　近年来,对秘书工作的基本属性或者说基本特征的比较有代表
性的有:

一、四性说

　　即认为秘书工作具有四种特性,分别是政治性、从属性、服务性、
被动性。李欣等主编的《中国现代秘书工作基础》(高等教育出版社
1989 年版)指出,我们归纳秘书工作的特点,应有四个:一是从属性。
从属性决定了秘书工作的一切其他的特点、原则、方针和规律。二是
政治要害性。这包括了政策性、机要性、机密性和要害部位等等方
面。三是事务性。秘书工作绝大多数是很具体的工作。四是被动
性。秘书工作很少能完全按自己的意志安排工作。由于编著者的权
威性,"四性说"在秘书学界有比较广泛的影响。稍后,"四性说"在徐
瑞新、李欣等主编的《秘书学导论》(高等教育出版社 1993 年版)中得
到了进一步的修正和确认。书中指出,根据几年来反复研究、讨论、
比较,政治性、从属性、服务性、被动性几个特点比较接近秘书工作实
际,比较能反映本质。可以说,《秘书学导论》进一步推广了秘书工作
具有的四种基本特征。

二、辅助说

　　即认为辅助性是秘书工作唯一的本质属性。到 20 世纪 90 年代
末,认为辅助性是秘书工作本质属性的说法一度成为秘书学界较大
程度的共识,被认为秘书学研究历程中一个阶段性的重要成果。较
有代表性的如董继超教授在《普通秘书学》中明确提出,"辅助性是秘

书活动的性质,即秘书活动区别于其他活动的本质属性。"其基本依据是秘书人员从属性的地位、秘书组织辅助机关的性质、秘书工作的参谋助手作用。其他诸如综合性、全面性、从属性、服务性、事务性、政治性等,都是由这一本质属性所决定和派生的。另外,与辅助性比较接近的提法是"辅佐性"和"全能助理性"。杨文起在《当代秘书学论要》一文中提出,"秘书工作的根本属性是辅佐性。所有诸如政治性、机要性、综合性、服务性、从属性等等,皆由辅佐性这一根本属性而来。"①邓立勋在《论秘书工作的基本特征》一文中认为:"政治性、从属性、事务性等,都是秘书工作同党政工作、领导工作和上下左右职能部门工作的关系属性。这些关系属性,并非本质属性,因为它们不是秘书工作所独有的。由此看来,只有全能助理性,才比较客观地全面准确地概括了秘书工作的基本特征。"②

三、近身、综合辅助说

原武汉大学副校长张清明教授否认了辅助性作为秘书工作本质属性的说法,认为:"辅助性这一特征没有触及到秘书工作的个性内核,它还不是能将秘书工作这一独特社会活动同相近社会活动区分开来的秘书工作的本质属性。"他提出:"秘书及秘书工作与组织系统决策领导者职能关系方面的近身特征,以及辅助领导者的工作指向方面的综合特征,即近身、综合辅助特征,才是秘书工作的本质属性。将秘书工作同其类属工作可以相与共的辅助属性再剥离,深入到近身、综合辅助这一层面,就可能切近秘书工作的独特内涵实际,才可以更清晰地将秘书工作同相类、相近工作从本质上划分开来。"③

---

① 杨文起:《当代秘书学论要》,《秘书》1995 年第 3 期。

② 邓立勋:《论秘书工作的基本特征》,《湖南经济管理干部学院学报》2003 年第 4 卷第 4 期。

③ 张清明:《关于秘书工作本质属性的再议论》,《武汉交通管理干部学院学报》1999 年第 1 卷第 1 期。

四、五组对立统一矛盾说

持论者认为秘书工作的特征,就是被动性与主动性的对立统一,事务性与思想性的对立统一,机要性与群众性的对立统一,突击性与经常性的对立统一,综合性与专业性的对立统一。五组对立统一矛盾的提出最早见于王千弓等编著的《秘书学与秘书工作》,该著作出版于 1984 年,属于秘书学著作中的开山之作,五组对立统一矛盾说在秘书学界有着广泛的社会影响,1999 年,傅西路主编的《秘书学论纲》再次提出了五组对立统一矛盾说,不同之处是后者将五组对立统一矛盾说视作秘书工作的一般特征。

五、补偿说

持论者认为综合性、辅助性、从属性、服从性等说法"已经不能全面概括当代中国秘书工作应有的属性,似应提'补偿性'为宜"。原因是从属性、服从性造就了一部分秘书被动服务的心理。补偿性是秘书心智能力的自我肯定,且"必将会导致中国秘书主观能动性的加强和秘书工作的起色"。①

除上述观点之外,对秘书活动的基本属性或基本特征还有如下认识,傅西路在《秘书学论纲》中将贴近领导核心,辅助领导工作;不在领导职位,参谋领导之政;没有领导权力,隐含领导权力;贯彻领导意图,反映群众利益归结为秘书工作的本质特征。② 陈合宜在《秘书学》提出秘书工作的特点是政治性、辅助性、被动性、综合性和事务性。③ 袁维国在《秘书学》中认为秘书工作的特点是综合辅助、系统

---

① 纪云尊:《试谈当代中国秘书工作的性质》,《秘书》1987 年第 3 期。
② 傅西路:《秘书学论纲》,中国档案出版社 1999 年版,第 167—171 页。
③ 陈合宜:《秘书学》(修订本),暨南大学出版社 1994 年版,第 81—84 页。

中介、间接效益和对立统一。① 吕发成、方国雄编著的《秘书学基本原理》将秘书活动的基本特征概括为：本质的中介性；成果的隐匿性；主体角色的多重性。② 马守君在《秘书活动基本特征新谈探》中将秘书活动概括为五大特征，即积极主动性、集体性、专业性、灵活性、超前性。③

第二节　秘书工作的本质属性

一、对秘书工作本质属性的不同认识探源

以上所述，对秘书工作本质属性的认识有几十种之多，众说纷纭，笔者认为造成秘书工作本质属性的不同认识的根源有以下几方面重要原因：

其一，基本概念比较含混，对"性质"、"特征"、"本质属性"等概念的使用比较随意。许多学者在使用时不加区分，任意互换，认为"特点讲的是特性、本性、天性和实质"，④如陆瑜芳在《秘书学概论》中将辅助性、机密性、综合性、服务性既归结为秘书工作的性质同时又作为秘书工作的特点，⑤把"性质"等同于"特征"。事实上，"性质"与"特征"是两个有区别的概念，根据《辞海》的解释，"性质"是事物所具有的特质。"特征"是一事物区别于他事物特别显著的征象、标志。"特征"是由事物自身的规定性所决定的，也就是说"性质"决定了"特征"，"特征"是由"性质"所派生的。由此，我们认为秘书工作的"性

---

① 袁维国：《秘书学》，高等教育出版社 1990 年版，第 54—69 页。

② 吕发成、方国雄：《秘书学基本原理》，兰州大学出版社 1996 年版，第 31—42 页。

③ 马守君：《秘书活动基本特征新谈探》，《陕西师范大学继续教育学报》2003 年第 1 期。

④ 李欣：《中国现代秘书工作基础》，高等教育出版社 1989 年版。

⑤ 陆瑜芳：《秘书学概论》，复旦大学出版社 2001 年版，第 9—11 页。

质"和"特征"是既有联系又有区别的两个问题,可以进行分别研究。另外,以"特征"而论,也有本质特征和非本质特征之别。本质特征是事物内在固有属性的表现,它决定和代表着事物的性质;非本质特征是事物外在形象的显示,它不决定和代表事物的本质。在上述数十个秘书工作的特征中,其中必然存在着本质特征和非本质特征的区分。

其二,对秘书工作的属性特别是本质属性的认识过于宽泛。所谓本质属性,是事物自身所固有、决定事物存在与发展、能将该事物与类属事物区分开来的独具的属性。以李欣等提出的"四性说"为例,尽管作者认为"四性"——即政治性、从属性、服务性、被动性能反映秘书工作的本质,但是从秘书职业的角度分析,"政治性"显然不是秘书工作的属性,更谈不上是本质属性。也许,有人认为在阶级社会中,秘书工作总要为实现国家政权的政治目标服务。"新时期的秘书工作,是为现时的领导人或领导集团服务的。它作为一种辅助领导进行管理、办理事务的工作,必然体现领导者的意志和愿望,带有政治性。"①这种说法本身或许并不存在问题,特别是对于党政秘书而言,但是,政治性并不是秘书活动所特有的,领导活动的政治性显然更典型。而面对大量的商务秘书活动和私人秘书活动,把"政治性"视作秘书活动的本质属性,显然扩大了本质属性的基本内涵。

其三,对秘书工作的内涵的把握不够准确,对秘书活动认识的视角有差异。秘书工作有着丰富的内涵,不同类型的秘书工作往往会呈现各自的特征。"以发文为例,一份文件从形成到发出,有一套严格的程序。这套程序由多环节组成,并且环环相扣,不容颠倒。而每一环的运行都由专人负责,协作完成。其劳动成果的集体性显而易

---

① 　陈合宜:《秘书学》(修订本),暨南大学出版社 1994 年版,第 81 页。

见。"①由此，有人认为"集体性"是秘书活动基本特征。其实，仅从办文分析，不仅"集体性"是，"程序性"同样也是。但是，从秘书工作总体上分析，"集体性"、"程序性"只能算是部分秘书工作的特性，不能认定为秘书工作的基本特征。可见，对不同秘书工作的特点作各自的认定，是秘书工作产生多种基本特征的原因之一。同时，对秘书活动认识的视角的不同，对秘书活动的特性也会有不同的认识。从领导活动的视角和从秘书活动本身的视角来分析秘书活动的基本特征，其认识也会有差异。有人曾经提出，从领导工作角度分析，秘书具有从属性、被动性、服务性，但是从秘书活动角度出发，秘书活动应该具备主动性、集体性、专业性、灵活性、超前性等基本特征。

二、综合辅助性应该是秘书工作的本质属性

笔者以为，秘书工作的"本质属性"和"基本特征"是具有密切关系的两个问题，可以分别研究，就秘书工作的"本质属性"而言，综合辅助性应该是秘书活动的本质属性。

1. 秘书学界关于秘书工作本质属性的不同观点

如前所述，辅助性作为秘书工作本质属性属于比较主流的认识，但秘书学界也有不同的意见：

辅助性是秘书工作本质特征的内核外围。张清明教授认为："辅助性这一特征没有触及到秘书工作的个性内核，它还不是能将秘书工作这一独特社会活动同相近社会活动区分开来的秘书工作的本质属性。"张教授提出，一个社会组织系统中除领导者之外的工作人员，甚至是处在决策层的副职人员，相对正职，都发挥了辅助作用，因此，

---

① 马守君：《秘书活动基本特征新探》，《陕西师范大学继续教育学报》2003 年第 1期。

秘书活动的辅助性只能是秘书活动本质特征的内核外围。①

　　辅助性不是秘书工作的本质属性。马守君提出辅助性不是秘书活动的本质属性,他认为,秘书活动的辅助性主要集中在秘书长、办公室主任等特殊的秘书人员的活动中,广大秘书人员更多从事的是事务性的秘书工作,没有条件或机会直接进行参谋辅助。因此,辅助性不能成为其基本特征。②

　　除了上述直接否定辅助性是秘书工作的本质属性,也有些研究者提出了其他秘书活动的本质特征,如上述的"四性说"、五组矛盾说,等等。

2. 笔者的观点

　　对于上述否定性意见,笔者的态度是:其一,同意张清明教授提出的"辅助性是秘书工作本质特征的内核外围"的观点,"辅助性"需要获得进一步的限定,才能恰当地反映秘书活动本质特征。其二,"秘书活动的辅助性主要集中在秘书长、办公室主任等特殊的秘书人员的活动中,广大秘书人员更多从事的是事务性的秘书工作,没有条件或机会直接进行参谋辅助"的看法有失偏颇,事务性工作应该是秘书辅助的一个重要组成部分。其三,"四性说"、五组矛盾说更多显示的是秘书工作的基本特征,而非根本属性。如同"原始记忆性"是档案的唯一的根本属性,"综合辅助"是秘书活动唯一的本质属性。

　　(1)秘书工作具有辅助性。秘书工作的产生、秘书机构的性质、秘书工作的作用、秘书人员的职能无不显示了秘书工作具有辅助性。首先,从秘书工作的产生和发展的角度分析。自从人类社会产生了

---

　　①　张清明:《关于秘书工作本质属性的再议论》,《武汉交通管理干部学院学报》1999年第1卷第1期。

　　②　马守君:《秘书活动基本特征新探》,《陕西师范大学继续教育学报》2003年第1期。

社会组织,就产生了管理和决策的需要,就有了领导部门。如杨剑宇在《中国秘书史》中指出的:"社会组织的领导部门需要有人辅助,为他们处理日常事务,上传下达,参谋咨询。这导致了秘书人员的产生。"[①]秘书人员和秘书活动产生的根本原因就是为了辅助领导活动,秘书活动的辅助性是与生俱来的,因此说,辅助性是秘书活动的先天属性。其次,从秘书机构的性质和地位分析。根据行政学的原理,行政组织按照其功能的不同,可分为领导机关、辅助机关和职能机关等,秘书机构是为领导机构和职能机构提供服务,并在领导机构和职能机构之间承担承上启下、联络左右的中介性功能,秘书机构的特定地位决定了秘书机构属于综合辅助性机构,从而印证了秘书活动的辅助性。第三,从秘书工作的作用分析。秘书工作所发挥的作用中,最主要的是参谋作用和助手作用。参谋作用集中表现在辅助决策上,具体地说,在领导决策前,秘书或秘书部门必须尽可能地搜集各种信息,为领导提出多种可供选择的意见、方案;在领导决策中,秘书要组织力量,积极大胆地参与论证,协助领导做出符合实际的科学决策;在决策后的执行过程中,秘书要及时地把领导机关的决定、决议或机关首脑的思想,进一步深化、细化、具体化,以便最后形成实施方案,通过拟制文件、组织会议贯彻等手段,把领导的决策输送出去,使决策得以实施等。助手作用集中表现在处理事务上,如来访接待、印信管理等。"无论是参谋作用还是助手作用,对于领导者和领导工作而言,秘书工作显然是一种辅助性工作。"[②]秘书工作"自始至终贯穿着、体现着秘书工作的全能助理性。"[③]第四,从秘书的定义分析。秘书是秘书活动的行为主体,尽管学术界对秘书有多种定义,但

---

① 杨剑宇:《中国秘书史》,武汉大学出版社 2000 年版,第 1 页。

② 董继超:《普通秘书学》,中央广播电视大学出版社 1997 年版,第 6 页。

③ 邓立勋:《论秘书工作的基本特征》,《湖南经济管理干部学院学报》2003 年第 4 卷第 4 期。

是社会影响较大的还是劳动和社会保障部在秘书职业资格鉴定时提出的定义，即"秘书是从事办公室程序性工作、协助上司处理政务及日常事务，为决策及实施提供服务的人员"。从这一定义中，我们不难发现，秘书的辅助性特征还是非常明显的。

（2）秘书工作具有综合辅助性。如上所述，从秘书工作的内容和作用分析，辅助性可谓贯穿秘书工作的始终。但是从广义上分析，各职能部门和其他工作人员也可以说是分工协作，辅助领导完成共同的目标任务，也就是说辅助性并非是秘书活动所特有的，故此，笔者以为我们有必要对辅助性加以限制，限制的方向如下：

首先，秘书工作的辅助性具有综合、全面的特征，这是最具标志性的。秘书活动涉及领导工作的方方面面。从总体上看，秘书人员是在组织系统的目标管理的全局之内，适应系统决策领导者全局控制的视野与相应需要，以涉及系统内各方面职能业务工作的活动所向，通过综合性的参谋助手效应来辅助领导者有效进行领导工作。相比而言，其他业务职能部门一般只担负某一方面的工作，各司其职，其辅助活动具有明显的专一性和业务性，其辅助活动基本限定在既定分工的局部业务管理范围之内，通过其明确的合理性具体职能工作效应来辅助系统领导者完成目标管理任务。

其次，秘书工作的辅助具有直接性。秘书活动的辅助是一种直接的辅助，秘书活动直接受命并服从于领导活动，又直接对领导活动负责。张清明教授所提出的辅助的"近身特征"实质上等同于辅助的"直接性"，具体地说"同其类属人员及职能工作相比，在同样隶属辅助系统领导者的情态下，带有更加贴近领导者的近身特征……他们（指秘书部门及秘书人员——笔者注）是在更密切贴近、始终围绕、直接受制和服务领导者的过程中，通过其综合性的参谋作用来辅助系统领导者"。

再次，秘书工作的辅助具有非独立性。秘书工作是伴随着集团统治和领导群的出现而产生的。它的使命要求它始终从属于、服务于统治者和领导者。与智囊团、咨询公司的辅助不同，秘书活动必须以领导者的授意或授权为前提，秘书的辅助不具备独立性。

　　秘书的辅助具有综合性、直接性和非独立性的特征，笔者以为，在这些特征中，综合性特征是最典型、最本质的，它曾经被许多学者归结为秘书工作的基本特征。① 综合辅助可以区别秘书活动和其他活动的辅助，同时，考虑到表述上的精练，笔者以为，"综合辅助性"可以显示出秘书活动的本质属性。从实际内涵分析，"全能助理性"与"综合辅助性"也是比较接近的，在提法上可以合二为一。

　　另外，"综合辅助性"作为秘书工作的本质属性，与秘书学界认可度较高的傅西路提出的秘书工作的基本规律——"辅助领导工作律"也是吻合的。

第三节　秘书工作的特征分析

一、秘书工作的"本质属性"和"基本特征"

　　如上所述，秘书工作的"本质属性"和"基本特征"是具有密切关系的两个问题，秘书活动的"本质属性"制约着秘书活动的"基本特征"，大部分秘书学著作对于秘书活动属性和特征不加区分，"其论点大约有 50 余种。就其使用频率而言，出现较多的是：综合性、政治性、事务性、被动性、服务性、从属性、机要性、辅助性、政策性和群众性。"② 也有部分学者对秘书活动属性和特征作了区分。对"本质属性"制约下的"基本特征"，前人也有不同的研究成果。董继超在《普

---

　　① 司徒允昌、陈家桢的《秘书学教程》（上海人民出版社 2003 年版），王育的《秘书学原理及实务》（机械工业出版社 2001 年版）都将"综合性"归结为秘书工作的基本特点之一。

　　② 董继超：《秘书学问题数说》，《秘书》1998 年第 5 期。

通秘书学》中认为,秘书活动的本质属性是辅助性,受辅助性的规定,秘书活动具有文牍性、秘密性、事务性、受动性、随机性、补偿性、潜隐性等特征,且这些特征都是由秘书活动的辅助性派生出来的,并从不同的侧面体现出秘书活动的辅助性。[①] 楼宇生也认为秘书活动的本质属性是辅助性,受辅助性的制约,秘书活动呈现出政策性、综合性、服务性、机要性的特征。[②] 由此可见,即使在对秘书活动的本质属性达成共识的前提下,对秘书活动基本属性的把握也是有不同的认识的。

二、秘书工作的基本特征定义

所谓特征(或者说特点)是一事物区别于他事物特别显著的征象、标志,也就是一事物与另一事物的区别之点,这种特征是由事物自身的本质属性所决定的。我们认识秘书工作的特征,就要发现秘书活动与其他活动的区别,而不能把秘书活动混同于一般的机关活动,或者说把一般机关活动的特征视作秘书活动的典型特征。如政治性、政策性、机密性等特点就不仅仅是秘书活动所特有的,领导活动的政治性、政策性、机密性明显地典型于秘书活动,因此很难把它们归结为秘书活动的基本特征。

在秘书学研究领域中,对秘书活动特征的研究,影响最大的是王千弓的"五组矛盾说"和李欣的"四性说"。

"四性说"中的"四性"具体指政治性、从属性、事务性、被动性。确实,秘书活动有"四性"的指针,但是,随着秘书职业化进程的日益推广,"四性"很难再被认定为秘书活动的基本特征。以政治性为例,如前所述,尽管党政秘书活动具备较明显的政治性,但这种政治性并不来源于秘书职业活动本身,而是源自党政机关,党政机关的其他管

---

① 董继超:《普通秘书学》,中央广播电视大学出版社 1997 年版,第 7—9 页。

② 楼宇生:《通用秘书学》,同济大学出版社 1991 年版,第 60 页。

理活动也具备典型的政治性,而其他类型的秘书活动如私人秘书活动、商务秘书活动的政治性却并不突出,因此,我们很难认定政治性是秘书活动的基本特征。又以被动性为例,确实,秘书工作总是围绕着领导工作的需要和指令而进行,很少能完全按照自己的意愿安排工作。但是,这种被动性是相对的,特别是 1985 年全国秘书长和办公厅主任座谈会上,提出了新时期秘书工作的"四个转变",其中的转变之一就是要完成秘书工作由被动服务转变为力争主动服务,因此笔者以为,单纯地将被动性归结为秘书活动的基本特征不利于发挥秘书工作的积极性,也不利于实现新时期秘书工作的"四个转变"。事实上,对于秘书工作的被动性特征,有不少研究者曾经提出过疑义,如有人提出:"只要我们认真地深入探讨一番,就不难发现'被动性'之说,是缺少科学依据的,更非秘书工作的独有特性。它(指被动性——笔者注)只是秘书工作人员同秘书工作之间的一种可变的因人而异的关系属性。"[1]有人更是把"积极主动性"认定为秘书活动的基本特征。[2] 另外,关于秘书工作的事务性,笔者以为事务性确实是所有秘书工作所共有的,这是毫无疑问的,但是,事务性也确实不是秘书活动所特有的,这也是显而易见的,因此把它归结为秘书活动的基本特征也有不妥之处。由此,从总体上说,笔者不认可把政治性、从属性、事务性、被动性归结为秘书工作的基本特征。

　　"五组矛盾说"较早见于王千弓编著的《秘书学与秘书工作》,该著作 1984 年 10 月由光明日报出版社出版,书中提出,"秘书部门和秘书处于辅助性的从属地位。这种位置的特殊性形成了秘书工作的一系列特点,也就是秘书工作的五组对立统一的矛盾:被动性与主动

---

　　① 邓立勋:《论秘书工作的基本特征》,《湖南经济管理干部学院学报》2003 年第 4 卷第 4 期。

　　② 马守君:《秘书活动基本特征新探》,《陕西师范大学继续教育学报》2003 年第 1期。

性的对立统一,事务性与思想性的对立统一,机要性与群众性的对立统一,突击性与经常性的对立统一,综合性与专业性的对立统一。"将"五组矛盾说"归结为秘书活动的基本特征在秘书活动独特性的把握上显然优于"四性说",也正因为如此,十五年后出版的由傅西路主编的《秘书学论纲》再次将五组对立统一矛盾定位为秘书工作的一般特征。五组对立统一矛盾作为秘书工作的特点从最初提出到现在已经有二十多年了,经过二十多年秘书活动的实践检验,五组对立统一矛盾对秘书工作特征的把握还是比较恰当的。以下具体析之:

1. 被动性与主动性的对立统一

秘书工作的综合辅助性质和从属地位决定了它存在着被动性的一面。秘书工作的被动性是活动主体受制于客体而表现出的被动性。秘书工作是主体受制于客体的活动,其受制力大于自制力,因而表现出被动的特性。领导活动的内容、节奏、方式决定着秘书工作。同时,秘书工作的被动性是活动指向的受制性,秘书工作是为领导服务的,它必须始终围绕领导活动这个中心来运转,而不能自行其是。秘书工作作为一种辅助领导者、管理者的管理活动,它相对于领导者的领导活动而言,始终处于次要地位,是对前者的一个补充。我们承认秘书工作中的确存在着被动性的一面,但并不是说被动性就是秘书工作的一个特点。事实上,许多工作都存在着被动性的一面,被动性并非秘书工作所独有,而且秘书仍然具有发挥主观能动性的广阔天地。秘书工作的主动性是指在掌握秘书工作的客观规律的前提下,力争化被动为主动。实践证明,秘书工作只有体现出了主动性,才能更好地体现秘书工作的价值。因此,我们得出的结论是,秘书工作既有被动性的一面,更有主动性的一面,秘书工作的特征应该是被动性与主动性的辩证统一。秘书人员必须正确认识和处理被动性与主动性的关系。只看到秘书工作的被动性,看不到秘书工作的主动性,是一种片面的认识。不承认秘书工作的被动性,无限夸大秘书工作的主动性,同样是一种不恰当的认识。因此,秘书工作追求的是主动性和被动性的平衡,单纯的主动性和被动性都不是秘书工作的基本特征,只有这样,才能保证秘书工作到位而不越位,尽职而不失职。

2.事务性与思想性的对立统一

事务性曾经被许多研究者归结为秘书工作的特征之一,上述"四性说"中就包含"事务性",应该说人们对"事务性"的认识还是比较普遍的。确实,秘书部门是各级领导的办事机构,办事是秘书工作的基础职能。秘书工作有较强的事务性,接打电话、接待访客、收发文件、布置会场都属于事务性工作。同时,秘书工作除了上述事务性工作之外,也承担了一定的政务性工作,秘书机构不仅是一个办事部门,还是一个重要的参谋部门,它在领导决策过程中具有重要的参谋作用,即被认为"都渗透着极强的思想性"。[①] 所以,单纯的"事务性"或者"思想性"并不适宜成为秘书工作的基本特征,秘书工作的特征应该是事务性与思想性的对立统一。对这一组对立统一的矛盾,笔者的态度是,用"政务性"代替"思想性"似乎更合适。原因是:其一,秘书工作是适应领导活动需要而产生的。领导活动内容主要有政务和事务两大部分,而秘书工作的根本属性是综合辅助性,由秘书工作的根本属性而派生,秘书的辅助活动也涉及政务和事务两大部分,因此认定秘书工作的特征之一应该是事务性与政务性的辩证统一。其次,从字面上分析,"思想"的词汇意义是"即理性认识,人们在实践中对客观事物的认识,开始是感性认识,'这种感性认识的材料积累多了,就会产生一个飞跃,变成了理性认识,这就是思想'"。[②] 从这一角度出发,思想性与事务性的对应性没有政务性和事务性更恰当。第三,参与政务、处理事务是秘书人员的基本职责,政务和事务在不

---

① 傅西路:《秘书学论纲》,中国档案出版社 1999 年版,第 167—171 页。

② 《辞海》,上海辞书出版社 1979 年版,第 1676 页。

同类型、不同层次的秘书身上会有不同的要求,对于高级秘书或者秘书长官而言,政务性占据着主导地位,对于基层秘书而言,事务性特征比较明显,因此各类秘书应根据自己特定的职责范围,妥善处理好政务性和事务性的关系。

3. 突击性与经常性的对立统一

突击性与经常性的对立统一体现了秘书工作方式和节奏方面的基本特征,笔者以为该特征表述为常规性和随机性的对立统一更为恰当。常规性指的是秘书工作中存在着大量的经常出现、反复进行的工作,这些活动往往事先有预见、有计划的,活动内容常常是有规可循的,较典型的如文书处理活动,文书的收发、审核、登记、传阅、拟办、复核等各个环节的工作大多属于常规性的秘书工作,因此我们认为秘书工作有常规性的一面。同时秘书工作也有其随机性的一面。所谓随机性,是指事先未预计到的、突然发生的、需要秘书随机处理的活动,如临时受命调查某一事件,为临时决定召开的会议准备材料,向突然到来的上级视察人员提供有关资料等。在秘书工作中,常规性是它的主导方面,随机性处于相对次要的地位,两者相互联系,相互影响。秘书工作者既要连续不断地处理常规性工作,又要能够应付随机发生的复杂情况。实际上,常规性工作与随机性工作之间有着内在的联系。如果秘书人员对各项常规性工作的处理富有经验,就能从容应对各种随机性事件。随机性事件的处理能够有效地锻炼和提高秘书人员的工作能力,更有助于做好常规性工作。因此,秘书工作的常规性和随机性应该是辩证统一的。

4. 机要性与群众性的对立统一

王千弓指出,"在社会主义国家中,各级党政机关的秘书人员和领导干部的专用秘书,都不同程度地接触到党和国家的各种机密。特别是重要部门领导人的秘书,掌握很多重要情况,机要性更强⋯⋯

但是,另一方面,秘书部门又是汇集信息的渠道,是联系各个方面的桥梁,其工作性质具有很强的群众性……对于秘书工作的机要性与群众性的对立统一,秘书人员要辩证地对待。"①对此,笔者的基本意见是,其一,机要性或者说机密性是秘书工作特征的一个侧面应该说没有疑义,且不仅仅是针对上述所言的党政机关的秘书人员。机要性不仅仅是国家秘密,不管是党政机关、企事业单位还是私人的秘书,由于其在管理系统中特殊的位置及与领导的近身关系,其工作内容都或多或少地涉及到国家、单位的机要和秘密,或者是个人的隐私。所以,保守秘密就成为秘书职业的基本的职业道德,也是秘书工作特征的一个侧面。其二,与机要性相对的应该是沟通性。上述所言,所谓群众性,是因为"秘书部门又是汇集信息的渠道,是联系各个方面的桥梁",因此秘书人员"必须树立群众观念,密切联系群众,关心群众的疾苦,及时向领导反映群众的心声,成为领导联系群众的桥梁"。② 笔者以为,群众性一词,对于领导活动或者党政机关的秘书工作而言,存在着一定的合理性,但是,将秘书工作作为一种职业活动来看,未必合适,而且,群众性与机要性也并不必然构成对立关系。由此,笔者以为,应该用沟通性代替群众性。如前所述,"秘书部门又是汇集信息的渠道,是联系各个方面的桥梁",承上启下、联络左右的枢纽地位要求秘书具备良好的沟通意识。沟通性应该是秘书工作必不可少的特征的另一个侧面。其三,沟通性和机要性存在着辩证统一的关系。秘书工作的机要性与群众性是对立统一的辩证关系,两者相互依存,相互结合,不可分割。如果只看到秘书工作的机要性,而忽视秘节活动的沟通性,将会使自己的工作处于封闭的状态,该汇报的不汇报,该传达的不传达,最终影响秘书工作的开展。反之,如

---

① 王千弓、杨江柱、杨光汉:《秘书学与秘书工作》,光明日报出版社 1984 年版,第8—9 页。

② 傅西路:《秘书学论纲》,中国档案出版社 1999 年版,第 167—171 页。

果只看到秘书工作的沟通性,而忽视秘书工作的机要性,就会在公务接待、日常交往、宣传报道、沟通协调等活动中丧失警惕,内外无别,泄露机密,给党和国家及组织自身或者领导造成不应有的被动和损失。因此,秘书工作者必须妥善处理好两者之间的关系,既要密切联系各方,保持信息畅通,又要时刻注意保守机密。

5. 综合性与专业性的对立统一

由秘书工作综合辅助的本质属性所决定,秘书工作具有综合性的基本特征。"秘书的地位决定了秘书工作的高度综合性。党政机关和其他部门的秘书都要从综合的角度出发,协助领导人把管理工作做到条理化、信息化和最优化。……另一方面,秘书工作又有它的专业性。秘书工作的专业性,首先是指秘书业务的特殊要求。其次,指各机关、各部门的专业知识。"[①]秘书工作的综合性与专业性是相辅相成的,秘书人员的专业知识越丰富,越全面,总揽全局的综合能力也就越强;秘书人员的综合能力越强,对全局了解得越透彻,也更有利于他对专业知识的掌握。两者是相互结合,相互促进的辩证统一关系。

综上所述,在王千弓主要针对党政秘书的"五组矛盾说"基础上,笔者以为可以扩大其适应性,面对秘书的职业群体,"五组矛盾说"的内容可以表述为:被动性与主动性的对立统一,事务性与政务性的对立统一;机要性与沟通性的对立统一,常规性与随机性的对立统一,综合性与专业性的对立统一。这五组对立统一的矛盾较典型地显示了秘书工作区别于其他活动特性,体现了秘书工作的特殊性,可以视作秘书工作的基本特征。

---

① 王千弓、杨江柱、杨光汉:《秘书学与秘书工作》,光明日报出版社 1984 年版,第 11—12 页。

■第十一章

秘书工作的规律

秘书工作的规律问题,是近十年秘书学界较为关注的理论热点之一。应该肯定,这是一个研究层次很高、研究前景很广和研究价值很大的论题。也应该看到,确实产生了一批有创见和有影响的研究成果。①

哲学常识表明,规律是事物内部的本质联系和发展的必然趋势,规律反映的客观事物的联系是必然的、一般的、本质的、重复的。如水往低处流,这是人们从自然界总结出来的一条科学规律,它反映了不以人们意志为转移的客观过程。探索秘书工作规律,实质上也是揭示秘书工作必然的、一般的、本质的、重复的联系。可见总结秘书工作规律这一命题是一个带有战略性的选题,而且是对秘书学进行具有哲学意义的思考,这一课题的理论价值和学术价值是显而易见的。科学揭示秘书工作的规律,将是秘书学研究者在较长时期内孜孜以求的目标。

---

① 董继超:《秘书学问题数说》,《秘书》1998 年第 5 期。

第一节　秘书工作规律问题的研究成果

如同董继超所说,自从秘书学出现以来,"确实产生了一批有创见和有影响的研究成果"。较具代表性的有:

一、李欣的"双线"规律

1988年,李欣在《秘书工作的自身结构》一文中,第一次较为完整地提出了秘书工作的基本规律。他指出,"不管你承认不承认,秘书部门、秘书人员总是要围绕领导的要求和需求来进行工作,一切为领导服务来进行工作……如果把领导的要求和需求作为一条线,即'要求线',那么,另一条线就是工作人员为满足领导需要而尽量贴近这一条线而构成的'追逐线'。"1989年,李欣在其撰写的《中国现代秘书基础》一书中明确论述了秘书工作的基本规律,"这条基本规律就是:秘书工作必须尽一切可能满足、适应不断发展和变化的领导工作需求。……秘书人员就是在这个不断追逐、不断努力适应中提高工作水平的。领导人的需求总体上是不断提高的,但也有降低的时候。这种需求降低时,秘书人员在工作上的追逐有时是会超出'需求线'的,那只不过是暂时的,很快它也会降低下来以贴近这条'需求线'。原因就是秘书工作永远要适应领导工作需要。这就是它成为基本规律的必然性。"①1993年,李欣在《秘书学导论》中,对"双线"规律作了更为肯定的表述。"秘书工作的机构设置、人员配备、工作方式、工作方法、工作内容等都是根据领导工作的需要而变化。因此,可以形象地把它说成是两条线:一条是领导工作的需求线;一条是秘书工作的追靠线。……从整体说这是个客观规律,谁也改变不了,违反不得。需求—追靠—再需求—再追靠。就这样不断追、不断赶,构

---

① 　李欣、徐瑞新:《中国现代秘书基础》,高等教育出版社1989年版,第155页。

成一个不断循环的运动轨迹。秘书工作就是在这样一种矛盾推动下前进。这就是秘书工作的基本规律。对这条基本规律,我们可以这样表述:秘书工作和领导工作是作为服务和被服务而相互依存的一对矛盾,秘书工作以不断改变自身条件来最大限度地适应领导工作不断变化发展的需求,在不断追靠中缩短差距,发展前进。"①

另外,也有一些学者,在没有改变"双线"规律本质的前提下,对其的表述作了局部的修正,如钱世荣试图用一句话来概括秘书工作的基本规律,即"在辅助领导活动中,领导的需要始终制约着辅助的水平,辅助的水平须不断地适应领导的需要并进而促进新的领导需要的形成"②。陈贤华在《秘书工作论》中把秘书工作的规律表述为"秘书工作与领导工作的贴近、距离、追逐、再贴近、再距离、再追逐的不断上升的循环中推动秘书工作的发展"③。

彭沉雷在总结《秘书》杂志1992年第5期开展的专题讨论的基础上,发表了《探讨秘书工作基本规律的一点思路》一文,认为探索秘书工作的思路是:第一,领导工作的需要是秘书工作最根本的目的和方向。第二,满足领导需要的过程是一个能动的过程。第三,秘书工作的范围、要求在不断变化。第四,正是变量的不确定性和服务者——秘书的主观能动性的作用,对领导者需要的满足既可以超前也可能滞后。由此彭沉雷对秘书工作的基本规律作了如下表述:"秘书工作的基本规律是以领导工作范畴为基础的领导者需要的有机满足及满足实现的无限变量"。

李明佳在《浅谈秘书工作的规律和基本规律》一文中认定"秘书工作的政治性、从属性、事物性、被动性其实就是秘书工作的共有规

① 徐瑞新、安成信、李欣:《秘书学导论》,高等教育出版社1993年版,第33页。

② 钱世荣:《商榷·辨识·再探讨——对我国当代秘书活动基本规律的思考》,《当代秘书》1998年第5期。

③ 陈贤华:《秘书工作论》,四川大学出版社2000年版,第61页。

律""这四个'性'正是'现象中巩固的(保存着的)东西','本质的东西的反映'。由于古今中外的秘书工作都具有这四个'性',因此,这几个规律就是秘书工作的共有规律,是普通性、共性的体现。"同时,秘书工作除上述共有规律外,还有特殊规律,各个社会秘书规律的基本规律就是最重要的特殊规律。我们国家秘书工作的基本规律是"坚持为人民服务的宗旨,不断提高秘书人员的素质,改善工作手段,以适应秘书工作对参谋、助手的日益增长的要求。""这个规律指明我们的秘书工作归根到底是为人民服务的,这是我们社会主义社会的性质所决定的,它与任何以私有制为基础的社会的秘书工作有着本质的区别。"①

二、傅西路的"辅助领导工作律"

傅西路认为"辅助领导工作律"通过对秘书工作基本矛盾及其运动过程的深入研究而得出的科学结论,是由感性认识上升到理性认识的智慧结晶,它包含着丰富的内涵,具体地说:(1)领导者的辅助需求是秘书工作的主导因素,秘书工作必须以领导者的辅助需求为转移。(2)领导者的辅助需求具有客观规定性,并非主观随意性。(3)领导者的辅助需求归根结底是由领导者所代表的根本利益决定的,因此,秘书工作者必须从维护领导集体所代表的根本利益出发,以适应领导工作的需求。(4)秘书工作者的辅助水平一定要同领导者的辅助需求相适应。(5)要适应领导者的辅助需求,秘书工作者必须不断提高辅助水平。②

三、方国雄的"跟踪辅助领导活动说"

所谓跟踪辅助,就是在领导者的一切活动中,秘书人员都要自始

① 李明佳:《用辩证唯物主义探索秘书工作规律》,《秘书理论与实践》2003年第11期。
② 傅西路:《秘书学论纲》,中国档案出版社1999年版,第196—200页。

至终地、全面地发挥辅助作用。方国雄提出"在秘书工作实践中,秘书对领导的跟踪辅助,是秘书一切职能活动的联系中最本质的联系,也是秘书一切工作关系中最本质的关系。无论秘书工作的体制、方式和方法等如何变化,其跟踪辅助领导活动的本质性的内涵不会变;若这一本质的联系和关系发生了变化,秘书工作就发生了质的变化,充当参谋助手的秘书也就不存在了。可见,跟踪辅助领导活动是秘书工作的基本规律"。

以上是秘书学产生以来秘书工作基本规律研究的主要成果,由于秘书工作基本规律的研究是一个带有战略性的研究课题,一般研究者涉及比较谨慎,从研究成果来看,所有的秘书工作规律的表述都离不开领导工作。按照唯物辩证法的学说,事物发展的根本原因,不是在事物的外部而是在事物的内部,在于事物内部的矛盾性。任何事物内部都有这种矛盾性,因此引起了事物的运动和发展。秘书工作的发展也是其内部矛盾运动的结果,秘书工作的基本规律,实质上就是秘书工作基本矛盾运动的规律。而秘书工作的基本矛盾毫无疑问是领导者的辅助要求与秘书工作者的辅助水平之间的矛盾,这一基本矛盾与秘书学界对秘书工作基本规律的表述是一致的。

第二节　"双线规律"之评析

"双线规律"是秘书工作基本规律中被广大理论和实践工作者广为认可的工作规律,被多种教材和论文所引用,影响较大。

一、"双线规律"影响深广的原因

1."双线规律"提出者在秘书学研究中的地位

"双线规律"的提出者是李欣,李欣是秘书学界的前辈,其权威性毋庸置疑。李欣曾任中共中央办公厅秘书局常务副局长多年,有丰富的秘书工作的实践经验,后又致力于秘书工作的理论研究,早在秘书学兴起之初的 1985 年,李欣就出版了秘书学研究的专著《秘书工作》,奠定了其作为当代秘书学创始人的地位。20 世纪八九十年代,李欣在秘书学界影响是首屈一指的。可能也正是基于此,常崇宜曾多次提议要把"双线规律"改为"李氏定律",或者"李氏规律"。①

2."双线规律"提出的时间

由于规律的总结是涉及哲学层面的理论问题,研究规律,必须研究秘书工作内部的本质联系和发展的必然趋势,需要对丰富的现象进行理性思维,其研究难度可想而知,因此,在早期的秘书学教材中和论文中,基本没有涉及秘书工作的基本规律问题。而李欣在 1985 年出版的《秘书工作》一书中,已经表现出对秘书工作基本规律的探究了。他在书中指出,"秘书工作的指导思想一定是为领导机关服务,这是秘书工作内在性质规定的,是秘书工作的客观规律规定的。"②1988 年至 1989 年,李欣明确地提出了"双线规律"是秘书工作的基本规律,而此前,很少有学者明确提出秘书工作的基本规律。"双线规律"提出时间之早应该也是该规律影响广泛的原因之一。

3."双线规律"的阐述简明易懂

如上所述,规律是涉及哲学层面的理论问题,需要严密的逻辑思维能力,规律是一种具有高度概括性的理性认识。李欣在表述秘书工作的基本规律时却使用了比较形象,甚至可以说是通俗易懂的表达方式,把秘书工作的规律描述为形象的"两条线"之间的关系。把领导的要求和需求表述为领导的"需求线",把秘书工作表述为"追逐线",并以"需求—追靠—再需求—再追靠"作为循环往复的公式加以

① 常崇宜:《略谈秘书工作的基本规律》,《当代秘书》1998 年第 10 期。
② 李欣:《秘书工作》,高等教育出版社 1985 版,第 113—114 页。

表达,从而产生了深入浅出、通俗易懂的效果。特别是对于广大秘书人员来说,李欣依据他丰厚的经验积累而表述的"双线规律",既容易获得理解,又便于实际操作。这也是"双线规律"得以迅速传播并产生较大影响的原因之一。

4. 大部分理论研究者的推崇和肯定

李欣的"双线规律"提出以后,得到了大部分理论研究者的推崇和肯定,并获得了较高的评价。如原《秘书》杂志社主编刘耀国在《试论李欣同志的学术思想》把李欣的"双线规律"视为"一大突破",他指出:"李欣同志的这一发现,是他现有学术思想中最重要的研究成果,也是他对当今秘书学界重要的贡献。"[①]其后,《秘书》杂志又辟专栏开展了"秘书工作怎样适应领导工作的需要"的专题讨论,历时两年之久。又如成都大学的常崇宜也是"双线规律"的积极的支持者,他在《秘书工作的规律探讨》一文中提出,"李欣同志讲的'领导需求线'与'秘书追逐线'是一条总规律,已为秘书界所公认,可称为'李氏定律'。"[②]在两年后发表的《略谈秘书工作的基本规律》一文中,他再次强调,"'李氏规律'的内容,应当说它符合秘书工作的基本指导思想,更符合秘书的历史与现实实际。"

二、对"双线规律"的异议

"双线规律"在秘书学理论界产生了巨大的影响并获得了许多理论研究者的推崇和肯定,但同时也引发了较大的学术争议,特别是北

---

①　刘耀国:《试论李欣同志的学术思想》,《秘书》1990 年第 5 期

②　常崇宜:《秘书工作的规律探讨》,《秘书之友》1996 年第 1 期。

京"四大秘书"事件①出来以后,"双线规律"受到了许多学者的质疑,提出了许多不同的见解。

董继超可以说持对"双线规律"否定态度的代表人物,他的否定性观点集中体现在《"双线"规律说略评》(《当代秘书》1998 年第 4 期)一文中,该文在阐述了"双线"规律产生过程的基础上,对"双线"规律存在的问题及可能产生的误导展开了论述。认为问题之一是李欣的"双线规律"中未对"需求线"作任何评价,既没有分析领导需求的层次,也没有分析领导需求的高下,是未加分析的价值判断。问题之二是"双线规律"只讲一切为领导服务,忽视了非正常情况下两者的关系问题,有悖于"三服务"的指导思想。问题之三是"双线规律"是建立在秘书工作"从属性"、"被动性"上的一种经验概括,没有反映"辅助性"这一本质特征,故此该规律没有揭示事物的本质联系。问题之四是"双线规律"有不能自圆其说之处,如在论题上存在自相矛盾之处。如研究秘书工作规律理应以秘书工作为主体,李欣却将秘书人员作为研究对象等等。

董继超的文章一经发表,可以说在秘书学界引起了轩然大波,1998 年的《当代秘书》连续刊登了有关研究者的文章,展开争鸣。兰州大学《秘书之友》杂志副主编赵云天也对"双线规律"提出了异议,②他认为,"双线追逐说"并没有描述出秘书工作的基本规律,它的实质只是要求秘书工作自始至终按领导意图办事。而领导的意图只是领导工作目标转化为社会实践的中间环节,领导工作目标,才是

---

　　① 北京"四大秘书"事件:陈健,北京市原市委书记陈希同的秘书,受贿人民币 40.9 万元,被处有期徒刑 15 年;闫振利,北京市原副市长王宝森的秘书,贪污人民币 1 万元,被处有期徒刑 7 年;段爱华,北京市人大常委会原副主任铁英的秘书,受贿人民币 5.6 万元,被处有期徒刑 5 年;何世平,北京市原副市长黄超的秘书,受贿人民币 24.3 万元,被处有期徒刑 16 年。

　　② 赵云天上述观点转引自《当代秘书》特约记者添益的《一"评"激起千层浪——由〈"双线"规律说略评〉引发的一场学术争论》一文,该文载于《当代秘书》1998 年第 6 期。

派生领导意图的本源,领导工作目标的规定性制约着领导意图的出发点、实践过程及其归宿。领导意图的正确度是因人而异的,就是说领导的意图和领导工作目标的必然性存在着差异。准确判断这些差距所在就为秘书发挥参谋作用规定了一个可能性空间,辅助领导尽可能缩小或消除这个"差距",使领导意图达到符合领导工作目标的高度。这也是"辅助"与"追逐"之间的区别。

除了上述对"双线规律"提出基本否定的意见之外,许多学者开始对"双线规律"进行冷静的反思,在基本肯定规律的前提下进行了提出了若干完善性意见。比较有代表性的是钱世荣,他在《商榷·辨识·再探讨——对我国当代秘书活动基本规律的思考》一文中认为,李欣的"双线规律"的提出有一个自我修正的过程,最早提出来的"秘书部门、秘书人员总是要围绕领导的要求和需求来进行工作",也就是说以"秘书人员"和"领导者"作为"双线规律"的行为主体,这样的表述确实值得质疑,但到了后期,在《秘书学导论》中,李欣已经把"双线规律"的表述修正为"秘书工作和领导工作是作为服务和被服务而相互依存的一对矛盾,秘书工作以不断改变自身条件来最大限度地适应领导工作不断变化发展的需求,在不断追靠中缩短差距,发展前进。"其中,"双线规律"的主体已经转换成"秘书工作"和"领导工作",因此就不存在董继超所说的"论题的自相矛盾"、"概念的自相矛盾"的问题了。但是,"双线规律"的用词不当和对关键性术语缺乏界定却是显而易见的,如"满足"、"追逐"、"追靠"等词就属于不恰当或不贴切的用词,因此,用词不当应该是"双线规律"的明显失误。

第三节　"辅助领导工作律"之评析

原中共中央秘书局局长,《秘书工作》杂志社原主编傅西路,由于既有长期秘书领导工作的实践经验,又担任过秘书工作导向性期刊的主编,且曾执教于中国人民大学,有着较高的理论水平,其秘书学的研究水平和研究成果有目共睹。傅西路在其学术专著《秘书学论纲》中专章研究了秘书工作的规律问题,全面论述了秘书工作的基本规律,笔者以为其学术价值和学术地位与"双线规律"相比并不逊色,同时傅西路关于秘书工作的规律的系统表述是在以《当代秘书》为载体开展的秘书工作基本规律大讨论之后,在该会议上,他对当时的秘书工作基本规律的研究成果有清楚的认识,指出,"目前流行着三种说法:一是'追逐说',意为追着领导需求跑;二是'转移说',一切以领导的意志为转移;三是'围核说',意为围着领导的核心转。以上的共同观点是一切围着领导的需求来服务。此外还有"矛盾说"、"制政说"等等。这些观点都是极其宝贵的经验之谈,从直观感觉上揭示了秘书为领导服务的颠扑不破的真理。但是,仅这样的认识是不够的,还需要深入研究。"①正是基于对秘书工作基本规律研究的全面认识,傅西路提出的"辅助领导工作律"与其他秘书工作规律相比,更具有科学性和概括性。笔者认为,"辅助领导工作律"的价值主要表现在:

一、"辅助领导工作律"是从秘书工作基本矛盾的角度对秘书工作规律的探讨

马克思主义哲学指出:"法则是含于根本性的矛盾之中。""不认识矛盾,便不能认识过程发展法则。"这就是说,事物的规律是由事物的矛盾所决定的。要认识规律,就必须研究事物的矛盾。在总结秘书工作规律之前,傅西路首先对秘书工作的基本矛盾作了确认,认为领导者的辅助要求与秘书工作者的辅助水平之间的矛盾,就是秘书工作的基本矛盾。其主要论据是这对矛盾贯穿于秘书工作发展过程的始终;这对矛盾制约着秘书工作的其他矛盾;这对矛盾规定了秘书

---

① 转引自《当代秘书》特约记者添益的《一"评"激起千层浪——由〈"双线"规律说略评〉引发的一场学术争论》一文,该文载于《当代秘书》1998 年第 6 期。

工作的性质和任务。在秘书工作基本矛盾运动的过程中,领导者的辅助需求是推动秘书工作基本矛盾运动的主导因素。秘书工作者的辅助水平,对提高领导效能有直接而重要的影响。在秘书工作基本矛盾运动中,领导者的辅助需求始终是矛盾的主要方面,居主导地位,是最活跃的、起决定作用的因素;秘书工作者的辅助水平是矛盾的次要方面,处于服从地位,是能动的、起影响作用的因素。秘书工作者的辅助水平与领导者的辅助需求之间的矛盾运动是:从开始不适应到基本适应再出现不适应,经过学习、改革、提高,再到基本适应,如此循环往复以致无穷。但每次循环并不是简单的重复,而是螺旋式地上升到更高一级的阶段,以此推动秘书工作不断向前发展。这就是秘书工作基本矛盾运动的轨迹。确认了秘书工作的基本矛盾,根据唯物辩证法的学说,秘书工作的发展也是其内部矛盾运动的结果,秘书工作的基本规律,实质上就是秘书工作基本矛盾运动的规律。由此,傅西路认为秘书工作者的辅助水平一定要适应领导者的辅助需求,是秘书工作基本矛盾运动过程中不以人的主观意志为转移的客观规律。这一客观规律可以概括为一句话,即"辅助领导工作律"。

二、"辅助领导工作律"符合客观规律的基本特征

傅西路在探讨秘书工作时,特别重视规律的一般特性,认为秘书工作可以在不同时期呈现出不同的特征,可以有不同的工作原则、不同的方针政策,但这些特征、原则和政策不能和客观规律混为一谈。他认为,秘书工作规律和世界上一切客观规律一样,具有客观性、普遍性、本质性、必然性、稳定性和层次性的特征。一切主观的、个别的、现象的、偶然的、易变的东西,都不能称之为秘书工作规律。我们要认识和掌握秘书工作规律,就必须牢牢把握以上特征,只有这样,才能逐步认识秘书工作的客观规律。正是认识和把握了规律的基本特征,才使"辅助领导工作律"有更强的生命力和更大的适应性。

三、"辅助领导工作律"具有较强的概括性,其内容表述比较周密科学

马克思曾经说过,真理往往是简单的。"辅助领导工作律"看似简单而普通,但它已不是人们停留在经验层面的感性认识,而是人们通过对秘书工作基本矛盾及其运动过程的深入研究而得出的科学结论,是由感性认识上升到理性认识的智慧结晶,如前所述其中包含着深刻而丰富的内涵。与李欣的"双线规律"相比,从表述上看更原则,更具有概括性。但同时,由于傅西路对规律的内涵作了科学的说明,如领导者的需求与秘书工作的关系,领导者的辅助需求的性质和基本特征,修正了李欣的"双线规律"中表述上的缺陷,使得秘书工作规律更符合规律的科学特征。

第四节　秘书工作规律的若干思考

秘书工作规律研究是秘书学基础理论研究的重要核心组成部分,在研究过程中我们应重点关注和思考以下问题:

一、注意避免秘书工作规律研究中的误区

秘书工作的规律是指秘书工作运动发展中的本质的、必然的、稳定的联系。秘书工作的基本规律是在秘书工作的联系和运动中形成的,但并非秘书工作运动的所有联系都是规律,只有秘书工作运动发展中的本质的、必然的、稳定的联系才是规律。人们认识事物的规律,经常是通过生产实践、社会实践或科学实验来进行的。在这些活动中,会有某些联系或因果关系经常、反复地出现,并对该事物起支配作用,这些联系或因果关系,就是该事物的规律了,规律说到底就是共性,是多种时间过程的共性,也是多种空间关系的共性。在秘书工作规律研究中,许多研究者容易忽视规律的基本特征,走进规律研

究的误区,常见的误区有以下几种:

第一,误把对秘书工作的要求当成秘书工作规律,缺乏对现象背后的、隐藏的东西——规律的深入揭示。如有些研究者将秘书写作的内容,要与领导工作的要求相合拍;秘书起草文稿的风格,要与领导者风格、个性相协调;秘书起草文稿的表达,要与领导立意相吻合①等对秘书工作的具体要求视作秘书工作的特殊规律。

第二,误把本质当成秘书工作规律,缺乏对工作本质与规律之间关系的正确认识。研究秘书工作的规律,势必涉及对秘书工作本质属性的研究,但是本质属性并不等同于规律。如上述所引,"秘书工作的政治性、从属性、事物性、被动性其实就是秘书工作的共有规律""这四个'性'正是'现象中巩固的(保存着的)东西','本质的东西的反映'"。② 实质上,即使这"四个性"是秘书工作的本质属性,也不宜将其视作秘书工作的基本规律,因为本质与规律并不呈现等同的关系。

第三,误把共性当成秘书工作规律,缺乏"本质的联系"和"非本质的联系"的区分意识。"本质"不等同于秘书工作的基本规律,但秘书工作的基本规律必须反映秘书工作的基本矛盾,有些人认为保守党和国家机密也是秘书工作的基本规律之一,这种认识,就是将一些共性的、非本质的认识也看作规律。

另外,有的研究者将规律和规律的实现混为一谈,误把条件当成秘书工作规律,缺乏对规律及规律实现条件之间关系的准确认识。也有些研究者误把惯性当成秘书工作规律,缺乏对违背规律的落后的传统做法的辨析能力。凡此种种,使得秘书学规律研究迷雾重重,也造成了我们在秘书工作规律研究方面的一些不合理的研究成果的问世。由此也说明我们关于秘书工作规律的认识,还需要进一步深

① 姬瑞环:《秘书学教程》,海洋出版社 2003 年版,第 77 页。
② 李明佳:《浅谈秘书工作的规律与基本规律》,《秘书》1992 年第 12 期。

化,需要在研究实践中不断澄清一些模糊性的认识,需要深入理解关于规律的一些基础理论。

二、有效整合现有的秘书工作规律的研究成果,并且开展有针对性的实践检验

自从李欣将"双线规律"概括为秘书工作的基本规律以来,许多研究者对此作了理论和实践的验证,并对此提出了修正性意见,"双线规律"应该是秘书学界论证最充分的理论问题,无论是董继超的否定性意见,还是刘耀国"要肯定、有不足、须完善"①的基本态度,或者是常崇宜的积极拥护,都起到了使秘书工作规律研究不断深化的作用,也为稍后方国雄提出"跟踪辅助领导活动说"、傅西路提出"辅助领导工作律"提供了较好的理论基础。应该说,他们提出的秘书工作基本规律都与李欣的"双线规律"有着深厚的渊源关系,根据现有的秘书工作规律的研究成果,我们也可以初步达成一种共识,研究秘书工作的基本规律视角在于发现和总结秘书工作和领导工作的本质关系,上述三种关于秘书工作的规律正是从秘书工作和领导工作的本质关系的角度来探讨秘书工作的基本规律的,特别是傅西路的"辅助领导工作律",有效地弥补了"双线规律"的不足,也更符合社会规律的基本特征,应该是值得认可的秘书工作的发展规律。

三、秘书工作规律研究要注意基本规律与特殊规律,基本规律与具体规律的区分

秘书工作规律的总结和研究存在着多种层次,根据秘书工作的基本矛盾,可以得出秘书工作的基本规律,秘书工作的基本规律是不同社会形态的秘书工作共有的规律。但是秘书工作规律也存在着几种或某一种社会形态的秘书工作特有的客观规律。李明佳在《浅谈

---

① 刘耀国:《三议李欣先生的秘书工作基本规律说》,《当代秘书》1999 年第 4 期。

秘书工作的规律和基本规律》一文中指出：从我国秘书工作的实际出发，我国秘书工作的基本规律似可表述如下：坚持为人民服务的宗旨，不断提高秘书人员的素质，改善工作手段，以适应领导工作对参谋助手的日益增长的要求，这个规律指明我们的秘书工作归根到底是为人民服务的，这是我们社会主义社会的性质所决定的，它与任何以私有制为基础的社会的秘书工作有着本质的区别。尽管这一规律可以视作特定时期的秘书工作的基本规律，且在我国现阶段的秘书工作规律体系中起着主导作用。但是，由于这种规律受到矛盾特殊性的制约，应该归结为特殊矛盾更为合理。

在秘书工作的基本矛盾的制约和影响下，我国秘书工作中还存在着一些具体规律，秘书工作涉及公文撰拟、文书处理、督促检查、沟通信息等诸多方面，这些方面均存在着秘书工作的具体规律。如"内容求实"的规律反映了信息处理文件撰制等方面的本质联系；"言事有法"的规律反映了公文制作的一个本质；"行文有序"的规律反映了公文处理与运转的内在矛盾，这些秘书工作诸方面的具体规律都受秘书工作基本规律的制约，① 它们从各个侧面体现了秘书工作"辅助领导工作律"这一基本规律。

秘书工作的基本规律是制定秘书工作方针政策的理论依据。然而，人们认识规律、掌握规律不是一蹴而就的，人们认识事物有一个从现象到本质，从较浅层次的本质到更深层次的本质的过程。"辅助领导工作律"的形成正是体现了人们对秘书工作基本规律的探索过程。

---

① 李明佳：《浅谈秘书工作的规律与基本规律》，《秘书》1992 年第 12 期。

■第十二章

秘书的职业化

所谓秘书职业,是指秘书人员能够稳定从事并赖以生活的工作。随着我国改革开放的深入和社会主义市场经济的发展,秘书工作作为一种职业,日益受到社会的重视。因此,研究和分析我国秘书职业化的过程、特点和发展趋势,改革我国的秘书职业教育,便提到了秘书学研究的日程,成为一项重要的任务。①

按照中国的传统观念,秘书一直被视作行政人员的一部分,作为一种职务、职位而不是一种职业存在于党政机关和企事业单位中。《四角号码新词典》对秘书的解释是"掌管机要和文书的干部"②。这种观念与欧美发达国家秘书的职业化状态相距甚远。随着中国国际化进程的进一步加快,有关秘书的传统观念也受到了严重挑战。在商务秘书、涉外秘书、私人秘书等多类型的秘书大量涌现的社会背景下,1998年6月国家原劳动部发布了《秘书职业资格鉴定试点工作方案》,在北京、上海等10个省市展开秘书职业资格培训和鉴定的试点工作,迈出了秘书职业化的第一步。2000年3月,《中华人民共和国国家劳动和社会保障部令》第6号,发布了《招用技术工种从业人员规定》,决定自2000年7月1日起,秘书与其他若干技术职业必须

---

① 董继超:《普通秘书学》,中央广播电视大学出版社1997年版,第328页。
② 《四角号码新词典》,商务印书馆1961年版。

持职业资格证上岗,秘书职业资格鉴定全面推开,这意味着中国秘书职业化时代的到来。

第一节　秘书职业化进程动力不足探源

尽管秘书在中国已经走上了职业化道路,与西方国家相比,我国的秘书职业化还处于初级阶段,离真正意义上的职业化还有很远的距离。造成秘书职业化发展相对缓慢的原因很复杂,动力不足是其不可忽视的重要原因,动力涉及传统观念,涉及现实环境,也涉及具体的技术操作的层面。

一、与西方国家相比,我国的秘书职业化起步较晚

西方的秘书,最早产生于法国资产阶级大革命中,著名的民主革命家、激进派领袖罗伯斯庇尔首先聘用了私人秘书,帮助自己处理文书和日常事务。从此秘书在欧洲迅速风行起来,王公大臣、金融巨头、社会名流都以雇有私人秘书为荣。秘书在西方一出现其职业特征就非常典型,"在英国,秘书是第一大职业群,在美国是第三大职业群"。[①] 在西方,秘书的职业规范和职业培训已相当成熟,一些有权威的秘书组织,不仅负责本国的培训,而且还进行跨国培训,如英国的"特许秘书与行政人员公会"(简称 ICSA),负责多个英语国家和地区的秘书人员的培训、鉴定,所颁发的"秘书资格证书"在这些国家和地区通用。而在中国,从古代到近代,从最初的史官、中书舍人到秘书长、办公室秘书,秘书一直与职官或者说官员联系在一起,秘书往往被视作一种行政职位,没有独立的职业规范,更谈不上职业建设。直到 1998 年 6 月,国家原劳动部发布了《秘书职业资格鉴定试点工作方案》,在北京、上海、重庆等 10 个省市区开始秘书职业资格

---

① 　杨剑宇:《涉外秘书学概论》,湖北科学技术出版社 2000 年版,第 193 页。

培训和鉴定的试点工作,才迈出了秘书职业化的第一步;因此,我国的秘书职业化还处于发展的最初期阶段,与发达国家相比,还有相当远的距离。

二、社会公众对秘书角色的认知偏差阻碍了秘书职业化的发展进程

尽管我国目前已经走上了秘书职业化的道路,但是传统观念中的秘书角色定位,在现实社会中仍影响着人们;现代秘书发展中的某些偏差也使社会无法正确认识秘书角色。

1.“官本位”的观念依旧影响着人们对秘书的认识

秘书岗位往往被视作快速晋升的一条捷径而不是一种终身从事的职业,现行的行政体制也没有为清除人们头脑中的这种歧义认识提供强力支持。事实上,党政机关、企业和事业单位的大多数秘书人员,并没有把从事秘书工作当作终身追求、献身的职业,而是把它当成晋升的跳板。许多争着进党政机关当秘书的人,大多出于“入仕”的动机,认为秘书是“干部”、“准官员”,是“二把手”。或者认为秘书是领导的身边人,容易得到领导的提拔,从而达到升迁的目的。“领导身边好办事,领导身边好提拔”是许多秘书的任职动机。而从党政机关、企业和事业单位数秘书人员的任职情况来分析,秘书确实属于流动性最大的岗位之一。而且确实如许多人期望的那样,许多秘书在经历了短时期的秘书生涯就走上了领导岗位,以至于中共中央颁布的《党政领导干部选拔任用工作条例》第十二章“纪律和监督”第六十三条第六款明文规定:“不准要求提拔本人的配偶、子女及其他亲属,或者指令提拔秘书等身边工作人员。”各级政府部门也纷纷出台相关文件制约提拔任用领导的“身边人”,许多省市还对秘书的任用周期作了限定。如安徽省出台的《关于加强对领导干部身边工作人员管理监督的暂行规定》明确指出:“领导干部提任或转任工作岗位,原身边工作人员不准随其办理异地工作调动；领导干部身边工作人员在同一领导干部身边工作不得超过 5 年等。"2004 年 7 月，甘肃省下发了《关于领导干部身边工作人员廉洁从政的规定（试行）》，要求在职省级领导干部的秘书任期不超 3 年。这种任职期限的规定或许是出于廉政建设的考虑，但正如《人民日报》署名文章所指出的，"加强领导干部身边工作人员的廉政建设很有必要，但是，规定秘书任期不超过 3 年没有什么实际意义。"①其实，秘书腐败跟任期无关，加强秘书职业道德建设却至关重要。任期不超过 3 年或 5 年的规定进一步加速了秘书人员的流动性，事实上，党政机关、企业事业单位的秘书工作人员，很少有超过 10 年的秘书工作经历的，那些长期从事秘书工作的人员，尽管有较丰富的专业知识和扎实的专业技能，但其社会评价却不被肯定，对于大多数社会公众来说，这些秘书是"无能的"，这种评价标准又刺激了现职秘书不安于秘书职业，从而影响了秘书职业化发展的进程。

2. 秘书腐败现象的存在极大地影响了人们对秘书的看法

在现实社会中，有些秘书分享和递延了领导的权力，实施违法的行为。秘书腐败特别是公务秘书的腐败已经成为一种比较普遍的社会现象，李真就是中国权力场之"秘书腐败"的典型标本，秘书腐败似乎已经成为中国官僚腐败的一个重要内容。加之文艺作品的渲染，如电视剧《黑冰》、《省委书记》中的秘书，他们或向黑恶势力泄露重要机密，或干扰破坏反腐打黑斗争，或自己沦为腐败分子，掉进犯罪的泥坑。于是，腐败似乎成了秘书的基本特征，秘书群体的形象受到了很大的损害。基于此，出现了四川绵阳市不再设立专职秘书的报道。可以说，秘书腐败的个案在有些人的眼里已经构成了秘书这个职业不应该继续存在的理由。以一些人的行为来从根本上否定一个职业

---

① 谢茂明：《秘书任期与腐败无关》，《人民日报·华南新闻》2005 年 9 月 1 日。

的价值,一段时间以来,秘书职业出现了被妖魔化的倾向。在公众这样的认识中,秘书职业化进程必然受阻。事实上,正如某些有识之士所指出的,"'秘书问题'是个伪问题,秘书腐败只是领导干部腐败演绎出来的一个'细枝末节'"。① 笔者认为,治理腐败与一种职业的存亡,可能存在联系,但肯定不是必然联系。否则,最应该取消的肯定首先不会是秘书。相反,进一步加强秘书职业道德规范的建设,提高秘书人员的综合素质,增大秘书队伍建设的力度才是防止秘书腐败的有效手段。

3. 公众对女秘书形象的误读使秘书的职业化道路蒙上了一层阴影

随着社会主义市场经济的发展,我国女秘书队伍不断壮大,特别是在企业中,秘书岗位几乎被年轻女性所垄断,她们以自己独特的性别优势,诸如感情比较细腻、丰富,记忆力强,语言表达力强等在秘书工作中得心应手,并以勤勉、细心、认真负责、一丝不苟的工作态度得到上司的肯定,她们是秘书从业队伍中的主力军。然而,不可否认,社会公众对女秘书特别是年轻漂亮的女秘书存有诸多误解,比较典型的就是"花瓶"、"情妇"、"二奶",不一而足。"秘书"这个称呼与早几年的"公关小姐"一样,带了些只可意会不可言传的暧昧味道。这种现象的出现固然源于一些女秘书本身素质不高,靠吃青春饭和凭借女性魅力去赢得上司的欢心,但与媒体的推波助澜和中国几千年"红颜祸水"的封建文化的积淀关系深厚,同人们对女性性别角色的夸大解释有关。客观审视女秘书的职业状态,不难发现,公众对女秘书的形象存在着"误读",这种"误读"现象带来的消极影响和潜在危害是多方面的,它不但严重损害了女秘书的职业形象和人格尊严,也使管理者们作出不利于秘书职业健康发展的决定。如四川省委办公

---

① 周士君:《"秘书问题"是个伪问题》,《中国经济时报》2003年6月27日。

厅出台的《关于加强对领导干部身边工作人员管理监督的暂行规定》和《领导干部身边工作人员行为规范》就明确规定"不得为男性领导干部配备女性身边工作人员",也就是通常所说的男领导不能配女秘书,这种对女秘书服务对象的限定,在秘书职业化发展比较健全的西方国家是比较罕见的。我们不想评价这种规定在反腐倡廉中有多少价值,但这样的规定无疑给秘书的职业化道路蒙上了一层阴影。

三、秘书教育特别是秘书高等教育的质量不高,使秘书职业化发展缺乏足够的内在动力机制

父传子,兄传弟的世袭和师傅传徒弟的个体教育已远离这个快速发展的时代,建立完善的秘书教育培训体系,培养出大批的高质量的,符合秘书职业标准规范的,适合市场需求的秘书,是秘书职业化快速发展的基本保障。然而我国二十多年的秘书高等教育和职业培训的历史还不能为秘书职业化快速发展提供保障,教育培训体系明显滞后。秘书教育与秘书职业的断层将严重影响秘书职业化的发展进程。该问题下节将作专题讨论,此处从略。

四、秘书资格证书在社会上的认可程度不高也影响了秘书职业化进程的步伐

2000 年 6 月,劳动和社会保障部颁布了《招用技术工种从业人员规定》,确定了 90 个必须持职业资格证书就业的技术职业(工种)。秘书职业就是其中之一,《规定》的要求,凡从事国家规定的技术工种(职业)工作的,必须取得相应的职业资格证书才能就业上岗。对在《规定》发布前,用人单位已经招用的未取得职业资格证书而从事技术工种(职业)的人员,各用人单位应积极开展在职职工培训,提高职工的技术水平和工作能力,有计划分步骤逐步取得职业资格证书。国家推行秘书资格证书应该说为秘书的职业化进程插上了翅膀。从推行的情况来看,规模在不断扩大,有数十万的人通过考核鉴定取得

职业资格证书,但同时我们也看到,秘书职业资格证书在全社会的影响力和权威性还没有真正树立起来,主要表现在:

1. 秘书职业资格鉴定与就业保障衔接不上或衔接得不够好

现实中,持证者上不了岗,无证者却顺利上岗的现象普遍存在,严重挫伤了考证人员的积极性。从近几年我校大学生就业的实际情况看,有证者并无明显优势。为了职业资格制度的健康发展,政府和各级劳动行政部门应与教育、人事部门密切配合,通过政策的引导和制约,使秘书职业资格证书体现出它真正的价值。

2. 从业秘书对职业资格证书的认识还不深刻

不少人认为,考取资格证书只是从业前的上岗竞争,与在职秘书关系不大。从考证的群体构成分析,高职院校的学生占有相当大的比例,与庞大的在职秘书群体相比,在职秘书报考秘书职业资格证书的比例偏低。

3. 对实行秘书资格证书制度的行业划分不明确,片面认为资格鉴定只限制于企业秘书这一范畴

造成各行各业中对秘书的职业资格重视程度不一,秘书职业资格证书的影响力不够广泛,职业资格证书的真正价值得不到体现。

五、用人单位聘用秘书的误区也影响着秘书的职业化进程

社会公众对秘书角色的认知偏差也影响着用人单位对秘书的聘用策略,从现状分析,用人单位特别是企业聘用秘书的心态尚未完全成熟,还存在以下误区:

1. 把秘书定位在"交际花"

这些单位只重视秘书的年龄和相貌,盲目地认为只要年轻漂亮,就能在工作中发挥作用,就能在公关活动中过关斩将,达到目的。使得一些"金玉其外,败絮其中"的"绣花枕头",靠着时髦的打扮和漂亮的脸蛋成为秘书的从业人员。

2. 秘书的工具化

目前,我国企业已进入世界经济的竞技场,企业正面临前所未有的考验,作为企业的秘书也承受着前所未有的压力。在改革开放进一步深化的形势下,企业对秘书素质的要求更高更严了。但使用秘书侧重于工具性,如外语、电脑、公关,企业秘书基本上是被作为翻译、打印、跑关系等工具使用,忽略了秘书的参谋作用和助手作用,只是在中低层次的位置发挥秘书的职能。这种意识使秘书的作用没有得到更多更好的发挥,也使秘书辅助性的功能没有得到完全释放。

3. 过分强调秘书对领导个人的忠诚

一些用人单位过分强调秘书对领导个人的忠诚,认为秘书必须是"自己人",他们不相信秘书的职业技能和职业道德,只认可血缘、乡缘等特殊的关系,只选拔或聘用"自己人"担任秘书,任人唯亲的现象在秘书的聘用过程中非常普遍。

秘书职业化是社会发展的趋势,但目前秘书职业化进程现仍处在困境中,摆脱困境需要各个职能部门以及社会各方的协调配合、共同努力,需要秘书学理论体系的进一步建构和完善、秘书职业技能的进一步专业化和精细化、秘书学学科体系的进一步高层次化;需要秘书人员增强自我职业意识,当然还涉及制度的完善与更新,需要相关人员的共同努力,形成有效的互动机制,产生综合效应,问题才可能解决。

第二节　面向秘书职业　改革秘书教育

自 20 世纪 80 年代初上海大学文学院开设全国第一个秘书专业起,秘书人才,特别是高级秘书人才的培养就向"师傅带徒弟"的传统模式发出了挑战,秘书人才的培养成为高等教育的目标之一。众所周知,秘书教育的目标是培养能够满足秘书岗位需要的实用人才,秘书专业是为秘书职业提供实用人才服务的专业,但是由于秘书教育基础的薄弱和自身发展的局限,使得秘书教育与秘书职业出现了断层的现象,表现为秘书教育重理论轻能力,缺乏职业教育的特色,缺乏理想的师资、教材、实验基地。因此,一方面是适用的秘书人才紧缺,另一方面是秘书专业毕业生在人才市场上处于被冷落的尴尬局面。秘书教育与秘书职业的距离使得我们不得不更新观念,重新探索秘书教育的新模式。

一、职业化时代高等秘书教育中存在的问题

1. 党政秘书始终是高等院校秘书教育培养的主要对象

高等秘书教育始于 20 世纪 80 年代,一方面,社会主义现代化建设和改革开放的新时期需要一大批新一代的秘书人员充实各级军政机关和各类事业单位,原有的秘书人员为了适应新时期领导工作的需要也得进行知识更新,加强秘书业务培训被提到议事日程,各级党政机关纷纷委托高等院校举办秘书培训班。另一方面,1980 年,邓小平同志做出了"办高等教育要补缺门"的指示,许多高校开始调整高等教育不合理的结构和布局,改造不适应新时期的老专业,在这种背景下,不少高校特别是地方性院校和职业院校纷纷开办秘书培训班,设置秘书专业,如 1980 年复旦大学分校(现上海大学文学院)就首建了秘书专业。由于秘书专业萌发于党政秘书的业务培训,加上

党政秘书在秘书队伍中的主流特性,使得各高校在确定秘书专业的培养目标,制定秘书专业的教学计划,编写秘书专业的教材,都是以单一的党政秘书为对象的,把秘书视作一种行政职位而不是一种职业。即使随着社会主义市场经济的建立和运行,出现了秘书类型多样化和秘书职业社会化的趋势,高等教育为了适应社会的需求,增设了商务秘书、涉外秘书等专业或者是专业方向,尽管教学计划和课程设置试图尽量突出商务性和涉外性,但是秘书学教材中所反映出来的秘书学基本理论,仍然是以党政秘书为基本依据的,这种状况与秘书职业化的要求是不相符的。

2. 注重学历教育,缺乏职业教育的特色

秘书专业是实践性很强的专业,专业的目标是培养社会需要的应用性人才,与其他专业相比,它首先是一种职业定向教育。职业定向教育不仅要求学生掌握适应市场需要的专业理论和专业知识,而且要求把专业理论转化为从事职业的能力。从我国秘书教育的历史和现状分析,与上述要求无疑有一定的距离。秘书专业在我国高校确立之初就有着先天的不足,大部分院校的秘书专业都是在中文、档案、行政管理等专业的基础上嫁接的,有些院校甚至只改动了 2～3 门课程就更名为秘书专业,其教学方法与传统的学历教育并无差异,且传统的学历教育往往强调系统掌握专业基础知识,与职业需求联系较少,重理轻能的现象在所难免。随着秘书教育的发展,20 世纪 90 年代前后,秘书专业的独立性有所增强,许多院校把秘书专业的培养目标定位为培养管理型的秘书人才,不少院校制定了较有特色的专业计划,设置了多项专题实习来突出秘书专业的应用性。但是由于计划缺乏权威性和统一性,加上没有理想的师资、适用的教材、配套的实验场所和实验设备,高校的秘书教育还是与秘书职业相割裂。进入世纪之交,社会用人的素质和学历要求不断提高,高校的办学层次日益提升,开设本科层次的秘书专业成为许多高校共同的呼

声,而国家教委的全日制普通高校的本科专业目录中又没有秘书专业,因此,在中文、档案、行政管理等专业中设置秘书方向成为许多高校的共同做法,由于专业方向的依附性所决定,高等教育培养的秘书人才始终无法摆脱重理轻能的状态,依旧无法弥补职业与教育的断层。

3. 缺乏理想的师资、教材和实验设备及场所,也是职业化时代高等秘书教育中存在的重要问题

首先,从师资状况来看。秘书专业的师资基本上是经过短期培训或者是自学从相关专业转化而来的,他们具有较高的知识素养和理论水平,但是缺乏秘书专业理论研究和从事秘书工作的实践经验,因此无论是教育模式还是思维方式,都很难摆脱那种坐而论道、述而不作的旧框,致使秘书教育往往脱离实际,显得空洞虚浮,极大地影响了学生素质特别是职业能力素质的提高。其次从教材来看,秘书专业专业课的教材编写比较随意,缺乏权威之作。以秘书专业的核心课程秘书学为例,自秘书学创建以来,各种秘书学教材有百种左右,其编写主体或为高校教师,或为党政机关的资深秘书。前者的教材虽然有一定的理论性,但往往脱离现实,甚至故弄玄虚;后者的教材虽然重在总结经验,对实际工作有一定的指导性,但是往往只适用于党政机关,对其他类型的秘书并不适用,因此到目前为止,国内还没有出现集权威性、科学性、实用性于一体的理想教材,这对秘书教育也产生了较大的影响。再次,从实验设备及实习场所来看。秘书专业是一个应用性专业,教学过程中需要运用一定的实验设备,安排相当时间的教育实习。许多院校在实施秘书教育时,仍然停留在一张嘴、一支粉笔、一本书上,实验设备简陋甚至没有实验设备,即使有些学校配备了办公室自动化实验室,但是由于缺乏规范的实验要求和细则,实验室利用效果并不理想。至于社会实习,尽管各高校的秘书专业都制定过各自的实习计划,但是实习需要社会的配合,学校对

实习缺乏控制性,实习效果也就容易因地而异了。

职业化时代高等秘书教育中存在的这些问题导致了秘书教育和秘书职业的断层。一方面,社会呼唤高素质的秘书人才;另一方面,有部分秘书专业毕业生在人才市场上受到冷落。需求强劲的秘书职业舍弃秘书教育提供的专业人才,而从其他渠道补充,这说明秘书教育与秘书职业的距离甚远。因此,秘书教育中存在的问题应该引起我们的深思。

二、职业化时代高等秘书教育的对策

高等秘书教育改革势在必行,在秘书职业化时代,高等秘书教育改革的重点是在如何尽快修复秘书职业和秘书教育的断层,使秘书教育成为培养秘书人员、提高秘书从业人员素质的基本途径。笔者以为,应从以下方面进行努力。

1. 树立高等秘书教育必须与秘书职业相结合的观念是修复秘书教育和秘书职业断层的基本前提

在当今世界,大多数国家都形成了具有普遍性的制度:只有获得职业资格的人,才能从事特定的职业。推行职业资格制度是国际上的大势所趋,我国的秘书职业资格考试也已经全面推开,我们应该清楚地意识到大学教育的主要功能之一就是让学生掌握通过职业资格考试必备的知识和技能,作为应用性的专业,大学秘书教育应该与秘书职业资格联系在一起。秘书不一定接受高等教育,但是秘书专业毕业后不能通过秘书职业资格鉴定就不能获取职业资格,而不经过规范的秘书专业教育又很难通过秘书职业资格鉴定,只有这样,才能有效体现高等秘书教育的真正价值。

2. 确立以合格的职业秘书为秘书专业的培养目标是修复秘书教育和秘书职业断层的有效保证

前文所述，由于历史的原因，秘书专业一直以培养高素质的党政秘书为己任，随着党政秘书在职业秘书中主体地位的丧失，秘书教育的目标与秘书职业的需求开始脱节。因此我们必须调整秘书专业的培养目标，以培养秘书职业的主体为秘书专业的目标，而这个主体从目前来看应该是商务秘书。首先，商务秘书占整个秘书队伍的大多数，他们较为活跃，居于经济活动的中心和前沿。其次，当代社会各领域都与经济活动有联系，具备了商务秘书的任职资格，相对而言"转任"其他秘书就容易了。第三，根据国家劳动和社会保障部的有关规定，属于公务员系列的党政秘书不属于秘书职业资格的鉴定对象。因此本人认为，秘书专业应该确立明确的商务秘书的培养目标，实施综合性的职业教育，避免由于培养目标的不确定性和不稳定性给秘书专业带来的困惑和迷茫。

3. 优化课程结构、培养职业技能是修复秘书教育和秘书职业断层的基本途径

确定了以秘书职业的主体——商务秘书为培养目标，就要建立一种新型的、适合培养现代秘书职业综合能力的课程体系。首先要处理好基础理论课、专业基础课、专业课之间的关系。基础理论课以必需、够用为度，强调针对性；专业基础课旨在培养学生运用基本能力和原理去解决秘书工作实际问题的能力，强调适应性；专业课是学生获得秘书职业知识的直接渠道，要多接触秘书工作实际，强调应用性。其次，根据商务秘书的培养目标，要增加经济类知识的教育。秘书教育应该围绕市场经济做文章，根据秘书职业主体的需要，教育应该强化市场经济范畴内的经济现象、经济规律、经济行为等方面的教育。邱惠德在《论高等院校秘书专业本科课程体系的建构》一文中就

把经济学基础、会计学、统计学、市场营销学、财政与信贷等八门课程列入了秘书专业的课程体系。① 第三，把培养秘书的职业技能作为秘书专业的教育重点。职业技能是由专业知识转化为从事职业的能力。秘书的职业技能一般包括表达能力、社会交际能力、组织活动能力、处理信息的能力、运用现代化办公设备的能力等，秘书专业应围绕这些能力设置课程，促进学生从知识到能力的转化，切实强化实践性教育。

4. 优化教师队伍，更新教学手段和方法是修复秘书教育和秘书职业断层的重要手段

由于秘书专业的性质所决定，秘书专业的专业课教师应当是既具有坚实的秘书学学科理论知识，又具有娴熟的秘书实践操作能力的人才。教师既要不断学习和钻研学科理论，又要尽快掌握学科先进的职业技能，密切关注秘书职业的发展动态。同时，为强化学生实践能力的培养，学校也可以建立一支校内专任教师和校外兼职教师相结合的师资队伍，从师资设置上保证学生学到扎实的基础知识、丰富的专业知识和社会实践经验，使学校与社会保持密切联系。

在保证师资质量的同时，还应该改进教育手段和方法，增强学生的创新思维和动手能力。在教学方法上，要重点解决学校课堂和职业秘书工作如何自然衔接的问题。为此，有些学校已经作了有益探索和尝试，比如多媒体教育的运用、案例教育的运用、模拟操作实验室的使用，把文书处理、会务管理、礼仪接待、电话事务等实用性较强的专业内容用灵活多样的教学方法来提高教学效果，增强学生的感性认识，使课堂教学尽快与社会实际接轨。

除了上述讨论的秘书职业化进程中秘书教育的问题和对策以

---

① 邱惠德：《论高等院校秘书专业本科课程体系的建构》，《秘书》2001 年第 4 期。

外,要加强秘书的职业化建设,还必须关注以下问题:

第一,必须努力培养正确的角色意识。秘书的角色意识,是秘书人员对秘书角色的心理体验,是对秘书责任、义务的自我感知的心理活动。如果淡化和削弱了这种心理活动,秘书人员就无法发挥秘书作为具有强烈社会责任感的人的主观能动作用,不可能成为一个优秀乃至卓越的秘书。因此秘书从业人员应该破除社会对秘书职业存在种种认识上的偏差,从秘书的性质、地位、功能等核心问题出发,正确理解领导的助手的内涵,努力培养正确的秘书角色意识。

第二,必须加强秘书职业道德建设。当前秘书工作的现状,一方面是人员分布广泛。另一方面,由于秘书人员分布于不同的领域和不同的岗位,其所遵循的道德准则各异,缺乏统一的职业道德标准。政务部门的秘书工作者一般遵循的是党政干部职业道德,企业文秘人员遵循的是工人职业道德,而作为社会性文秘服务人员一般遵循的只是商业道德,甚至还在遵循旧的传统道德。由此,我们必须建立规范的、科学的,具有秘书特色的职业道德体系。在秘书职业道德体系构建中,我们既要继承丰富、独特的传统的秘书道德,如"清正廉洁"、"成官之美"、"秉笔直书"、"尽心尽言"等,又要做到不断发展,不断创造,注意把社会主义市场经济所要求的新的伦理体系、职业规范体系融入到新的秘书职业道德体系中。

第三,增强秘书职业的自豪感和认同感。秘书是一种比较缺乏自豪感的职业。增强秘书职业的自豪感和认同感将是一个不断领悟、长期实践的过程。因此,通过广大秘书工作人员认真进行职业文化的学习研究,把职业的义务、权力、规范、情感、态度内化为支配自己行为的观念,来弘扬社会主义秘书职业尊严和意义的追求,塑造良好的职业形象,形成整体的职业气质和素养,增强秘书职业的自豪感和认同感。

第四,大力推行秘书职业资格制度,规范秘书上岗制度,严格职业准入。自1998年国家劳动部和社会保障部向全国发布了秘书职业资格鉴定试点工作方案,我国秘书资格审核制度正式开始走向规范化。但是在现实生活中,秘书持证上岗者仍然是少数。因此,用人单位应该进一步落实劳保部的相关文件精神,加大力度推行秘书从业人员的职业资格准入制度,尽量推行凡是初次应聘秘书岗位者必须有相应的秘书职业资格证书,在职的秘书人员必须限期取得相应的秘书资格证书。转变社会上长期不重视秘书的专业培训和任职资格条件的状况。同时,秘书职业资格鉴定制度也有待进一步完善。

第五,建立健全秘书职业立法,保证秘书职业化的健康运行机制。由于秘书岗位的特殊性,通过立法形式,明确秘书的职权、职责、任职资格、地位和限制等,规范秘书的工作和用人选拔制度,充分保障秘书职业的权利,明确秘书职业的社会义务,防止秘书无作为,杜绝秘书腐败现象,进而营造出一个竞争有序、积极向上的秘书职业环境。

综上所述,秘书职业化是社会发展的趋势,但目前秘书职业化进程仍处在困境中,摆脱困境需要各个职能部门以及社会各方的协调配合、共同努力;需要秘书学理论体系的进一步建构和完善、秘书职业技能的进一步专业化和精细化、秘书学学科体系的进一步高层次化;需要秘书人员增强自我职业意识。当然,还涉及制度的完善与更新,需要秘书界所有人员的共同努力,形成有效的互动机制,产生综合效应,如此问题才可能解决。

参考文献

著作类

1. 陈贤华主编：《秘书工作论》，四川大学出版社 2000 年版。
2. 常崇宜主编：《秘书学概论》，线装书局 2000 年版。
3. 陈合宜：《秘书学》，暨南大学出版社 1997 年版。
4. 董继超：《普通秘书学》，中央电大出版社 1997 年版。
5. 董继超主编：《秘书实务》，线装书局 2000 年版。
6. 丁晓昌、冒志祥：《秘书学与秘书工作》，苏州大学出版社 2002 年版。
7. 方国雄、方晓蓉：《秘书学》，高等教育出版社 2003 年版。
8. 傅西路：《秘书学论纲》，中国档案出版社 1999 年版。
9. 季水河：《秘书心理学》，复旦大学出版社 2007 年版。
10. 姬瑞环：《秘书学教程》，海洋出版社 2003 年版。
11. 吕发成、方国雄：《秘书学基本原理》，兰州大学出版社 1996 年版。
12. 李欣主编：《中国现代秘书工作基础》，高等教育出版社 1989 年版。
13. 李欣、徐瑞新：《中国现代秘书基础》，高等教育出版社 1989 年版。
14. 李欣：《秘书工作》，高等教育出版社 1985 版。
15. 陆瑜芳：《秘书学概论》，复旦大学出版社 2001 年版。
16. 李静梅、韩士生：《实用秘书学》，语文出版社 1994 年版。

17. 刘祖遂主编:《通用秘书学》,解放军出版社 1988 年版。

18. 饶士奇、曾诚:《秘书学概论》,湖北科学技术出版社 1997 年版。

19. 吕发成、方国雄:《秘书学基本原理》,兰州大学出版社 1996
    年版。

20. 楼宇生:《通用秘书学》,同济大学出版社 1991 年版。

21. 任群主编:《中国秘书学》,重庆出版社 1999 年版。

22. 马志嘉:《实用秘书学》,华东师范大学出版社 1989 年版。

23. 聂中东:《中国秘书史》,中州古籍出版社 2000 年版。

24. 钱世荣:《秘书系统:独特的管理辅助系统》,安徽大学出版社
    2008 年版。

25. 翁世荣:《现代秘书学》,上海人民出版社 1989 年版。

26. 汪辉祖:《佐治药言》,湖北人民出版社 1996 年版。

27. 徐瑞新、安成信主编:《秘书学导论》,高等教育出版社 1993
    年版。

28. 王千弓:《秘书学与秘书工作》,光明日报出版社 1984 年版。

29. 向国敏:《现代秘书学与秘书实务新编》,华东师范大学出版社
    1996 年版。

30. 杨剑宇:《中国秘书史》,武汉大学出版社 2000 年版。

31. 袁维国主编:《秘书学》,高等教育出版社 1990 年版。

32. 张岫莹:《当代秘书学》,河南人民出版社 1993 年版。

33. 钟辉:《现代秘书学概论》,贵州人民出版社 1990 年版。

34. 诸孝正等:《秘书学概论》,广东高教出版社 1998 年版

35. 朱传忠、叶明:《秘书理论与实务》,浙江大学出版社 2005 年版。

36. 赵中利、史玉乔:《现代秘书心理学》,青岛出版社 1998 年版。

论文类

1. 常崇宜:《秘书工作理论建设的问题》,《秘书之友》2001 年第 1 期。

2. 常崇宜:《秘书的分类问题》,《攀枝花大学学报》2000 年第 4 期。

3. 常崇宜:《略谈秘书工作的基本规律》,《当代秘书》1998 年第 10 期。

4. 常崇宜:《秘书工作的规律探讨》,《秘书之友》1996 年第 1 期。

5. 陈荣:《对秘书学是行政学分支的质疑——兼论论秘书学的归属问题》,《秘书》1999 年第 9 期。

6. 董继超:《秘书学问题数说》,《秘书》1998 年第 5 期。

7. 董继超:《秘书价值浅识》,《秘书》1998 年第 1 期。

8. 董少非:《试论秘书学的体系结构和结构体系》,《秘书》1987 年第 1 期。

9. 董信泰:《加强秘书学理论建设的几点构想》,《秘书之友》1994 年第 1 期。

10. 邓立勋:《论秘书工作的基本特征》,《湖南经济管理干部学院学报》2003 年第 4 卷第 4 期。

11. 傅西路:《评改一条秘书定义》,《秘书工作》1999 年第 7 期。

12. 郭其智:《浅论文书学的研究领域——兼与陈作明同志商榷》,《档案学通讯》1995 年第 4 期。

13. 郝文勉:《论建立秘书学学科体系和秘书学专业体系》,《档案学通讯》1998 第 6 期。

14. 纪云尊:《试谈当代中国秘书工作的性质》,《秘书》1987 年第 3 期。

15. 刘翔飞:《近十年来秘书学理论研究概述》,《当代秘书》1994 年第 5、6 期。

16. 廖雄军:《对秘书科学三个分支学科体系的构想》,《秘书》1989 年第 4 期。

17. 刘智勇:《也谈秘书学的性质》,《秘书之友》1988 年第 2 期。

18. 楼宇生:《八十年代前期的我国秘书学著作(之二)》,《当代秘书》1997 年第 2 期。

19. 刘耀国:《三议李欣先生的秘书工作基本规律说》,《当代秘书》1999 年第 4 期。

20. 李明佳:《浅谈秘书工作的规律和基本规律》,《秘书》1992 年第 12 期。

21. 刘耀国:《试论李欣同志的学术思想》,《秘书》1990 年第 5 期。

22. 毛含德:《关于秘书学讨论意见综述》,《秘书之友》1985 年第 2 期。

23. 马守君:《秘书活动基本特征新探》,《陕西师范大学继续教育学报》2003 年第 1 期。

24. 邱惠德:《略论秘书学基础理论研究》,《当代秘书》2003 年第 7 期。

25. 秦莲红:《秘书价值之探索》,《当代秘书》2001 年第 6 期。

26. 邱惠德:《论高等院校秘书专业本科课程体系的建构》,《秘书》2001 年第 4 期。

27. 宋斌:《秘书实现价值的理性认识》,《秘书》2004 年第 8 期。

28. 吴宝康:《建设秘书学的一些设想和意见》,《档案学通讯》1985 年第 3 期。

29. 王战国:《感悟秘书角色——试谈秘书角色的多样性》,《秘书》1999 年第 3 期。

30. 谢世洋:《论秘书学的学科定位》,《秘书》2006 年第 12 期。

31. 徐忠献:《关于企业秘书的角色定位及其工作特性的调查研究》,《秘书》1999 年第 8 期。

32. 杨剑宇:《秘书学科的危机和转机》,《当代秘书》2000 年第 3 期。

33. 易万法:《秘书学研究的反思》,《秘书》1988 年第 6 期。

34. 杨文起:《当代秘书学论要》,《秘书》1995 年第 3 期。

35. 杨树森:《论我国当前秘书工作的内容》,《秘书》2006 年第 2 期。

36. 杨硕林:《"本事"的企业秘书——嘉兴地区企业秘书调查》,《秘书》1999 年第 5 期。

37. 邹酆:《秘书学理论体系改革初探》,《秘书之友》1989 年第 1 期。

38. 张清明:《关于秘书工作本质属性的再议论》,《武汉交通管理干部学院学报》1999 年第 1 卷第 1 期。

39. 张瑞良:《秘书主体的价值关系》,《当代秘书》2001 年第 8 期。

40. 张瑞良:《秘书价值问题初探》,《秘书》1998 年第 12 期。